DÉCADE

HISTORIQUE

ou

TABLEAU POLITIQUE

DE L'EUROPE,

DEPUIS 1786 JUSQU'EN 1796.

DÉCADE

HISTORIQUE

OU

TABLEAU POLITIQUE

DE L'EUROPE,

DEPUIS 1786 JUSQU'EN 1796,

CONTENANT

UN PRÉCIS DES RÉVOLUTIONS DE FRANCE, DE BRABANT, DE HOLLANDE ET DE POLOGNE ;

Par M. LE COMTE DE SÉGUR,

DE L'ACADÉMIE FRANÇAISE, PAIR DE FRANCE.

QUATRIÈME ÉDITION,
REVUE, CORRIGÉE ET AUGMENTÉE.

TOME PREMIER.

BRUXELLES,

ARNOLD LACROSSE, IMPRIMEUR-LIBRAIRE,
RUE DE LA MONTAGNE, N° 1015.

1824.

AVIS
AU LECTEUR.

En publiant cet ouvrage pour la première fois en 1800, plusieurs motifs inutiles à développer, et qui tenaient aux circonstances, me décidèrent à l'intituler : *Histoire des principaux événemens du règne de Frédéric-Guillaume II, roi de Prusse*, etc.

La curiosité qu'excitèrent les premiers accens de vérité qu'on osait faire entendre publiquement dans notre malheureuse patrie, après plusieurs années de silence et de terreur, me valut un succès qui passa mon attente. Objet d'une rare indulgence, je reçus beaucoup d'éloges et peu d'observations critiques. La plupart de celles-ci même portèrent moins sur le fond que sur la forme. Ce qu'on blâmait le plus, c'était le titre du livre. Je le changeai et lui donnai celui de *Tableau politique et historique de l'Europe depuis 1786 jusqu'en 1796.*

Les deux premières éditions de cet ouvrage étant épuisées, je publiai la troisième en 1810, à la tête de laquelle, dans le dessein d'expliquer au lecteur le motif du changement de titre, je plaçai un avis conçu en ces termes :

« Lorsque je traçai témérairement cette
» légère esquisse d'une époque si féconde
» en grands événemens, mon but était
» de contribuer à éteindre le feu des pas-
» sions qui font tant de ravages dans le
» monde depuis quelques années ; je crus
» que le meilleur moyen pour y parve-
» nir était de montrer avec vérité et
» impartialité aux différens partis les
» fautes qu'ils avaient tous commises,
» et les excès auxquels ils s'étaient li-
» vrés.

» Tout homme, une fois convaincu
» qu'il a besoin lui-même d'indulgence,

» devient plus tolérant pour les autres,
» et l'on est moins aigri par le malheur
» dès qu'on sent que ce malheur ne doit
» pas être exclusivement imputé aux en-
» nemis qu'on en accuse. L'espoir d'être
» utile l'emporta donc sur la crainte que
» je pouvais avoir de me compromettre
» en racontant des faits si récens, et en
» offrant à mes contemporains le tableau
» de leurs folies, de leurs erreurs, de
» leur gloire et de leurs crimes.

» La bienveillance publique m'a sou-
» tenu dans cette entreprise, et m'a
» prouvé que les passions étaient amor-
» ties. Des hommes d'opinions oppo-
» sées, et universellement estimés, m'ont
» honoré de leur approbation ; l'ouvrage
» a reçu les éloges les plus flatteurs, et
» n'a éprouvé en général que des criti-
» ques douces et encourageantes. Celles
» qui étaient dictées par l'esprit de parti
» se sont réciproquement réfutées, et
» m'ont elles-mêmes dispensé d'y ré-
» pondre ; enfin il paraît qu'on a plus

» jugé le motif que le talent, et c'était
» tout ce que je pouvais désirer de plus
» favorable.

» Dans l'espace de six mois, la pre-
» mière édition étant épuisée, je m'oc-
» cupai, en 1801, de publier la seconde :
» elle est également épuisée. J'en fis dis-
» paraître les incorrections, que d'utiles
» censures m'y avaient fait apercevoir.
» Presque tous ceux qui avaient loué ou
» critiqué cet essai historique, s'étaient
» accordés pour blâmer le titre de l'ou-
» vrage. Quoique Frédéric-Guillaume
» eût mêlé son nom à tous les événe-
» mens de cette grande époque, quoi-
» qu'il eût conquis la Hollande, soulevé
» et partagé la Pologne, allumé la guerre
» d'Orient, fomenté l'insurrection bra-
» bançonne, et qu'il se fût mis à la tête
» des rois coalisés contre la France, on
» me reprochait de placer, comme objet
» principal sur la scène, un homme dont
» le caractère a rendu le rôle peu écla-
» tant, et qui disparaissait souvent au

» milieu des grands événemens qu'il au-
» rait dû diriger.

» J'aurais peut-être pu répondre à cette
» censure, et mon Avant-Propos indi-
» quait déjà une partie des moyens que
» j'aurais pris pour me justifier; mais
» j'ai espéré satisfaire la critique par un
» léger changement dans les titres de la
» seconde édition et de cette troisième.
» Le peintre doit s'estimer fort heureux,
» lorsque le public, en ne paraissant
» sévère que pour le cadre, se montre
» si indulgent pour le tableau. »

Aujourd'hui M. Eymery m'ayant montré le désir de réunir mes différens ouvrages et de faire imprimer cette collection, le *Tableau politique de l'Europe* doit nécessairement en faire partie. Voulant rendre la quatrième édition de ce livre plus digne de la faveur qu'il a obtenue du public, je l'ai revu et corrigé avec le plus grand soin. Pour mieux caractériser encore cet ouvrage et l'époque dont il présente le tableau, j'ai ajouté à son titre celui de *Décade historique* ou *Tableau politique de l'Europe*. Les nombreux changemens et les corrections qu'on trouvera dans cette édition suffiront pour prouver combien j'avais eu raison de me louer précédemment de la bienveillance et du peu de sévérité de mes juges.

AVANT-PROPOS.

La Russie faisant craindre à l'empire ottoman une destruction totale; Catherine II près d'être chassée de sa capitale par Gustave; la maison d'Autriche battue par les Turcs, menacée par les Prussiens, inquiétée par les troubles de la Hongrie, épuisée par la révolte du Brabant; la révolution de la Hollande, qui voulait détruire le Stathoudérat, et qui fut forcée, par les armes prussiennes, de subir son joug; les efforts de la Pologne pour reconquérir son indépendance, les malheurs et le partage total de ce royaume; enfin l'explosion de l'esprit démocratique des Français; la guerre d'un peuple contre les rois, les nobles et les prêtres; la croisade de tous les trônes contre la révolution; l'invasion de la France, la résistance imprévue des Français, et leurs conquêtes presque fabuleuses, au moment où tout présageait la ruine et le démembrement de leur pays, tels sont les principaux événemens de l'époque dont j'entreprends d'écrire rapidement l'histoire.

Jamais on ne vit tant de projets conçus et abandonnés, tant d'espérances brillantes et trompées, tant de réputations éclipsées. Jamais le fanatisme de la religion et celui de la liberté n'allumèrent plus de feux, ne versèrent plus de sang, ne détruisirent plus de fortunes et n'immolèrent plus de victimes. L'orage fut d'autant plus effrayant que le calme qui l'avait précédé avait été plus long. Chaque année vit tour à tour les rois de l'Europe menacer la France du sort de Troie, et la France ébranlée détruire les trônes les plus formidables.

Sur le premier plan de ce vaste tableau, on ne verra point sans surprise paraître le plus faible et le moins brillant des monarques qui régnaient alors en Europe. A l'époque où ses fastes s'enorgueillissaient des noms de Catherine II, de Joseph II, de Gustave III, cette Europe, liguée contre la France, se rangea sous les enseignes du roi de Prusse, Frédéric-Guillaume, comme si l'ombre de son immortel prédécesseur l'eût environné de sa gloire et revêtu de sa force.

Ainsi, par un sort étrange, la plus nouvelle des monarchies se mit à la tête de ses rivales, et le plus jeune des rois parut quelque temps honoré par eux du rang, du pouvoir et du sceptre d'Agamemnon; le génie des monarchies n'avait point deviné celui des révolutions; malgré l'affranchissement soudain de l'Amérique, aucun gouvernement ne semblait prévoir ses périls.

Lorsque les premiers feux de la liberté brillèrent sur les rives de la Seine, lorsqu'on vit même les factions en fureur ébranler le trône de Louis, cette terrible révolution ne fut considérée que comme une grande révolte. L'Angleterre y trouvait une vengeance consolante des revers qu'elle avait éprouvés en Amérique. La Russie espérait que cette diversion dans l'Occident la laisserait plus libre d'étendre ses conquêtes en Pologne et en Turquie. L'Autriche se préparait à profiter des dissensions de la France pour recouvrer l'Alsace et d'autres possessions.

La compression d'une bourgeoisie sans tactique, sans expérience, et insurgée contre une noblesse fière et belliqueuse, leur paraissait plutôt une facile opération de police militaire qu'une guerre difficile et périlleuse. Le bandeau des antiques préjugés couvrait tellement les yeux des princes et des grands, qu'ils virent sans effroi s'élever la masse imposante d'une génération ardente, animée par des intérêts nouveaux, éclairée par de nouvelles lumières, et puisant des forces invincibles dans la passion de la liberté. Bientôt la flamme, qu'on irritait au lieu de l'éteindre, devint un horrible incendie.

Frédéric-Guillaume, son armée, les troupes peu nombreuses de ses alliés, les émigrés français qui n'avaient traité cette invasion que de promenade militaire, surpris et déconcertés, reculèrent à la vue d'un million de citoyens armés. Le roi de Prusse, incapable de soutenir une pareille lutte, rentra dans l'ombre dont un caprice du sort l'avait fait momentanément sortir. Le géant des révolutions, brisant les faibles liens dont on l'avait entouré, franchit brusquement les fleuves, les montagnes, les forteresses qui s'opposaient à sa course. Tous les trônes, tous les autels, toutes les puissances furent menacés, ébranlés jusqu'en leur fondement, et il est peut-être assez remarquable, au sein de cet embrasement général, de ce délire universel, de cette succession de batailles sanglantes, de siéges meurtriers, de conquêtes rapides, au milieu de ce bouleversement de tous les rangs, de tous les principes, de toutes les dominations; et au bruit des sceptres brisés, de voir ce même Frédéric-Guillaume, ce même chef de la première ligue européenne, dégoûté de la gloire, s'endormant dans une paix profonde sur les volcans qui l'entourent, livrant son imagination affaiblie aux prestiges fantastiques des illuminés, et se laissant conduire doucement dans la tombe par les rêveries de la superstition et par les caresses de la volupté.

Quoi qu'il en soit, l'histoire ne pouvant, comme la poésie et la peinture, choisir la place des personnages qu'elle doit retracer à nos yeux, nous avons dû, fidèles à la vérité, placer, dans le récit des révolutions de notre âge, la Prusse et son roi au rang que la fortune leur assigna sur cette vaste et sanglante arène; et, comme ils y entrèrent les premiers, nous commencerons ce tableau politique par une esquisse rapide de l'origine et des progrès de la monarchie prussienne, puissance nouvelle qui dut son élévation à l'habileté d'un grand électeur, son rang parmi les monarchies à l'avarice de son premier roi, et sa gloire au génie du grand Frédéric.

PRÉCIS

DE L'HISTOIRE DES PRINCES

QUI ONT GOUVERNÉ LA PRUSSE ET LE BRANDEBOURG.

Depuis la destruction de l'empire romain par les Barbares, l'histoire de l'Europe, quoique féconde en grands hommes et en grands événemens, a pris un caractère d'uniformité qui l'a rendue froide et peu attrayante. La férocité des premiers temps de cette nouvelle époque, la cruauté et l'ignorante superstition des premiers conquérans, l'oubli total des sentimens de liberté, la ruine des arts, des sciences, du commerce et des belles-lettres, la grossièreté des mœurs, la sottise et la partialité des anciennes chroniques écrites dans le fond des cloîtres, tout contribuait à rendre aride et dégoûtant le travail nécessaire pour tirer quelques vérités de ce chaos obscur. Tacite et César ont dit, en peu de lignes, tout ce qui peut intéresser sur les mœurs des anciens habitans de la Germanie; et l'histoire des Celtes, par le savant Pelloutier, qui a coûté vingt années de recherches à cet estimable écrivain, fait honneur à son érudition, sans nous donner d'autre résultat que l'indifférence la plus juste pour les événemens de ces temps reculés.

Les Celtes, les Francs, les Huns, les Slaves, les Sarmates, les Daces, les Goths, les Cimbres, les Teutons, les Ostrogoths nous offrent successivement et constamment les mêmes tableaux. Simplicité de mœurs, ignorance des arts les plus grossiers, amour d'une indépendance sauvage, passion pour la guerre, fidélité envers leurs frères d'armes, dévouement à leurs chefs, rapidité dans leurs invasions, férocité dans leurs victoires, découragement et dispersion totale après leurs défaites : voilà ce que présentent, pendant plusieurs siècles, toutes ces hordes barbares qui, depuis les frontières de la Chine jusqu'aux rivages de l'Océan, roulant l'une sur l'autre comme les flots de la mer, ont tour à tour envahi, ruiné et dépeuplé les plus belles contrées du globe.

Quelques-uns de ces peuples conquérans furent enfin adoucis et civilisés par les vaincus; mais cette civilisation fut si lente et si incomplète, qu'ils conservèrent, jusqu'à ce siècle même, des traces de leur origine et de leurs antiques mœurs. La prééminence du clergé sur les autres ordres de l'État rappelle celle des druides gaulois et des pontifes celtiques. L'usage des combats singuliers, la supériorité de l'état militaire sur toutes les autres professions et même sur les magistratures civiles, obstacle éternel opposé aux vertus publiques, conservent, au milieu de l'Europe moderne, les traces des mœurs scythes et germaines. Enfin le système féodal, qui si long-temps empêcha les rois d'être puissans et les peuples d'être libres, laisse à la plus grande partie des nations civilisées de grands traits de ressemblance avec les Huns et ces Tartares, dont on retrouve encore le modèle intact chez les Kirgis, dans le Cuban, et parmi les Osses, les Cabardiens et les Avares, qui gardent, jusqu'à présent, à l'abri des roches du Caucase ou dans la solitude des déserts, les mêmes lois, les mêmes coutumes et les mêmes noms que nous ont fait connaître les historiens de Rome et de Byzance.

C'est à cette grande révolution dans l'esprit des nations qu'il faut attribuer la différence des impressions que nous recevons en lisant l'histoire ancienne et l'histoire moderne. Autrefois l'histoire était un drame attachant; depuis elle devint un journal stérile. Dans la Grèce et dans l'Italie, les lois, qui réglaient les droits des citoyens et fixaient les bornes de l'autorité des gouvernemens, étaient le premier et le continuel objet de l'intérêt public; l'amour de la patrie était la première des passions, et la gloire militaire, malgré son éclat, n'éclipsait jamais les talens de l'orateur et du magistrat. L'opinion publique était tout : elle immortalisait les héros; elle divinisait les hommes qui excellaient dans les arts, ou qui faisaient des découvertes utiles; et l'historien avait continuellement à peindre, non ce qui occupe quelques hommes, mais ce qui intéresse l'humanité tout entière. Il était animé par les grands modèles qu'il avait à peindre, par les grandes passions qu'enflammaient des causes toujours importantes par leur nature et par leurs effets.

La solennité des fêtes, le civisme des jeux, la majesté des assemblées, l'importance des discussions, l'éloquence des harangues, la diversité des lois, la lutte énergique de l'esprit public contre l'audace des ambitieux, semaient dans les narrations une variété, et y répandaient une magie dont nos relations modernes sont totalement privées.

Long-temps après la chute de la république romaine, cet intérêt se soutint, parce que les anciennes formes et les anciennes mœurs ne s'effacèrent que par degrés. Mais il n'est aucun lecteur qui ne se sente fatigué dès qu'il commence à lire les annales du Bas-Empire. Les plus grands événemens, les révolutions les plus sanglantes, les invasions les plus formidables, les querelles de religion les plus acharnées ne produisent dans sa tête qu'un chaos d'images qui laissent à peine quelques traces dans sa mémoire; et, si quelque motif particulier ne lui faisait pas recommencer péniblement cette aride lecture, il ne se souviendrait peut-être que de quelques noms comme ceux de Constantin, de Julien, de Théodose, d'Héraclius, d'Alexis Comnène, d'Alaric, de Genséric, de Bélisaire, de Narsès, et de ces catastrophes mémorables qui effraient l'esprit par leurs explosions, sans l'avoir intéressé par leurs détails.

Le berceau des monarchies qui ont succédé à l'empire des Grecs et à celui des Romains, est encore entouré d'ombres plus épaisses et d'images plus confuses et plus sanglantes:

A peine distingue-t-on l'éclat de quelques noms fameux, comme ceux des Clovis, des Charles-Martel, des Pépin, des Charlemagne, des Othon et des Alfred. L'historien ne trouve à peindre, dans ces temps affreux, que des brigandages, des usurpations, des assassinats, des excommunications, des envahissemens uniformes de pouvoir par la noblesse sur les peuples, et par le clergé sur les nobles et sur les rois. Voltaire lui-même, malgré la fécondité de son imagination, a été accusé, comme historien, de se répéter sans cesse sur ces objets, et l'absurde envie n'a pas voulu voir que c'était au modèle, et non au peintre, qu'il fallait reprocher cette fastidieuse uniformité.

Les temps postérieurs fournissent plus de sujets aux romanciers et aux poëtes qu'aux historiens. L'esprit de chevalerie, l'expulsion des Maures d'Espagne, les guerres féodales, la fureur des croisades produisirent des guerres nouvelles, donnèrent lieu à d'illustres faits d'armes, immortalisèrent quelques noms brillans, mais prolongèrent la léthargie des sciences, le sommeil des arts et la nullité du commerce et de l'industrie.

Enfin les lumières reparurent : on inventa l'imprimerie, l'esclavage s'affaiblit, le tiers-état commença partout à reprendre une existence humaine ; les prêtres virent décroître leur pouvoir temporel, les rois augmentèrent le leur ; une politique plus éclairée adoucit les mœurs, rapprocha les peuples divisés ; il se forma dans l'Europe une balance de pouvoirs qui, sans détruire le fléau des guerres de la chrétienté, les rendit moins barbares. La vaillance, encore comptée pour la première des vertus, ne fut plus la seule honorée. La justice commença à renaître, le chaos des lois se débrouilla; les propriétés furent plus assurées, l'agriculture fut moins avilie; on sentit les avantages du commerce; les arts et les talens reparurent, car on les voit éclore partout où ils sont honorés; la philosophie put alors mêler dans l'histoire quelques pensées utiles et quelques pages intéressantes aux arides récits des batailles, des siéges et des traités.

Cependant, tel était encore l'empire des antiques mœurs que, jusqu'à nos jours, si l'on en excepte les écrits de Machiavel et ceux de deux ou trois auteurs modernes, on n'a composé qu'en Angleterre des ouvrages historiques, où le lecteur de toutes les classes puisse trouver quelques alimens pour sa pensée et quelque résultat utile à sa position. Partout ailleurs vous ne rencontrez que la nomenclature plus ou moins sèche des princes, les détails de leur généalogie qui fondait leurs droits et motivait leurs prétentions, le récit de leurs guerres éternelles, l'extrait de leurs traités presque aussitôt oubliés que conclus, et quelques révolutions de dynasties, qui ensanglantaient les trônes sans améliorer le sort des pays. En un mot, partout on trouve l'histoire de quelques hommes et de quelques familles, et nulle part celle des nations; des mœurs et des lois. La cour et l'armée étaient tout, le reste de l'humanité n'était rien, et l'épée pouvait presque seule servir de burin à l'histoire.

Ces considérations suffisent pour nous dispenser de retracer aux yeux des lecteurs un précis des diverses époques de l'histoire de l'Europe moderne. Assez d'abrégés ont rempli ce but en nous déroulant les annales de nos anciennes monarchies. Nous nous bornerons donc à jeter un rapide coup d'œil sur l'origine et les progrès de la Prusse, puissance nouvellement inscrite au nombre des royaumes.

Un siècle s'était à peine écoulé depuis que l'épée d'un électeur s'était changée en sceptre royal, lorsqu'un monarque prussien parut à la tête des rois ligués contre la France, et occupa ainsi momentanément le premier plan du tableau des révolutions dont nous offrons aujourd'hui l'esquisse.

Les habitans du Brandebourg, de la Prusse et de la Poméranie, demeurèrent plus longtemps barbares et idolâtres que tous les autres peuples de l'Europe. Ils étaient chasseurs et guerriers, et jamais les armes romaines ne purent pénétrer assez loin dans les forêts de la Germanie pour leur ravir leur indépendance. Mais souvent les essaims nombreux de leur turbulente jeunesse allèrent porter le carnage et l'effroi dans les Gaules et dans l'Italie ; et, pendant que leurs hordes belliqueuses dévastaient les contrées fertiles du Midi, d'autres peuplades sauvages, accourant du Nord et de l'Orient, venaient s'emparer de leur pays et se saisir de leurs troupeaux. Après une courte et meurtrière résistance, une partie des vaincus allait, le fer à la main, se chercher une nouvelle patrie, et l'autre s'incorporait au peuple vainqueur.

Leur culte grossier était celui de la nature divinisée ; ils n'avaient d'autres temples que les forêts, les lacs et les montagnes. Odin, Tuiston, Irmensul, Man étaient leurs principaux dieux : chez eux, le paradis était destiné aux braves, et l'enfer aux lâches ; cette croyance suffit pour conserver long-temps leur liberté. Devenus chrétiens, ils furent superstitieux et tributaires de Rome comme toutes les nations de l'Europe. On vit dans ce pays les mêmes abus, les mêmes absurdités, les mêmes fureurs qui déshonorèrent tant de règnes et ensanglantèrent tant de pays.

Les croisades insensées, les faux miracles, les accusations d'hérésie et de magie, les hosties répandant du sang, les images versant des larmes, les animaux refusant la nourriture que leur présentaient les excommuniés, toutes les fables que l'avidité et l'ambition peuvent imaginer pour prolonger l'ignorance, commander les sacrifices et assurer l'obéissance, furent long-temps reçues avec respect dans ces contrées. Enfin une inondation d'indulgences vendues y ouvrit tous les yeux sur le machiavélisme de Rome, et enleva ces régions à la puissance du pape. Elles embrassèrent la religion de Luther; le fanatisme s'y éteignit par degrés : en 1708, on y brûla encore une femme accusée de sorcellerie; mais aujourd'hui la plus entière tolérance y règne.

Jean Cicéron y porta le premier rayon de lumière, et fonda l'université de Francfort. Joachim Nestor fut le Léon X du Brandebourg. Le grand électeur, en introduisant dans ses États les réfugiés français que Louis XIV avait bannis, opéra un grand changement dans son pays : d'autres principes d'éducation, un commerce plus étendu, une industrie plus active, y créèrent des hommes nouveaux, et dès-lors il s'y forma un mélange de mœurs françaises et allemandes, qui subsiste encore, et qui donne aux habitans de la Prusse, avec l'esprit militaire et la loyauté des Germains, une urbanité, une industrie, une activité qu'on rencontre rarement dans les autres parties de l'Allemagne.

Jusqu'à Frédéric Ier, tout ce pays gémit sous

la tyrannie anarchique du gouvernement féodal. Ce prince abattit tous ces petits tyrans; les états conservèrent une influence qu'ils perdirent peu à peu. George-Guillaume, en 1631, les consulta, pour la dernière fois, sur une alliance projetée avec la Suède. Il les remplaça par un conseil qui parvint, sous son règne, à un degré d'autorité peu différent de celui des maires du palais en France. Le grand électeur sépara ce conseil, et donna des départemens particuliers à chacun de ses ministres; il établit deux conseillers par province, pour en traiter toutes les affaires. Frédéric-Guillaume compléta l'établissement du despotisme; il réduisit encore le pouvoir du conseil et des ministres, et mit sous la présidence du maréchal de la cour le consistoire chargé des affaires religieuses.

En 1724, on établit un grand directoire, partagé entre quatre départemens, qui avaient chacun à leur tête un ministre d'État; et on créa dans chaque province un collége de justice et un collége de finance, soumis aux ministres de ces départemens. Le roi, sur le rapport de ces ministres, décidait et signait tout. Aucun corps n'avait le droit d'arrêter, de ralentir ni de modifier l'exécution de sa volonté, qui tenait lieu de loi.

Les premiers électeurs n'avaient de troupes qu'une garde de cent hommes et quelques lansquenets; en cas de guerre, l'arrière-ban. Aussi le succès des armes dépendait du hasard et des caprices d'une multitude sans ordre, dont le zèle incertain ne laissait la possibilité de former aucun plan solide. George-Guillaume leva une armée de vingt-cinq mille hommes, entretenue par les subsides de l'empereur et de la Hollande ; le grand électeur eut jusqu'à trente mille hommes soldés. Il s'occupa plus de la cavalerie que des autres armes. Le second roi de Prusse porta son armée à soixante-douze mille combattans; son successeur, à deux cent mille; et de ce moment la Prusse devint une des premières puissances de l'Europe ; car, dans les balances de la politique, tout est décidé par le glaive le plus lourd et par les bataillons les plus nombreux.

Après avoir tracé cette légère esquisse des mœurs, du culte et du gouvernement de ces contrées, si on veut jeter un coup d'œil rapide sur les princes qui les ont gouvernées, on verra que leur origine disparaît dans l'obscurité des temps; ce qui la rend d'autant plus illustre; car la noblesse est comme les montagnes dont on n'admire la majesté que lorsque leur tête se perd dans les nuages.

Quelques auteurs font descendre la maison de Hohenzollern des Colonne, et d'autres de Witikind. Le premier auteur de cette race qui soit évidemment connu est Tassillon, qui vivait dans l'an 800. L'histoire n'en cite plus aucun jusqu'en 1200, qu'on voit un prince de cette maison, nommé Conrad, burgrave de Nuremberg. Ainsi, pendant quatre siècles, leur généalogie s'était conservée sans tache et sans illustration nouvelle. Frédéric IV, en 1332, prit les armes pour Louis de Bavière; il fit prisonnier Frédéric d'Autriche; et ce fut lui qui donna naissance à cette rivalité qui éclata si souvent depuis entre ces deux maisons.

En 1363, à la diète de Nuremberg, l'empereur Charles IV, à son tour, mit Frédéric V dans les fers. Par une vicissitude de fortune singulière, Frédéric sortit de prison pour être lieutenant de l'empereur. En 1408, Frédéric VI s'empara de la marche de Brandebourg; et, avec l'appui du duc de Poméranie, il soumit tous les petits seigneurs qui tyrannisaient ce pays. L'un d'entre eux possédait vingt-quatre forts qui furent rasés. Toutes ces petites forteresses éternisaient, dans ces temps affreux, le brigandage des seigneurs, la faiblesse des princes et l'oppression des campagnes. Les Suèves, les Vandales, les Venètes, les Saxons et les Francs avaient tour à tour habité et dominé la marche de Brandebourg. La maison de Hohenzollern réunit sous son pouvoir les débris de ces différens peuples, et le temps confondit peu à peu leurs races, leurs lois et leurs mœurs.

Avant le règne de la maison actuelle, neuf dynasties y régnèrent successivement. Albert l'Ours y affermit sa domination en 1100, et fut le premier électeur. L'Ordre-Teutonique posséda quelque temps la Nouvelle-Marche, et le duc de Poméranie gouverna l'Ukraine. L'électorat fut vendu et acheté plusieurs fois par Louis de Bavière, par Sigismond, par l'Ordre-Teutonique. Tel était alors le sort des hommes, dans ces temps dont on veut nous faire regretter le sauvage et chevaleresque héroïsme : les villes, les peuples se vendaient comme des troupeaux ; leurs droits étaient oubliés, et leur seul partage était de payer et d'obéir.

Frédéric Dent-de-Fer donna seul, au milieu de ces siècles de délire et d'ineptie, un exemple rare de modération et de prudence; il refusa deux royaumes : la Bohême, que le pape lui offrait, et la Pologne, où les grands l'appelaient. Le premier de ces présens ne lui parut pas assez légal; le second lui sembla trop orageux : il aima mieux accepter la Lusace, dont les habitans se donnèrent à lui, et la

Nouvelle-Marche, que l'Ordre-Teutonique lui vendit. Ses possessions furent moins brillantes, mais plus solides, et il gagna en tranquillité ce qu'il perdit en éclat.

En 1471, Albert son frère, margrave d'Anspach et de Bareith, lui succéda. C'était à la fois un héros de roman et d'histoire; il gagna huit batailles, et remporta le prix dans dix-sept tournois. Le duc de Bavière et le duc de Bourgogne furent contraints de céder à sa valeur; et l'habileté avec laquelle il sut conserver par des traités ce qu'il avait acquis par les armes, le fit appeler, au moment de la paix, Albert l'Ulysse, comme on l'avait nommé, pendant la guerre, Albert l'Achille.

Jean Cicéron lui succéda et fit un traité de succession éventuelle avec les maisons de Saxe et de Hesse. C'est de lui que viennent les prétentions de la Prusse sur Crossen et sur Ratibor, dont George fut dépouillé par Ferdinand d'Autriche, à la charge de payer 130,000 florins, qu'on ne toucha jamais. Jean Cicéron mérita son surnom par son amour pour les sciences; il fut conciliateur et pacifique. Joachim Nestor imita sa modération et régna en paix trente-deux ans. Joachim II, révolté de l'ambition de la cour de Rome, et voyant la Saxe inondée d'indulgences et pillée pour enrichir Cibo, sœur de Léon X, profita de la disposition des peuples, et secoua le joug du pape; il se fit luthérien, acquit par-là plusieurs évêchés, et eut en même temps la sagesse de ne prendre part ni à l'union de Smalkalden, ni aux querelles de religion qui en furent le résultat. Il construisit Spandaw, donna à son second fils l'évêché de Magdebourg, et obtint du roi de Pologne le droit de succéder au duché de Prusse.

Ce duché, habité successivement par les Slaves, les Russes, les Venètes, les Sarmates, était encore idolâtre en l'an 1000. Les chevaliers teutoniques y portèrent leurs armes et leur foi : bientôt les Polonais leur enlevèrent Dantzick, Thorn et la moitié de la Prusse, qu'ils gardèrent jusqu'au moment où Jean-Sigismond en hérita.

Jean-George et Joachim-Frédéric vécurent sans laisser de traces de leur règne, ce qui fait croire qu'il fut doux, heureux et pacifique; car les princes qui occupent le moins de place dans l'histoire sont souvent ceux qui en méritent une plus honorable dans le cœur de leurs sujets.

Jean-Sigismond, en 1618, hérita de la Prusse et prétendit aussi à la possession de Juliers, Clèves, la Marck, Ravensberg et Ravenstein. La maison de Neubourg lui disputa cette succession : elle fut appuyée par Henri IV, roi de France ; les Hollandais prirent le parti de l'électeur ; l'empereur voulut séquestrer ses biens. Les protestans s'y opposèrent. L'électeur était aussi violent qu'ambitieux ; il soutint ses prétentions avec ardeur, et rompit les négociations en donnant un soufflet à l'un de ses compétiteurs : il mourut en laissant la querelle indécise et la guerre allumée.

George-Guillaume, qui lui succéda en 1619, et qui vécut jusqu'en 1640, fut au moment de perdre tout ce qu'avaient acquis ses prédécesseurs ; et, lorsqu'il mourut, le politique le plus habile n'aurait jamais pu prévoir l'éclat et la puissance de ses successeurs : il administra sans ordre, il combattit sans énergie, il négocia sans habileté ; son règne fut un tissu de malheurs et de faiblesse ; durant toute la guerre de trente ans, son pays fut tour à tour le champ de bataille et la proie des Suédois et des impériaux.

Mais tous les obstacles s'aplanissent sous les pas du vrai talent, et les circonstances difficiles, qui écrasent la médiocrité, forment, développent les grands hommes, et rendent leurs triomphes plus brillans. Frédéric-Guillaume, en 1640, monta, non sur un trône, mais sur des débris : il déploya le génie d'un grand roi et la prudence d'un électeur; sa sagesse lui fit recouvrer ses États, et sa valeur en étendit les limites. Également grand dans les petits détails et dans les affaires importantes, son esprit se proportionnait toujours au temps, au lieu, à la circonstance. Il apprit à vaincre à l'âge où l'on apprend à lire. Le prince d'Orange fut son maître et prédit sa gloire. Jeune, il annonçait tant de mérite, que le ministre Schwarzemberg l'éloigna long-temps des affaires, craignant que sa pénétration n'éclairât et ne démasquât sa médiocrité. Quand on cherche le mérite dans les cours, on est certain de le reconnaître aux craintes qu'il inspire à la sottise.

Frédéric-Guillaume avait vingt ans lorsqu'il prit les rênes du gouvernement. La plupart de ses possessions étaient dans les mains des Suédois, Clèves dans celles des Espagnols. La Prusse ruinée n'offrait que des décombres et des déserts. Il obtint d'abord, par des négociations adroites et des sacrifices d'argent, une trêve avec la Suède, et la restitution de ses États envahis. En 1648, le traité de Westphalie lui enleva une partie de la Poméranie, mais lui assura Magdebourg, Halberstadt, Minden, Camin, Hohenstein, Reichenstein. Depuis, les Suédois s'étant emparés de la Prusse, il se la fit rendre en combattant contre la Pologne, pour Charles-Gustave, et en décidant, par sa vaillance, le succès de la bataille de Varsovie. Quelques années après, il réprima l'ambition des Suédois, en s'alliant contre eux avec la Pologne et le Danemarck; et il acquit, par cette guerre, Elbing et des frontières plus étendues. La paix d'Oliva assura ses conquêtes, et fixa la balance des puissances du Nord.

Le grand électeur accrut encore sa réputation, en secourant l'empereur contre les Turcs, qui menaçaient l'Autriche et la Pologne d'une destruction totale. Il secourut ensuite la Hollande contre la France; et dans cette guerre mémorable, digne rival de Turenne, il eut la gloire de sauver cet illustre ennemi, en l'avertissant d'un complot formé contre ses jours.

La paix de Wossen, qui n'eut que la durée d'une trêve, lui valut la restitution de Clèves. La guerre recommença bientôt; il combattit encore la France, et entra en Alsace à la tête des impériaux. Mais, tandis qu'il portait ses armes si loin, les Suédois, profitant de son absence, envahirent ses États. L'électeur vola à leur défense avec la rapidité de l'éclair, et gagna la bataille de Ferbellin.

Une nouvelle invasion des mêmes ennemis n'eut pas un meilleur succès; et ces Suédois si fiers, dont le nom seul alors épouvantait l'empire, furent battus, dispersés et mis en fuite par Frédéric-Guillaume. Sa prodigieuse activité déconcertait tous leurs plans, étonnait leur courage; et, pour me servir ici des termes du grand Frédéric, ils entrèrent dans la Prusse en Romains, et s'en sauvèrent en Tartares. Louis XIV, débarrassé de ses ennemis, et abusant de sa puissance, força enfin le grand électeur, par la paix de Saint-Germain, à rendre la Poméranie à la Suède. Mais, en cédant avec prudence, il traita avec dignité, et garda Camin, ainsi qu'une partie de ses conquêtes.

Ce qui paraît à peine concevable, c'est qu'au milieu de tous ces orages, ce prince trouva le moyen de restaurer ses finances; et l'ordre qu'il rétablit était si solide, que la banque ne suspendit pas même ses paiemens pendant l'invasion des Suédois. Comme il ne prit jamais les armes que pour soutenir des guerres justes, il conserva toujours la confiance de ses alliés et l'estime de ses ennemis, et plusieurs puissances le prirent pour arbitre dans leurs querelles. Louis XIV, Cromwel et lui illustrèrent leur siècle; mais il les égala en gloire, et n'eut jamais à se reprocher ni l'ambition du monarque, ni les crimes du protecteur. Il réunit ses possessions dispersées, rendit la paix à son pays, y fit fleurir les arts et régner la justice;

profitant habilement des erreurs de la superstition et du despotisme, il accueillit les réfugiés français, et répandit avec eux, dans ses États, les lumières et l'industrie.

Frédéric Ier succéda, en 1690, au grand électeur. Il n'eut toute sa vie d'autre but que de devenir roi et de porter une couronne qu'avait méritée son prédécesseur. Il fatigua toutes les cours par ses intrigues, triompha par sa constance de tous les obstacles, et obtint, de la lassitude des puissances rivales, ce sceptre qui était l'unique objet de ses désirs. Toujours prêt à sacrifier la réalité pour l'ombre, il reçut de l'empereur Joseph Ier le titre de roi, en abandonnant les subsides qu'il en recevait, et en entretenant pour son service huit mille hommes à ses frais.

Ce nouveau roi ménagea constamment Pierre-le-Grand, Charles XII et Joseph : cédant toujours au plus fort, sans insulter le plus faible, il conserva la paix par cette circonspection; mais il vendit tour à tour ses soldats aux Anglais et aux Hollandais. Jamais on n'eut moins de dignité et plus de vanité; il était grand dans les petites affaires, et petit dans les grandes. L'Angleterre voulait envoyer huit mille Prussiens combattre pour elle en Italie; Frédéric avait déjà refusé ce secours : le duc de Marlborough, qui connaissait ses faiblesses, obtint ces huit mille auxiliaires, en flattant son orgueil et en lui présentant humblement la serviette et l'aiguière. L'avarice influait aussi souvent sur sa politique : il voulait retirer ses troupes de la coalition ; on lui fit présent d'un beau diamant, et il laissa en Hollande quinze mille hommes qui y périrent. Tel fut le premier roi de Prusse, qui paraît d'autant plus médiocre, que le sort le plaça entre deux hommes supérieurs qui occupèrent brillamment le trône avant et après lui.

Frédéric-Guillaume, son fils, prit sa place en 1713. Il trouva l'Europe tranquille : la paix d'Utrecht avait fait succéder le calme aux orages. L'illustre successeur de ce prince dit dans ses Mémoires qu'une simple plaisanterie de deux Anglais contribua à la création d'une puissance militaire qui, quelque temps après, conduisit la Prusse au faîte de la gloire, et changea tout le système de la politique européenne. Ces deux Anglais avaient parié que le roi de Prusse ne pourrait jamais entretenir constamment plus de quinze mille hommes de troupes réglées. Frédéric-Guillaume avait hérité de la vanité de son père ; mais il y joignit plus d'énergie : Piqué du doute insultant de ces Bretons, il résolut de tout sacrifier pour avoir une puissante armée; et en effet, après avoir augmenté ses revenus par son intelligence, et diminué ses dépenses par ses réformes et par la plus inflexible sévérité dans son administration, il se trouva en état de solder une armée de soixante-dix mille combattans. Cette armée lui servit à faire une guerre avantageuse contre Charles XII, qui lui céda, par le traité de Stockholm, une partie de la Poméranie. Il fit ensuite, sans succès, la guerre avec l'empereur contre la France, et assista, avec son fils, à la dernière campagne du prince Eugène. Plus négociateur que guerrier, il signa environ quarante traités, si peu importans qu'ils ne valent pas la peine d'être cités. Son administration fut pacifique au dehors, sévère au dedans. Il protégea le commerce et augmenta la culture et la population de son royaume, en y établissant de nombreuses colonies de Suisses et d'habitans de divers pays. On peut se faire une juste idée de sa dureté, en se rappelant que, pour une faute légère, il mit son fils en prison, et le contraignit d'assister au supplice de son ami.

Ce fils, le grand Frédéric, a dessiné le portrait de ce père cruel. Il est à conserver comme monument de talent, de concision et de modestie. Le voici :

« La politique du roi fut toujours insépara-

» ble de sa justice. Moins occupé à étendre qu'à
» conserver ce qu'il possédait, toujours armé
» pour sa défense et jamais pour le malheur
» de l'Europe, il préférait en tout l'utile à l'a-
» gréable, bâtissant avec profusion pour ses
» sujets, et ne dépensant pas la somme la plus
» modique pour se loger lui-même. Circonspect
» dans ses engagemens, vrai dans ses promes-
» ses, austère dans ses mœurs, rigoureux sur
» celles des autres, sévère observateur de la
» discipline militaire, gouvernant son État par
» les mêmes lois que son armée, il présumait
» si bien de l'humanité, qu'il prétendait que
» tous ses sujets fussent aussi stricts que lui.
» Frédéric-Guillaume laissa en mourant soixan-
» te-dix mille hommes entretenus par sa bonne
» économie, ses finances augmentées, le trésor
» public rempli, et un ordre merveilleux dans
» toutes les affaires. S'il est vrai de dire qu'on
» doit l'ombre du chêne qui nous couvre à la
» vertu du gland qui l'a produit, toute la terre
» conviendra qu'on trouve dans la vie labo-
» rieuse de ce prince, et dans les mesures qu'il
» prit avec sagesse, les principes de la pro-
» spérité dont la maison royale a joui après sa
» mort. »

APERÇU
DE LA VIE
DU GRAND FRÉDÉRIC.

Les hommes ont presque toujours les défauts et les vertus contraires à ceux de leurs pères. Celui de Frédéric était nommé *le roi sergent*; il était minutieux, cruel, et détestait les lettres. Son fils fut littérateur, philosophe, humain, et développa toujours une politique aussi vaste que son génie. Ennemi de toute contrainte, il voulut dans sa jeunesse s'échapper et faire le tour de l'Europe; on le mit en prison à Custrin, et on l'obligea à assister au supplice de Katt, son ami, qui lui avait conseillé ce voyage. Frédéric ne versa point de larmes; mais le fruit de sa méditation, pendant ce supplice, fut la résolution de ne jamais imiter la cruauté dont il était victime; et jamais il n'oublia cette sanglante leçon. Il aimait les plaisirs, parce qu'ils lui étaient interdits, et qu'il n'avait point d'affaires. On s'attendait à un règne efféminé; mais, dès qu'il fut roi, à vingt-neuf ans, il oublia les voluptés; ne songea qu'à la gloire et ne s'occupa plus que de ses finances, de son armée, de sa politique et de ses lois. Ses provinces étaient éparses, ses ressources faibles, sa puissance précaire; son armée de soixante-dix mille soldats était plus remarquable par la beauté des hommes et par la recherche de la tenue, que par l'instruction. Il l'augmenta, l'instruisit, l'exerça, et la fortune vint lui ouvrir le champ de la gloire dès qu'il eut tout préparé pour jouir de ses faveurs.

Charles XII était mort et remplacé par un roi sans autorité. La Russie, privée de Pierre-le-Grand, qui n'avait qu'ébauché sa civilisation, languissait sous le gouvernement inhabile de l'impératrice Anne et d'un ministre ignorant et cruel. Auguste III, roi de Pologne et électeur de Saxe, prince sans caractère, ne pouvait lui inspirer aucune crainte. Louis XV, roi pacifique et faible, était gouverné par le cardinal de Fleury, qui aimait la paix, mais qui, par faiblesse, se laissait toujours entraîner à la guerre. Il présentait plutôt à Frédéric un appui qu'un obstacle. La cour de France avait pris le parti de Charles VII contre François Ier. Marie-Thérèse, femme de François et reine de Hongrie, se voyait menacée par l'Angleterre, la Hollande et la France; et, tandis qu'elle devait à peine espérer de conserver ses États héréditaires, cette audacieuse princesse voulait faire monter son mari sur le trône impérial.

Cette querelle allumait la guerre en Europe; le génie de Frédéric vit d'un coup d'œil que le moment était venu d'élever la Prusse au rang des puissances du second ordre : il offrit à Marie-Thérèse de la défendre si elle lui cédait la Silésie, et la menaça de la guerre en cas de refus. L'impératrice, dont rien n'ébranlait la fermeté, refusa impolitiquement cette proposition; la guerre fut déclarée, et Frédéric entra en Silésie à la tête de quatre-vingt mille hommes.

Cette première guerre dura dix-huit mois. Frédéric prouva, par le gain de cinq batailles, que l'Europe compterait un grand homme de plus dans ses sanglantes annales. Il avait commencé la guerre par ambition et contre la stricte justice ; il la termina avec habileté, mais en abandonnant la France, son alliée, sans l'en prévenir; et il mit ainsi en pratique, dès qu'il fut monté sur le trône, les principes de Machiavel, qu'il avait réfutés avant de régner. Les hommes jugent d'après l'événement. Le héros fut par la victoire absous des torts que lui reprochait la justice; et ce brillant exemple servit à confirmer les hommes dans cette erreur trop généralement et trop légèrement adoptée, que l'habileté de la politique est incompatible avec la rigidité de la morale.

Quatre ans après, en 1741, Frédéric reprit les armes. Il envahit la Bohême, la Haute-Silésie, la Moravie. Vienne le crut à ses portes; mais la défection des Bavarois, la retraite des Français et le retour du prince Charles en Bohême, changèrent rapidement la face des affaires. La position de Frédéric devint aussi périlleuse qu'elle avait été menaçante; il fut au moment d'être perdu, et il se vit forcé de se retirer avec autant de précipitation qu'il s'était avancé avec audace. Le gain de la bataille de Hohen-Friedberg le sauva. Cette retraite et cette victoire mirent le sceau à sa réputation. Ce fut après cette action qu'il écrivit à Louis XV : « Je viens d'acquitter en Silésie » la lettre de change que votre majesté a tirée » sur moi à Fontenoy; » lettre d'autant plus modeste, que Frédéric avait vaincu, et que Louis avait été seulement témoin d'une victoire. Il développa la même activité et le même génie dans la campagne de 1745, et abandonna encore une fois la France, en faisant sa paix séparée à Dresde. Par cette paix, François fut assuré paisiblement de l'empire, et la cession de la Silésie à Frédéric fut confirmée.

La France eut dans cette guerre quelques torts qui purent excuser la défection de la Prusse. Les Français ne continrent pas le prince Charles, ne firent aucune diversion en Allemagne, et ne combattirent qu'en Flandre. Frédéric écrivait à l'ambassadeur d'Angleterre : « Voilà mes conditions. Je périrai plutôt avec » toute mon armée que d'en rien relâcher; et, si » l'impératrice ne les accepte pas, je hausserai » mes prétentions. » Il répondait à la Russie : « Je ne veux rien du roi de Pologne, que le » châtier dans son électorat, et lui faire signer » un acte de repentir dans sa capitale. » Il disait au maréchal de Belle-Ile, en lui apprenant qu'il abandonnait la France : « Monsieur le » maréchal, pensez à vous; j'ai gagné ma par- » tie, et je fais la paix. » On voit par ces traits quelle était l'énergie et la concision de sa politique, et combien elle différait du langage diffus de la diplomatie, dont elle déjouait les intrigues. Frédéric ne connut dans la paix ni le faste ni la mollesse; l'étude fut le délassement de ses travaux; son arc était toujours tendu, et il n'employait l'intervalle des combats qu'à aiguiser ses armes. Il est vrai que sa position l'y forçait : la sécurité ne peut accompagner un règne signalé par l'ambition et commencé par des envahissemens. Il illustra son repos par ses travaux littéraires. Les *Mémoires de Brandebourg* et ses poésies donnent à ce prince guerrier un rang assez distingué, non comme écrivain éloquent, mais comme philosophe ; et, si l'on aperçoit souvent la négligence de son style, on admire toujours la profondeur de ses pensées.

En 1756, l'Europe s'embrase de nouveau. La France et l'Angleterre se déclarent la guerre, elles cherchent des alliances ; Frédéric se range du côté des Anglais, et par-là devient l'objet de la vengeance irréfléchie des Français, et de l'alliance de cette puissance avec l'Autriche. L'Autriche se lie aussi avec la cour de Pétersbourg ; par la voie d'un secrétaire saxon, Frédéric découvre le projet des cours de Dresde, de Pétersbourg et de Vienne, d'envahir les États prussiens. Il les prévient et commence la guerre par des conquêtes. Accusé d'agression par tout le monde, l'univers aurait condamné sa témérité et l'aurait taxé de perfidie s'il avait été vaincu : il admira sa prévoyance et sa politique parce qu'il fut vainqueur. Ce prince s'empara d'abord de la Saxe ; battit deux fois les Autrichiens, et fut battu à son tour à Kollin, près de Prague, qui lui avait résisté plus qu'il ne comptait.

Sa conquête de la Silésie, son invasion précédente en Saxe, son traité avec l'Angleterre et ses épigrammes sur la galanterie d'Élisabeth, avaient inspiré à ses quatre ennemis le désir de renverser son trône; mais dans cette crise, qui l'exposa au plus grand danger, son génie résista à cette masse imposante d'adversaires, et sa fortune trompa tous les calculs de la politique.

Quand l'électeur de Brandebourg fit la guerre à la France, Louis XIV ne s'aperçut pas qu'il avait un ennemi de plus; et, peu d'années après, le chef du même électorat tint seul tête à presque toute l'Europe armée contre lui : tant un seul homme change la destinée et la force des nations!

Frédéric, battu, fut forcé d'évacuer la Bohême : un corps d'Autrichiens, commandé par Haddik, pénétra jusqu'à Berlin. Quatre-vingt mille Français, poussant leurs victoires jusqu'en Hanovre, forcèrent l'armée du duc de Cumberland de capituler à Closter-Seven. Tout semblait rendre inévitable la perte du roi de Prusse. Il était au ban de l'empire. Quarante mille Français, joints à l'armée des cercles, s'avançaient en Saxe pour faire exécuter ce décret. Frédéric, avec l'habileté, l'audace et l'activité de César, bat les Français à Rosbac, les met en déroute, et, sans être plus enivré par la victoire qu'il n'avait été étourdi par le danger, il vole en Silésie, défait les Autrichiens à Leutthen, reprend Breslaw, Lignitz, Schweidnitz, et prend ou tue quarante-cinq mille Autrichiens dans cette seule campagne.

En 1758, il pénétra en Moravie et assiégea Olmutz ; mais il fut obligé de se retirer et de venir défendre ses États contre les Russes qu'il battit à Zorndorff, mais qui lui tuèrent douze mille hommes dans cette journée. Le reste de cette guerre fut pour lui une alternative de triomphes sanglans et de dangers extrêmes. Les Russes, vainqueurs à Zulikaw et à Custrin, s'emparèrent de Berlin, les Autrichiens de Dresde.

Le roi de Prusse montra dans la guerre défensive autant de sagesse qu'il avait développé d'audace dans ses invasions ; et le duc de Brunswick, alors prince-héréditaire, en s'associant à ses dangers, s'acquit dans cette campagne une réputation que n'ont pu depuis lui faire perdre les fautes qu'il commit, lorsqu'il fit la guerre à la France à la tête de la coalition.

En 1761 et 1762, les dangers de Frédéric s'accrurent par l'attaque des Suédois. Il se vit entouré à Lignitz par quatre armées ; il en trompa trois, en détruisit une. La victoire de Torgaw ne fut pas décisive, mais donna au roi le temps de respirer. Depuis, défendant la Silésie et chargeant son frère Henri de défendre la Saxe, il se vit encore entouré, perdit Schweidnitz, et parut, pendant l'hiver, près de succomber au malheur qui l'accablait. Il portait du poison sur lui, et il sentit alors amèrement combien l'ambition fait payer chèrement ses faveurs, et quels sont les dangers qu'attire la politique injuste et conquérante.

La mort d'Élisabeth vint enfin le délivrer d'une partie de ses dangers. Pierre III avait conçu pour le roi de Prusse un enthousiasme qui lui coûta plus tard l'empire et la vie. Il fit sa paix avec Frédéric, et rompit par-là tous les plans des alliés. L'hiver suivant, la paix avec l'Autriche fut conclue, et Frédéric n'y perdit pas un village. Vainqueur de la moitié de l'Europe, cette paix mit le comble à sa gloire et consolida sa puissance. Sa tranquillité ne fut troublée depuis que par un léger orage de 1778. Joseph II voulait s'emparer de la Bavière; la France n'eut ni l'imprudence de le seconder dans cette entreprise, ni le courage de s'y opposer. Frédéric, secondé par Catherine II, l'arrêta dans sa marche, et la paix de Teschen fit regarder le roi de Prusse comme le plus ferme rempart que l'empire pût opposer à l'ambition de l'empereur.

Le partage de la Pologne, attribué à la politique de Frédéric, fut absolument l'ouvrage de Catherine II, qui fit la première ouverture de ce projet au prince Henri. Le roi de Prusse saisit avidement cette occasion d'étendre sa puissance : la morale le condamne et la diplomatie s'efforce vainement de l'excuser. En 1785, Joseph, qui n'avait pu conquérir la Bavière par les armes, voulut l'obtenir par négociation. Il offrait à l'électeur de l'échanger contre les Pays-Bas. L'impératrice de Russie, fidèle à un allié qui lui livrait l'empire ottoman, seconda ses démarches et voulut, en effrayant le duc des Deux-Ponts, arracher son consentement à cet échange. Frédéric, sentant combien cette concentration de forces et cet arrondissement de possessions rendraient l'Autriche redoutable, sonna l'alarme et leva l'étendard de la ligue germanique. Cette opération, qui le rendait, de fait, le chef de l'empire, dont l'empereur menaçait la liberté, fut le dernier acte de ce règne glorieux. Il mourut en philosophe paisible, après avoir vécu en prince guerrier, et laissa à son successeur une puissance consolidée, une armée formidable, d'habiles généraux, un trésor rempli de manière à faire trois campagnes sans impôts; mais il lui laissa en même temps le rôle le plus difficile à remplir : on succède à de tels hommes ; on ne les remplace pas.

Frédéric, craint par ses ennemis et par ses officiers, était aimé par ses soldats et par le peuple. Despote habile, son pouvoir arbitraire était dirigé par la justice ; nul ne sut mieux créer et encourager les talens, dont il était cependant jaloux. Ennemi du faste, ses impôts parurent moins insupportables, parce qu'ils furent toujours employés à accroître la gloire et le territoire de la Prusse, à augmenter sa population, et à récompenser des services utiles. Près de lui l'intrigue fut sans force, et le mérite sans crainte. On lui reproche d'avoir falsifié les monnaies et d'avoir gêné le commerce par des prohibitions malentendues. Les crises de la guerre lui firent pardonner le premier tort; le second prouve que personne ne peut jamais réunir toutes les qualités d'un homme d'État. Frédéric était tout aussi étroit dans ses idées sur le commerce, qu'il fut grand dans la politique et dans la guerre. Le code qu'il publia ne peut lui assigner un rang distingué parmi les législateurs célèbres; mais l'expérience n'a que trop souvent prouvé combien, pour le bonheur des peuples, il est plus sage de réparer les vieilles lois que de leur en donner de nouvelles. Frédéric, comme philosophe, comme guerrier et comme politique, illustra son pays, éclipsa ses rivaux, et mériterait peut-être qu'on donnât son nom au siècle qui le vit naître, régner et mourir.

DÉCADE

HISTORIQUE

ou

TABLEAU POLITIQUE DE L'EUROPE,

DEPUIS 1786 JUSQU'EN 1796.

CHAPITRE PREMIER.

Situation politique de l'Europe à la mort de Frédéric-le-Grand.

JAMAIS l'Europe ne fut plus tranquille qu'au moment où Frédéric-Guillaume II prit d'une main faible les rênes du gouvernement de la Prusse.

1786.

L'empereur d'Allemagne, découragé, avait renoncé à reconquérir la Silésie, et s'était vu forcé d'attendre d'autres circonstances pour exécuter ses projets sur la Bavière.

La Pologne se résignait aux pertes honteuses qu'elle avait éprouvées par un premier partage, et n'osait exhaler le ressentiment qu'elle en conservait.

La France, gouvernée par un roi pacifique et fière d'avoir enlevé à la Grande-Bretagne treize provinces devenues indépendantes, était garantie de toute crainte d'attaque par son alliance avec les Espagnols et les Autrichiens, et jouissait, dans la mollesse et dans l'incurie, d'un éclat trompeur et d'une prospérité apparente, que le désordre de ses finances et la faiblesse de son monarque devaient bientôt faire évanouir.

L'Angleterre, fatiguée d'une guerre de cinq ans et humiliée par la perte de ses colonies, attendait l'occasion de se venger; elle se préparait en silence à regagner dans l'Inde ce qu'elle avait perdu en Amérique.

La Russie, arrêtée dans ses projets ambitieux, en suspendait l'exécution. Catherine II avait d'ailleurs suffisamment agrandi ses États par le premier partage de la Pologne et par l'envahissement de la Crimée.

L'Italie était loin de craindre les désastres qui la menaçaient; depuis long-temps à peine entendait-on de loin, dans ce pays voluptueux, le bruit des orages qui avaient agité l'Europe.

La politique habile de Venise, concentrée dans son étroit territoire, ne s'occupait qu'à maintenir l'autorité non disputée d'un sénat tyrannique et méfiant.

La superbe Gênes soutenait la fierté de sa noblesse par la richesse de ses industrieux commerçans; la protection de la France mettait ces deux républiques à l'abri de toutes craintes.

1786.

Le roi de Sardaigne, dont les prédécesseurs avaient eu tant de peine à maintenir leur existence lorsque l'Autriche et la France se faisaient la guerre, n'avait plus à employer cette politique astucieuse qui les avait si souvent fait changer de parti. L'alliance des cours de Vienne et de Versailles assurait sa tranquillité.

Le gouvernement de Naples s'endormait au sein des voluptés, et voyait avec insouciance la diminution de son agriculture, la chute de son commerce, la désorganisation de ses troupes, l'anéantissement de sa marine et la corruption de ses sujets.

Le duc de Toscane, Léopold, haï par les grands, aimé par le peuple, estimé par les savans, se préparait, en faisant le bonheur d'un petit État, à gouverner habilement un grand empire.

La capitale du monde chrétien ne brillait plus que par l'éclat de son nom; le voyageur n'y cherchait que de vieux monumens et de grands souvenirs : les tributs de la crédulité cessaient presque partout d'alimenter sa puissance; aucune couronne ne redoutait la tiare;

I. 4

on baisait encore les pieds des papes, mais leurs mains n'osaient plus lancer la foudre.

Les Portugais et les Espagnols mêmes, en recevant avec respect les bulles de Rome, ne soumettaient plus leur politique aux ordres du chef de l'Église; et le successeur de saint Pierre, encore placé à la tête des princes, avait cessé d'être compté au nombre des puissances prépondérantes de l'Europe.

Le Portugal s'était rendu tributaire et dépendant de l'Angleterre; il se consolait de sa pauvreté par la beauté de son climat et par la sécurité dont la faiblesse de ses voisins le laissait jouir.

La Suisse était loin de prévoir, dans son heureuse sagesse, que des hommes qui se disaient libres viendraient ensanglanter l'antique temple de la liberté.

Le Danemarck, gouverné par un ministre sage, profitait d'une paix que, dans tous les cas, il était décidé à conserver, par une habile neutralité, pour étendre son commerce et augmenter sa prospérité.

Le roi de Suède, condamné momentanément au repos par le système général de l'Europe, s'enivrait de la gloire d'une révolution qui avait mis l'autorité du prince au-dessus de celle du sénat. Il venait de parcourir l'Europe, pour

en redire partout les détails et jouir de sa célébrité ; mais, comme son esprit était aussi
ardent que sa puissance était faible, il attendait avec impatience que quelque embrasement
nouveau, troublant la tranquillité universelle,
lui donnât l'occasion de réaliser ses projets de
conquêtes, soit contre le Danemarck, soit contre la Russie.

L'électeur de Saxe réparait sagement les malheurs dont la guerre avait accablé son pays.
Le duc de Brunswick, jouissant de la réputation du premier général de l'Europe, attendait
peut-être impatiemment des événemens qui
pouvaient accroître sa gloire, et qui depuis,
contre ses espérances, en ont affaibli l'éclat.
Le landgrave de Hesse, riche des soldats qu'il
avait vendus, ne s'occupait que de l'espoir
d'être électeur.

L'électeur de Bavière, assoupi sur son trône
et gouverné par l'Autriche, lui aurait cédé ses
États, si le duc des Deux-Ponts, qui devait
lui succéder, refusant l'offre trompeuse de la
possession des Pays-Bas et d'une couronne illusoire, ne s'était pas délivré, par la protection
de la Prusse, de la crainte d'un échange forcé.

La Hollande avait renoncé à être belliqueuse,
depuis qu'elle était devenue uniquement com-
merçante. Elle avait sacrifié la gloire à la ri-

chesse; elle pouvait payer toutes les armées de l'Europe, et n'était en état de résister à aucune. L'empereur, par quelques prétentions sur la navigation de l'Escaut, avait menacé de troubler son repos, et elle venait d'acheter la paix par un honteux sacrifice d'argent que la France avait conseillé et partagé. D'illustres souvenirs lui laissaient cependant quelques illusions qu'entretenait la politique rivale de l'Angleterre et de la France ; elle croyait que ces deux nations se disputaient son alliance, tandis qu'il ne s'agissait que de décider par laquelle des deux elle serait dominée.

Ce tableau rapide, mais fidèle, suffit pour prouver que jamais une époque plus orageuse ne fut précédée par un calme plus universel, et le politique le plus prévoyant pouvait à peine alors discerner quelques-unes des faibles étincelles qui, peu de temps après, produisirent un embrasement si terrible. On était surtout loin de prévoir, au moment où la politique, se tournant du côté du commerce, paraissait renoncer partout au système ruineux et insensé des conquêtes, que l'Europe allait être bouleversée par des ambitieux et des insensés couverts du manteau de cette philanthropique et paisible philosophie qui avait si constamment prêché la paix, et dont l'éloquence, amie de la raison et de l'humanité, avait si souvent et si justement condamné le machiavélisme des ministres, le despotisme des princes, l'intolérance des prêtres et l'ambition des conquérans.

Les seuls nuages qui paraissaient dans ce temps sur l'horizon politique, étaient si légers que le moindre effort semblait suffisant pour les dissiper. L'empereur Joseph II, d'après quelques mémoires qu'on lui avait présentés dans ses voyages, venait de faire, dans l'administration des provinces de la Belgique, des changemens qui avaient mécontenté le clergé et une partie de la noblesse, et avaient donné lieu à quelques plaintes. Le prince d'Orange voulait conserver quelques prérogatives que les états de Hollande lui disputaient. L'Angleterre soutenait les prétentions du prince; la France approuvait le mécontentement des patriotes, et la Prusse paraissait vouloir concilier ce différend.

La Russie accusait les Turcs de faire soutenir, par le pacha d'Achalzig, les attaques des Lesghis contre la Géorgie, et de favoriser les incursions fréquentes des Tartares du Cuban et des Cabardiens sur le territoire russe. La Porte reprochait à l'impératrice ses prétentions à la suzeraineté sur la Géorgie, et ses hostilités contre les habitans du Caucase. On se plaignait à Pétersbourg, des efforts de la Porte pour exciter la Perse contre la Russie; le grand seigneur accusait les Russes de fomenter, par leurs intrigues, l'esprit de révolte dans l'Archipel et dans la Grèce. Les ambassadeurs de France, Choiseul et Ségur, étaient parvenus, par leur entremise, à assoupir cette querelle.

L'Angleterre, qui désirait renouveler son traité de commerce avec la Russie et empêcher la conclusion de celui que négociait le ministre de France, craignait d'aigrir l'impératrice, et donnait encore à la Porte des conseils pacifiques; enfin le roi de Prusse, quoique irrité contre le cabinet de Pétersbourg, qui avait préféré l'alliance de l'Autriche à la sienne, semblait craindre de voir commencer une guerre qui l'aurait peut-être entraîné, et qui pouvait exposer une gloire certaine à des chances nouvelles. Ainsi, lorsque Frédéric-Guillaume succéda à son oncle, il n'eut, dans les premiers momens, aucune inquiétude politique qui pût troubler le plaisir de monter sur un trône si tristement et si long-temps attendu.

CHAPITRE II.

Espérances que donne l'avènement de Frédéric-Guillaume II. — Son éducation. — Son caractère. — Sa conduite militaire. — Ses premières opérations. — Ses premières fautes. — Tableau de sa cour, de son administration. — Portrait de ses conseillers et de ses ministres. — Changement total dans l'administration de la Prusse. — Restitution faite au duc de Mecklenbourg. — Consolidation de la ligue germanique.

1786.

Le calme qui régnait en Europe nous laisse le temps de suivre le nouveau roi de Prusse dans les détails de son administration intérieure, d'examiner sa cour, de peindre ses qualités, ses défauts, ses faiblesses, de rendre compte des premières opérations de son règne, et de développer les intrigues des courtisans attentifs à profiter de la faiblesse du monarque, de sa crédule superstition et de son goût effréné pour les plaisirs.

Le grand Frédéric avait pris les rênes du gouvernement à vingt-huit ans; c'est l'âge où l'on est soumis à la volupté. Ce prince courageux y renonça pour ne s'occuper que de sa gloire. Frédéric-Guillaume monta sur le trône à quarante-deux ans : c'est l'époque où la raison triomphe facilement des passions affaiblies; mais ce prince, trop comprimé par la sévérité de son oncle, ne songea, dès qu'il fut roi, qu'à jouir avec emportement de tous les plaisirs qui lui avaient été interdits; et le plus doux usage de sa puissance fut, à ses yeux, la liberté de se livrer sans réserve à tous ses désirs.

Quoique l'expérience de tous les siècles ait appris que la gloire des grands hommes reste rarement comme apanage à leurs successeurs, Frédéric-Guillaume avait fait concevoir à ses peuples les plus vives espérances : on croyait que son administration serait aussi glorieuse et plus douce que celle de son oncle; qu'il aurait le même éclat militaire, sans avoir la même sévérité : on se rappelait que son éducation avait été confiée à M. de Borck, militaire instruit, et à M. Bequelin, académicien distingué : on se souvenait de sa campagne contre les Autrichiens, dans la guerre de la succession de Bavière, et des éloges que lui avait donnés Frédéric. Ce prince, si sévère pour sa famille, si avare de louanges, si jaloux des talens qu'il employait, et si grand connaisseur dans l'art qu'il avait perfectionné, avait chargé son neveu de retirer de la Bohême un corps d'armée menacé par des forces supérieures : la position était critique, la retraite difficile et périlleuse. Frédéric-Guillaume l'exécuta avec autant d'habileté que de courage. Le roi, transporté, lui dit, en l'embrassant en présence de l'armée : « Je ne vous regarde plus comme » mon neveu, mais comme mon fils; vous avez » fait tout ce que j'aurais pu faire à votre » place. »

1786.

Le prince royal, admirant les grandes qualités de son oncle, et désapprouvant ses injustes rigueurs, passait pour n'avoir jamais manqué à sa parole. Sa probité excitait la confiance : on disait qu'il voulait mériter le surnom de *bien-aimé*. La part qu'on savait qu'il avait eue à la formation de la ligue germanique, faisait bien augurer de sa conduite politique, et il avait donné la première idée de cette ligue, qui flattait la vanité des Prussiens, en les rendant les appuis de la liberté de l'Allemagne contre l'ambition de la maison d'Autriche. Enfin tout se réunissait pour rendre le début du nouveau monarque facile et brillant; la paix régnait partout, et tous les cœurs lui étaient ouverts. Les premiers instans de son règne répondirent à l'attente générale : les mots qui lui échappèrent, les lettres qu'il écrivit, et les premiers ordres qu'il donna, partout cités et partout approuvés, répandirent une joie universelle, et confirmèrent les espérances que son avénement au trône avait fait généralement concevoir. Sans passer pour un savant, l'opinion générale était qu'il avait beaucoup étudié et qu'il favoriserait les lettres. Ses démarches pour retenir l'abbé Raynal à Berlin lui avaient fait beaucoup d'honneur, et son empressement de voir cet écrivain profond et hardi, portait à croire qu'il aimerait qu'on lui dît la vérité.

Le 17 août 1786, aussitôt que le prince royal eut appris la mort de Frédéric II, il se rendit à Potzdam, et examina quelque temps, en silence, les restes inanimés du grand homme qui venait de terminer sa carrière. Après avoir donné quelques larmes à sa mémoire, il décora son plus ancien et son plus habile ministre, le comte de Hertzberg, du cordon de l'Aigle-noir, fit ouvrir les dépêches du roi, et s'empressa d'y répondre lui-même, selon l'usage de son prédécesseur.

Depuis long-temps, écarté des conseils par la méfiance de son oncle, évitant toute liaison avec les hommes qui auraient pu l'éclairer, parce qu'il craignait de les perdre dans l'esprit du monarque, il vivait dans un isolement absolu, et ne connaissait ni la situation des affaires, ni les hommes qui devaient les conduire. Dans cette position difficile, il prit d'abord le parti le plus sage, et donna sa confiance aux ministres dont l'habileté avait contribué à illustrer le règne de son oncle. En les remerciant de leurs services, il les engagea à redoubler de zèle, et leur recommanda de l'aider à faire le bonheur et à soutenir la gloire de son pays.

1786.

Son but, disait-il, était de maintenir la paix avec ses voisins, de contenir leur ambition, de soutenir l'honneur des armes prussiennes, de ne jamais entreprendre de guerre injuste, de maintenir dans ses troupes la plus exacte discipline, de ne faire aucun usage arbitraire de son autorité, qu'il voulait diriger par la justice, et de ne pas souffrir qu'un seul de ses sujets eût à se plaindre de la plus légère oppression.

Il reprocha aux secrétaires du cabinet leurs indiscrétions, et leur enjoignit d'être à l'avenir plus circonspects. Ses premières occupations furent des réparations d'abus, des actes de justice et des bienfaits répandus avec discernement. Il parcourut diverses provinces, confirma ou rétablit des priviléges, prodigua des secours, diminua des impôts, et flatta l'amour-propre national en manifestant son goût pour la littérature allemande, et en accordant des grâces à quelques écrivains qui l'illustraient.

1786. Frédéric II avait prêté au duc de Mecklenbourg cent mille écus, pour lesquels ce prince avait engagé quatre grands bailliages : le roi y avait placé des hussards, qui y vivaient et y recrutaient à discrétion. Les états, effrayés, avaient voulu, en payant la somme prêtée, se tirer de cette dépendance; le monarque s'y était toujours refusé. Le nouveau roi rendit au duc ses bailliages; et comme on le louait de cet acte de justice, il répondit modestement : « Je n'ai fait que mon devoir ; c'est la » devise de mon ordre : *Suum cuique.* » Les Polonais y avaient avec raison ajouté, lors du partage, le mot *rapuit*.

Il rendit aussi au juif Éphraïm deux cent mille écus qu'on lui devait, et paya loyalement toutes les dettes qu'il avait contractées, étant prince royal. L'union de la confédération germanique pouvait être troublée par une querelle survenue entre le landgrave de Hesse et le comte de la Lippe : le tribunal de l'empire avait condamné le landgrave; le roi de Prusse devait faire exécuter le décret. Cette exécution pouvait rencontrer quelque résistance et faire naître des divisions : Frédéric-Guillaume concilia sagement les deux parties, et mit fin à ce différend.

Les opérations qui excitèrent dans l'intérieur le plus de contentement, furent la liberté accordée au commerce des grains, celle de la vente du sucre, l'abolition de l'administration du tabac, qui en interdisait la culture, la suppression du monopole des fournitures de l'armée, et celle de l'obligation imposée aux gens de la campagne de loger gratuitement les troupes. On augmenta les fonds destinés aux invalides, et on employa plus de cinq millions d'écus à construire des édifices publics, à réparer des dommages faits à des particuliers, et à secourir des malheureux.

Loin de paraître craindre ses ministres, et de chercher à les isoler, le roi rétablit l'ancien directoire qu'avait supprimé son oncle. Il repoussa les premières tentatives des intrigans qui assiégèrent ses premiers pas, en leur disant : « J'ai souffert seul, je gouvernerai seul. » Le royaume était une vaste prison pour ses habitans : il permit d'en sortir et de voyager à tous les jeunes gens qui voulaient aller chercher des lumières. Enfin il accorda aux états provinciaux le droit de réviser les nouvelles ordonnances, et manifesta dans ses lettres au chancelier Cramer l'intention louable de rendre la justice plus impartiale, plus prompte et moins coûteuse.

Le même esprit d'ordre, de douceur et d'équité, le porta à publier deux édits pour la liberté de conscience et pour celle de la presse ; mais son intention contrariait sur ces deux points trop de passions et de préjugés pour qu'elle fût suivie ; aussi ces deux pièces, que l'on trouvera à la fin de ce volume, furent rédigées dans un sens absolument contraire au but que le roi avait paru vouloir atteindre.

En effet, dans l'édit de conscience, en confirmant la liberté de culte pour les Églises catholique, réformée et protestante, et la tolérance des sectes juive, morave et memnonite, d'après ce principe, « que chaque particulier est chargé de l'affaire de son salut, et qu'aucune puissance n'a le droit de s'en mêler, » le roi défend l'introduction dans ses États de tout autre culte : il défend tout chângement, toute réforme à ceux qui sont professés en Prusse ; et, quoiqu'il permette de changer de religion, il défend, sous des châtimens sévères, à chaque secte de faire des prosélytes. Il s'élève avec force contre les déistes, les philosophes, même contre les naturalistes, et leur interdit le droit de soutenir leurs opinions.

L'édit de la censure offre encore des contradictions plus étranges : il consacre la liberté de la presse pour encourager les littérateurs à la recherche de la vérité; mais il établit la censure la plus rigide et la plus partiale, en ordonnant que, sous peine d'amende et de confiscation, on n'écrira rien en théologie ni en philosophie sans la permission des prêtres, et en soumettant également les écrits sur la médecine aux colléges de médecine et de chirurgie; les écrits sur l'économie et l'administration au collége de justice; les ouvrages dramatiques, les romans, les poésies, à l'université; et les écrits politiques, au département des affaires étrangères.

Les erreurs politiques de ces deux édits, qui rendent leur contenu si opposé à leurs titres, ne doivent pas empêcher de rendre justice aux motifs de Frédéric-Guillaume : toutes ses intentions, toutes ses démarches, dans les premiers instans de son règne, furent douces, sages et bienfaisantes; il eût été à désirer que ce premier zèle se fût soutenu; mais nous aurons bientôt, comme historien, à remplir un devoir sévère, et nous allons être forcé de faire succéder à cette riante perspective, que l'impartialité nous a dû faire présenter, le triste tableau d'un relâchement absolu, d'une incurie honteuse et d'une faiblesse sans bornes : l'obscénité dans les plaisirs, l'intrigue dans le conseil, la prodigalité dans les dépenses, l'aveuglement dans les choix, la crédulité la plus superstitieuse, ne tardèrent pas à remplacer l'activité, la justice et la sagesse, que, dans un premier élan de ferveur, le nouveau roi s'était efforcé de déployer. Manquant de force morale, il perdit promptement ce zèle qui le portait à suivre les traces de son illustre prédécesseur, et la Prusse ne tarda pas à s'apercevoir du vide immense que laissait cette ombre immortelle.

Le feu roi de Prusse, entraîné par son ambition, par le désir d'augmenter ses domaines et de donner une base territoriale plus solide à la puissance prussienne, avait, sans scrupule, changé souvent d'alliances et d'amis; se liant avec la France ou l'Angleterre, selon les circonstances, et prêt à abandonner celle des deux puissances qui lui devenait inutile. Mais les dangers qu'il avait courus pendant la guerre de sept ans l'avaient enfin éclairé sur ses vrais intérêts; et l'invasion de ses États par les Russes et les Autrichiens, ainsi que celle de l'Hanovre par les Français, l'avaient convaincu que l'inimitié de la France pouvait perdre la Prusse, tandis que l'argent de l'Angleterre ne suffisait pas pour la sauver.

Aussi, depuis la paix de Hubertsbourg, le

but constant de sa politique avait été de se rapprocher du cabinet de Versailles, et de rompre l'alliance de cette cour et de celle de Vienne. La querelle de l'empereur avec les Hollandais lui avait un instant donné l'espoir d'y parvenir. Les prétentions de Joseph II sur la Bavière y préparaient les esprits ; M. de Vergennes, ministre des affaires étrangères de France, y était assez disposé; mais le crédit de la reine Marie-Antoinette empêcha l'effet complet de cette révolution politique, qui aurait peut-être changé la chaîne des événemens et épargné à l'Europe le sanglant spectacle dont elle est aujourd'hui le théâtre. Mais quoique la France n'eût pas rompu son alliance avec l'Autriche, les liens en étaient fort relâchés ; et depuis quelque temps les ambassadeurs français, dans tous les pays, recevaient de M. de Vergennes l'ordre, en conservant avec les ministres autrichiens l'apparence de l'intimité, de surveiller leurs démarches, de contrarier leur ambition, et de montrer secrètement aux ministres prussiens une confiance plus réelle.

Telle était la situation des affaires lorsque Frédéric-Guillaume II succéda à son oncle ; et il était naturel de croire que, conservant les mêmes ministres, il suivrait le même système. Mais, comme il était faible, l'intrigue remplaça bientôt la politique dans sa cour, et les intérêts particuliers ne tardèrent pas à faire perdre de vue l'intérêt général.

Le prince Henri, oncle du roi, politique éclairé et général habile, aimant la paix et conduisant bien la guerre, s'attendait à une grande influence sur l'esprit de son neveu, qu'il avait soigné et souvent consolé dans l'isolement où le laissait la sévérité du feu roi. Mais il ne dissimula pas ses vues; il compta trop promptement sur un crédit qu'il n'avait pas obtenu; sa fierté ne ménagea pas assez celle du monarque, qui craignait d'autant plus de paraître gouverné, qu'il en sentait davantage le besoin. Il voulait de la confiance, et n'obtint que des égards; l'oncle oublia l'adresse nécessaire au courtisan; il exhala son humeur imprudemment, et par-là s'enleva lui-même toute possibilité de regagner le terrain qu'il avait perdu.

Le duc de Brunswick, inspirant d'abord autant d'ombrage à l'amour-propre du nouveau roi, fut plus modeste et plus prudent; il se mit en avant avec réserve, montra plus de zèle que de prétention, dissimula ses ressentimens, et se conserva par cette sagesse les moyens de profiter d'autres circonstances plus favorables. Il croyait, avec raison, que l'homme de talent, qui ne s'est compromis par aucune démarche imprudente, est toujours appelé dans les circonstances critiques.

1786.

Le duc de Brunswick, connu par son activité et sa valeur dans la guerre de sept ans, s'était acquis une plus grande réputation dans celle de Bavière, en se maintenant sans échec dans le poste difficile de Troppau contre toutes les forces de l'empereur. Son esprit et sa douceur le faisaient généralement aimer : sa politique fine et loyale inspirait la confiance ; sa philosophie, le rapprochant des idées du siècle, lui attirait l'estime des savans. Décent dans ses plaisirs, éclairé dans ses choix, bienfaisant sans prodigalité, économe sans avarice, en peu d'années, avec un revenu modique, il avait éteint quarante millions de dettes dont son pays était surchargé. Ses liens de parenté avec le roi d'Angleterre ne l'aveuglaient point en politique. Il tenait, comme le prince Henri, au système de ménagement pour la France ; et quoique l'ambition, qui était sa passion dominante, lui eût fait deux fois commander les armées destinées à combattre les Français, il est certain que, si Frédéric-Guillaume s'était laissé conduire par lui, l'affaire du stathoudérat se serait terminée par négociation, et la Prusse n'aurait pas entrepris, contre la révolution française, une guerre qu'elle soutint sans succès et termina sans gloire.

Le prince Henri et le duc de Brunswick se trouvant écartés par la jalousie du roi, le comte de Hertzberg, leur ennemi, se trouva, dans les premiers momens, seul à la tête des affaires; le comte Fink était plus propre à la représentation qu'à la confiance. Hertzberg, forcé, pour maintenir son crédit, d'embrasser un plan directement contraire à celui du prince Henri, se livra à l'Angleterre avec toute l'impétuosité de son ardent caractère, et de ce moment, comme le dit très justement Mirabeau (dont l'ouvrage d'ailleurs n'est qu'un libelle), on fut à Berlin anti-Français pour être anti-Henri. Ce changement fut promptement connu à Versailles; dès cet instant, le cabinet français resserra ses liens avec l'Autriche, se rapprocha de la Russie, soutint avec plus de chaleur la cause des patriotes hollandais contre le stathouder; et ce fut ainsi qu'une rivalité de courtisans, changeant la politique de l'Europe, accéléra la marche des grands événemens qui devaient la bouleverser.

Si le roi n'avait commis que la faute de céder à cette intrigue, et s'il s'était totalement et constamment livré à Hertzberg; il est probable que son règne aurait été orageux, mais glorieux. L'histoire doit être impartiale; et, en condamnant les défauts de ce ministre impérieux, vain, emporté, tranchant et vindicatif, il faut convenir qu'à un savoir profond il joignait des vues assez vastes. S'il manquait de la capacité nécessaire pour faire réussir ses plans, la Prusse avait assez d'hommes de talens pour les exécuter; et, comme on le verra par la suite, le peu d'événemens qui ont jeté quelque lustre sur le règne de Frédéric-Guillaume, doivent en grande partie être attribués à ce ministre.

S'il entreprit avec imprudence la révolution de Hollande, il la consomma avec succès et rapidité; il fit perdre à la France sa considération par la célérité de ce succès; il humilia l'orgueil de Catherine II, en rendant aux Polonais un éclair d'indépendance et de liberté; il sauva les Turcs d'une ruine totale en menaçant la cour de Vienne d'une invasion en Bohême, tandis qu'il soulevait contre elle la Belgique et la Hongrie; et peut-être la chute de la maison d'Autriche aurait été le fruit de ses combinaisons hardies, si la versatilité du roi de Prusse ne l'avait pas arrêté tout à coup au moment où il allait recueillir le fruit de ses efforts. La même jalousie qui lui avait donné le pouvoir le lui enleva; et Hertzberg, qui gouvernait trop ouvertement, fut rapidement précipité de sa place par des maitresses qu'il avait bravées et par des favoris qu'il avait dédaignés.

Avec lui s'éclipsa l'éclat de son maître: Léopold reprit sa sécurité et son influence, la Russie ses projets; et la cour de Berlin, qui était le centre de la politique européenne, devint le théâtre honteux d'intrigues subalternes, de projets avortés, de déprédations sans objet, et de scènes scandaleuses, sur lesquelles nous passerons d'autant plus rapidement, qu'elles appartiennent plus à la satire qu'à l'histoire.

Les symptômes de la faiblesse du roi furent promptement aperçus. A peine put-il supporter quelque temps la contrainte qu'il s'était imposée. On ne tarda pas à savoir que ses heures de travail et de retraite n'étaient réglées qu'en apparence, que ses jours étaient vides, et ses nuits consacrées à de honteuses orgies. Il avait répudié sa première femme, la princesse Élisabeth de Brunswick, pour cause d'inconduite. La sagesse de la princesse de Hesse, sa seconde épouse, ne la mit pas à l'abri de la disgrâce; et, si elle ne fut pas renvoyée, elle eut peut-être plus à souffrir par le triomphe public de ses rivales. Le roi avait aimé une madame Rietz, célèbre par la licence de ses mœurs, par la bizarrerie de son caractère, et par la honteuse complaisance de son mari. Frédéric ne put jamais rompre ce lien, et prodigua les titres et les trésors à cette femme et à un fils qu'elle lui donna, et dont la mort le rendit inconsolable.

Devenu, malgré cette humiliante dépendance, ardemment épris de mademoiselle de Voss, nièce du comte Fink, il fut au moment de l'épouser, en prévint la reine, et consulta les prêtres, qui répondirent qu'il valait mieux contracter un mariage illégal que de courir sans cesse d'erreurs en erreurs; réponse qui dégrade peut-être autant ceux qui la font que celui qui la sollicite.

Cet hymen n'eut pas lieu; mademoiselle de Voss aima mieux sacrifier sa vertu que la gloire de son amant. Mais, peu d'années après, il renouvela plus complètement le même scandale en épousant la comtesse d'Enhof, conservant ainsi trois femmes légitimes et une maîtresse, tandis qu'il chassait de Berlin les comédiennes françaises, qu'il accusait d'y corrompre les mœurs.

L'alliance de la volupté et de la superstition étonne constamment la raison et se renouvelle toujours. Tandis que le roi était livré sans réserve aux charmes de ses maîtresses, les illuminés prenaient le plus grand empire sur son esprit; il fallait être apôtre de cette secte, ou le paraître, pour gagner ou conserver sa faveur; et, lorsque, d'un côté, il traitait froidement et sans considération le duc de Brunswick, le prince Henri, Mollendorf, et même Hertzberg, Schulembourg et Fink, qui conduisaient ses affaires, de l'autre il s'abandonnait sans mesure aux Welner, aux Bischofswerder et à d'autres visionnaires qui lui faisaient apparaître Moïse et Jésus, et qui poussèrent, dit-on, la mystification jusqu'au point de lui faire dessiner à souper la silhouette de l'ombre de César.

C'est en amusant son imagination par ces prestiges, ou en l'effrayant par ces visions, que d'artificieux courtisans, ménageant sa vanité et profitant de ses faiblesses sans paraître aspirer au pouvoir, minaient insensiblement celui des serviteurs du grand Frédéric. Bientôt on vit partout l'effet de l'influence de ces nouveaux conseillers : les grades furent prodigués sans discernement, les titres prostitués sans mesure; il eût été dans peu, comme le remarque un écrivain mordant, plus difficile de trouver en Prusse un homme qu'un noble.

L'armée ne vit plus que rarement son chef, qui ne pouvait déguiser l'ennui que lui donnaient les détails militaires. Les recettes furent diminuées, les dépenses multipliées, le trésor entamé. L'intrigue abusait même de la bonté naturelle du monarque, pour lui faire exercer d'injustes rigueurs. La régie française et Launay, son chef, avaient rendu d'importans services : cette régie avait, en dix-neuf ans, rapporté au trésor 42 millions 500,000 écus par-dessus ses fixations. Il était naturel qu'elle excitât des plaintes : on pouvait, on devait soulager le peuple et réprimer des abus; mais on ne devait pas punir des gens qui avaient obéi avec scrupule et servi avec zèle. Tous les Français furent destitués et remplacés par des hommes sans capacité.

Cette faute en entraîna de graves. S'étant privé d'une aussi riche source de revenus, le roi adopta un projet de capitation qui excita le plus vif mécontentement, et auquel il tint d'abord avec opiniâtreté; mais il fut enfin forcé d'y renoncer, par une lettre hardie, dans laquelle les ministres Hertzberg, d'Arnhim, Heinitz et Schulembourg lui tinrent ce langage énergique : «Cette opération alarme toutes les » classes de vos sujets, efface dans leurs cœurs » le titre de *bien-aimé*, et glace le courage de » ceux que vous avez appelés à votre conseil. » Une pareille lettre fait estimer ceux qui l'ont écrite, et donne lieu de regretter qu'un prince assez juste pour en profiter n'ait pas uniquement donné sa confiance à de tels ministres.

Les revenus du royaume étaient évalués à peu près à 108 millions de francs, 27 millions d'écus; l'armée en coûtait 22; l'état civil, 2 millions et demi d'écus; la maison royale, un million 200,000; les pensions, 130,000. Mais, s'étant privé de l'intelligence des Français dans la régie, et ayant renoncé à la sévère économie du règne précédent, le roi vit ses recettes au-dessous de ses dépenses, et fut bientôt obligé, pour exécuter les plans ambitieux de la politique d'Hertzberg, d'entamer le trésor qu'avait amassé Frédéric II; trésor qui devait suffire à la dépense de trois campagnes, et assurer une influence d'autant plus réelle au cabinet de Berlin, qu'à cette époque tous les autres gouvernemens de l'Europe, loin d'avoir des épargnes, étaient accablés de dettes.

Les hommes véritablement attachés au roi et à leur patrie gémissaient de voir s'écrouler si rapidement l'édifice de la gloire prussienne; la confiance diminuait, l'inconsidération augmentait de jour en jour. Le roi paya à l'empereur, dans ce moment, un million d'écus qu'il avait reçus de lui pendant la guerre de Bavière. Les hommes sans pudeur, comme Mirabeau, s'étonnaient qu'il fût assez dupe pour rendre cet argent à son ennemi naturel; les honnêtes gens étaient indignés qu'il eût été assez peu délicat pour le lui emprunter.

La prodigalité de ses dons aux illuminés, l'éloignement des gens de mérite, le crédit croissant de Bischofswerder, dont aucun talent ne compensait l'avidité; la multiplicité des places accordées aux Saxons, la familiarité du prince avec ses valets, excitaient une improbation et une inquiétude générales; et si l'on se permettait contre lui quelque censure hardie, quelque propos léger, le monarque punissait sévèrement ces indiscrétions, dont le grand Frédéric se contentait de rire : tant il est vrai que rien n'est irritable comme la médiocrité! On ne pardonne les traits de la satire que lorsqu'on se sent trop élevé pour en être atteint.

Ces détails, dont je n'ai fait qu'esquisser le tableau, et sur lequel je ne reviendrai plus, étaient nécessaires pour mettre le lecteur à portée de comprendre beaucoup d'événemens qui, sans cette clef, seraient restés à ses yeux couverts d'un voile impénétrable. On devinerait presque toutes les énigmes de la politique, si l'on voulait d'abord bien étudier les bonnes ou mauvaises qualités de ceux qui la dirigent; car les passions et les faiblesses des gouvernans influent toujours plus sur les évènemens que l'intérêt des gouvernés; et, la versatilité, la paresse ainsi que la vanité de Frédéric-Guillaume II étant connues, il sera plus facile d'expliquer comment il abandonna les Turcs, les Polonais, les Liégeois, les Brabançons et les Suédois, après les avoir soulevés; pourquoi il devint l'allié de l'Autriche, après avoir préparé sa ruine; comment, après s'être placé, comme Agamemnon, à la tête des rois qui voulaient envahir la France, il fut le premier à abandonner la coalition, à faire un traité avec les révolutionnaires dont il avait juré la destruction, et comment enfin, après avoir partagé la Pologne, dont il avait provoqué la résurrection et la liberté, il devint indifférent à tous les troubles de l'Europe, et s'éteignit, sans éclat et sans inquiétude, au milieu de l'incendie qu'il avait allumé.

CHAPITRE III.

Formation d'un camp de quatre-vingt mille Autrichiens en Bohême en 1787. — Projets de Catherine sur la Courlande. — Sa déclaration sur les affaires de Dantzick. — Conclusion du traité de commerce de la France et de la Russie. — Rupture de celui de l'Angleterre avec cette puissance. — Voyage de Catherine II en Crimée. — Entrevue avec le roi de Pologne. — Voyage de Joseph II en Crimée. — Armement des Turcs et des Russes. — Griefs des deux empires. — Inquiétude que ce voyage inspire en Europe. — L'Angleterre et la Prusse conseillent la guerre aux Turcs. — La France veut les porter à la paix. — Déclaration de guerre des Turcs. — Troubles en Brabant. — Assemblée des notables en France. — Fermentation en Pologne. — Affaires de Hollande.

La cour de Russie, tranquillisée par la mort du grand Frédéric, dont elle redoutait le génie, l'ambition et le ressentiment, ne tarda pas à donner, par ses opérations, de vives alarmes à son successeur; et ses inquiétudes furent encore augmentées par l'imagination ardente de Hertzberg, qui grossissait tout et supposait toujours aux autres puissances ses desseins turbulens et ses vues gigantesques.

Catherine II, qui gouvernait la Courlande par son influence, parut céder au désir que montrait son ministre favori, le prince Potemkin, de posséder ce duché. Elle fit à ce sujet

1787.

des insinuations menaçantes, dont le duc Biren éluda l'effet, en donnant au prince Potemkin et prêtant à Frédéric-Guillaume des sommes d'argent assez fortes pour lui assurer le désistement de l'un et la protection de l'autre. Le cabinet prussien, qui méditait dès-lors le projet de s'approprier Dantzick, s'y préparait, en gênant journellement le commerce de cette ville par de nouveaux droits de péages établis au Fahrvasser. L'impératrice de Russie intervint dans cette contestation, et appuya les plaintes des Dantzickois par des déclarations qui annonçaient la ferme intention de s'opposer aux vues de la cour de Berlin.

Ces légères altercations étaient encore loin de troubler la tranquillité générale ; mais un spectacle pompeux que la fierté de Catherine voulut donner à l'Europe, réveilla dans le même instant toutes les craintes, ralluma toutes les passions ; l'inquiétude que la Prusse en conçut s'étant rapidement communiquée par elle à l'Angleterre, à la Turquie et à la Suède, la guerre fut bientôt regardée comme inévitable, et peu s'en fallut que toutes les puissances de l'Europe n'y fussent entraînées. Il est vrai que plusieurs circonstances se réunirent pour rendre ce célèbre voyage de Crimée plus alarmant, et pour donner quelque vraisemblance aux projets que l'inquiétude des ministres prussiens attribuait à la Russie.

Catherine II, avide de gloire, enivrée par ses succès, et toujours occupée du soin de faire oublier, par l'éclat de son règne, le jour et l'événement qui l'avaient commencé, avait quelquefois manifesté le désir romanesque de chasser les Turcs d'Europe et de ressusciter l'empire d'Orient. Ses intrigues en Égypte, ses précédentes irruptions dans le Péloponèse, le langage de ses consuls dans l'Archipel, l'éducation qu'elle faisait donner à une foule de jeunes Grecs appelés à Pétersbourg, le nom de Constantin que portait un de ses petits-fils, la conquête de la Crimée, les noms antiques qu'elle avait rendus à ce pays, la création d'une flotte formidable à Kherson et à Sewastopol, avaient suffisamment dévoilé ses desseins secrets, qu'elle aurait probablement exécutés, si elle avait eu autant d'argent que d'ambition, et si l'opposition constante de la France ne lui avait pas fait craindre d'échouer dans cette entreprise, et de compromettre témérairement, par cette folie, une puissance qui avait plus d'éclat que de solidité.

Mais depuis peu l'Autriche, plus intéressée que toute autre puissance à s'opposer à ce projet, paraissait le favoriser; et l'empereur Joseph II, pour acheter l'alliance de Catherine et enlever cet appui à la cour de Berlin, se montrait disposé à servir l'ambition de l'impératrice : il avait consenti à l'invasion de la Crimée ; et la cour de France, qui s'y était d'abord opposée avec énergie, venait, par faiblesse, de céder aux menaces des deux cours impériales.

Un autre événement, quoique étranger à toutes ces circonstances, augmenta les inquiétudes de la Prusse et de l'Angleterre. Depuis quarante ans le cabinet de Versailles voyait avec chagrin le commerce du Nord exclusivement livré aux Anglais, qui couvraient la Baltique de leurs vaisseaux et inondaient l'empire russe des productions de leur industrie. Toutes les marchandises de France étaient portées dans le Nord sur des bâtimens anglais ou hollandais ; les vins de France étaient assujettis à des droits exorbitans, et les marchands français se voyaient forcés d'acquitter tous les droits en rixdallers, tandis que les Anglais les payaient en monnaie du pays, ce qui faisait une différence de douze pour cent à leur avantage. Ces entraves éloignaient tous nos bâtimens de la Baltique ; et comme la Russie fournissait seule aux puissances maritimes le chanvre et les matières nécessaires à leur marine, la France était encore forcée de ne recevoir ces indispensables fournitures que par les mains trompeuses et avides de ses ennemis naturels.

Tous les ambassadeurs français avaient consécutivement tenté, sans succès, de sortir d'une position si désavantageuse. Le comte de Ségur, ministre de France, fut plus heureux dans ses démarches : il profita de l'aigreur naissante qu'excitaient contre les Anglais l'accession du roi George, comme électeur d'Hanovre, à la ligue germanique, le rapprochement de ce prince avec la Prusse, et l'obstination du cabinet britannique à ne pas reconnaître les principes de la neutralité armée ; il signa, les premiers jours de l'année 1787, avec les ministres russes, un traité de commerce qui assurait à la France tous les avantages dont jusque alors les Anglais avaient exclusivement joui.

Ce traité, qui empêcha le renouvellement de celui de l'Angleterre, ne changea rien, comme on le verra bientôt, au système politique de la cour de France, et à sa détermination de défendre l'intégralité de l'empire ottoman. Mais il fut autrement interprété par l'inquiétude des Prussiens et par l'aigreur des Anglais : ils le regardèrent comme un changement de système et comme une tendance à se rapprocher des Russes et à abandonner les Turcs. Ce qui accrédita davantage cette opinion, fut le départ de Catherine II pour la Crimée, qui eut lieu quelques jours après la signature du traité; les alarmes redoublèrent à Londres et à Berlin, lorsqu'on y apprit que le prince Potemkin rassemblait cent mille hommes en Ukraine et en Crimée, que le roi de Pologne aurait avec Catherine une entrevue près de Kiow, et que Joseph II, qui devait rejoindre cette princesse à Kherson, ordonnait un camp de soixante-dix mille hommes sur les frontières de la Silésie.

Comme toutes les puissances indépendantes sont entre elles dans l'état de nature, et par conséquent presque toujours en méfiance, puisqu'elles n'ont point de juges, et que, le droit des gens n'étant qu'un code imparfait, la force leur tient le plus souvent lieu de justice et de lois, il existe une grande vérité en politique, qu'on sent également dans l'intérieur des pays troublés par des factions : c'est que chaque parti s'exagère continuellement les torts et les vues du parti opposé, et que la peur égarant sans cesse le jugement et rendant les explications difficiles, les rapprochemens impossibles, chacun se crée des chimères pour les combattre, et finit par faire naître des dangers qui n'existaient pas.

Ce fut précisément ce qui arriva dans cette

circonstance : on prit des apparences pour des réalités, et la crainte qu'on avait de la guerre la fit naître. L'inquiétude qu'excitèrent les dispositions de la Russie et de l'Autriche, et les préparatifs du voyage de Crimée, ne troublèrent pas seulement le repos des Turcs, des Anglais et des Prussiens; l'Espagne et la France même, quoique moins aigries et plus à portée de voir sans passions, partagèrent ces alarmes : le cabinet de Versailles ordonna à ses agens la surveillance la plus active; et le ministre de France à Pétersbourg, qui devait suivre l'impératrice dans son voyage, et qui était mieux placé pour connaître la vérité, fut lui-même tellement trompé par les mouvemens dont il était témoin, et par les avis différens dont il était accablé, qu'il communiqua ses craintes à l'ambassadeur français à Constantinople, et détermina la Porte à mettre Oczakow en état de défense, et à rassembler, sur le Danube, une armée de cent cinquante mille hommes.

On a dit souvent que les plus grands événemens sont produits par les plus petites causes : cette vérité sera éternelle, puisque toutes les affaires de ce monde sont dirigées par des hommes, et que ces hommes sont constamment soumis aux faiblesses de l'humanité, et tyrannisés par leurs passions.

1787.

Le prince Potemkin, d'autant plus envié qu'il était plus puissant, avait trop abusé de sa faveur pour n'avoir pas d'ennemis; les courtisans, qui n'osaient l'attaquer ouvertement, cherchaient sourdement à ébranler son crédit. Il venait de triompher, avec quelque difficulté, d'une intrigue ourdie contre lui par le favori Yermolow; il était tranquille sur les vues de l'aide-de-camp Momonow, qui lui devait nouvellement sa faveur; mais il ne voyait pas sans peine que Catherine II, rassasiée de gloire militaire, ne songeât plus qu'à celle de législateur, et il s'apercevait avec inquiétude des efforts qu'on faisait journellement pour apprendre à l'impératrice que son armée était désorganisée, ses sujets mécontens, son commerce sans activité, ses finances épuisées, et que les provinces méridionales qu'elle avait conquises n'étaient que des déserts.

Potemkin n'ignorait pas l'art facile de tromper la vanité des femmes et des rois; pour enlever sa souveraine à ses rivaux, il résolut de lui faire faire une marche triomphale dans ses nouvelles possessions, certain de fasciner ses yeux par son charlatanisme, de l'étourdir par la rapidité de sa course, de l'entourer de troupes et de peuples de tous pays et de toutes couleurs, de l'enorgueillir par les hommages de plusieurs souverains, et de l'enivrer par l'éclat des prestiges dont il saurait l'environner.

Tel était le motif unique et secret de ce voyage romanesque qui inquiéta toute l'Europe, et dont une guerre presque générale fut le résultat. La suite de ce récit prouvera la vérité de cette assertion, et démontrera que Catherine II ne conservait sur la conquête de l'empire ottoman que des idées vagues et éloignées, qu'elle en ajournait l'exécution à des temps plus favorables, et que, loin de désirer à cette époque une rupture, elle la redoutait et se résignait, pour l'éviter, à des sacrifices qui pouvaient paraître incompatibles avec sa fierté.

Ce voyage, annoncé avec éclat, s'exécuta avec la plus grande magnificence; rien ne fut négligé pour déguiser aux regards de l'impératrice de tristes réalités sous les plus brillantes apparences : les chemins illuminés par d'innombrables bûchers, pendant l'espace de cinq cents lieues, faisaient presque oublier l'obscurité des jours dans cette saison rigoureuse. L'obéissance et la curiosité attiraient sur la route une foule de marchands appelés de toutes les provinces, qui donnaient au pays un air de population et au commerce une apparente activité. Partout les plaintes étaient écartées, les hommages multipliés, les acclamations commandées. Toutes les villes offraient, par des bals et des illuminations, le spectacle de l'allégresse. Le clergé, craignant de perdre ce qui lui restait de revenus, ne faisait entendre que la flatterie dans la chaire destinée au langage de la vérité; et, jusqu'à Kiow, la marche de Catherine ne fut qu'une continuité de fêtes et de plaisirs.

En entrant dans la province où commandait le vieux maréchal Romanzow, tout parut changer de face et prendre un aspect plus sévère. Potemkin, jaloux de ce célèbre général, avait eu l'adresse de le laisser manquer de tout ce qui était nécessaire pour recevoir avec éclat sa souveraine. Les fonds destinés aux réparations des bâtimens avaient été distribués si tard, que Kiow n'offrait aux yeux que des ruines; les impôts exigés avec sévérité excitaient un mécontentement général; les troupes soumises aux ordres du maréchal n'étaient ni complètes, ni habillées à neuf. Le maréchal, incapable de dissimuler, laissa éclater contre les préventions de Catherine une humeur qu'elle n'attribuait qu'à sa jalousie. Elle fut forcée, par les glaces du Borysthène, de demeurer près de trois mois dans ce triste pays, où son amour-propre n'eut d'autre dédommagement que les hommages des étrangers qui arrivèrent de toutes les parties de l'Europe.

1787.

Enfin elle quitta cet ennuyeux séjour, mécontente de Romanzow, s'embarqua sur une flotte de galères, aussi magnifique que celle de Cléopâtre, descendit le Borysthène, et arriva dans le gouvernement du prince Potemkin, au moment où la nature, embellie par le printemps, semblait d'accord avec l'adroit ministre pour lui faire oublier la tristesse de Kiow, et pour répandre un charme magique sur tous les objets qu'il allait offrir à sa curiosité.

En chemin elle rencontra le roi de Pologne; il avait fait illuminer la rive droite du fleuve, et s'était efforcé de recevoir avec pompe une impératrice qui l'avait couronné, et qui devait, quelques années plus tard, le précipiter du trône où elle l'avait placé. L'entrevue fut courte et sèche; on reçut froidement l'amant oublié, on traita avec hauteur un roi dont on méprisait la faiblesse; et Stanislas-Auguste, n'ayant obtenu que des promesses vagues de protection, et l'ordre du départ de quelques régimens russes qui tyrannisaient son pays, courut au devant de l'empereur Joseph, pour lui exposer les craintes qu'il avait d'un nouveau partage. L'empereur le rassura par une promesse solennelle, qui fut bientôt après violée par un de ses successeurs.

Tandis que l'impératrice avançait vers le Midi, les inquiétudes qu'excitait son voyage allaient toujours en croissant. La convention conclue entre la Russie et la Porte, par l'entremise des deux ambassadeurs français, n'était pas loyalement exécutée. Les Turcs continuaient à soutenir les Lesghis. Les Russes, pour punir les Tartares, les avaient poursuivis jusque dans le Cuban. Potemkin avait ordonné au ministre russe Bulgakow de prendre un ton menaçant pour faire exécuter la convention. Bulgakow avait obéi à cet ordre sans en prévenir le comte de Choiseul-Gouffier. Les Turcs, ignorant cette réticence, aigris par les ministres de Prusse et d'Angleterre, et effrayés par l'approche de l'impératrice, croyaient que la France avait fait non-seulement un traité de commerce, mais un traité d'alliance avec la Russie, et qu'elle était d'accord avec cette puissance pour consommer la ruine de l'empire ottoman.

Le grand-visir pressa Choiseul de s'expliquer catégoriquement, et le ministre Ségur, en étant instruit, déclara formellement à la cour de Russie que le roi de France ne pourrait voir avec indifférence l'inexécution d'un arrangement fait par son intervention, et qu'il en attribuerait la rupture au cabinet russe, si Bulgakow ne communiquait pas franchement à Choiseul toutes ses démarches et les griefs dont se plaignait la cour de Russie. L'impératrice, d'après une déclaration aussi précise, s'empressa de donner la satisfaction demandée, reprocha à Potemkin sa précipitation, et envoya à Bulgakow l'ordre de tout communiquer à l'ambassadeur de France, et de se concerter avec lui sur tous les moyens propres à conserver la paix. Le courrier qui portait ces dépêches et celles du ministre de France fut attaqué près d'Andrinople, et tué par des brigands; cet accident imprévu eut les suites les plus graves; Choiseul, ne recevant point à temps de réponse, et pressé par les Turcs de s'expliquer, conseilla au grand-visir de se préparer à la guerre, et de rendre son armement plus formidable; il envoya même des officiers, des ingénieurs et des navires français à Oczakow. De son côté Bulgakow continua ses menaces; et le ministre de Prusse, excité par Ainsley, ambassadeur d'Angleterre, augmenta à tel point les alarmes et l'inquiétude du divan, que dès ce moment tout se disposa à une rupture presque inévitable.

Tandis que cette animosité faisait des progrès si rapides, l'empereur Joseph II, qui était venu au devant de Catherine à Catharinoslaw, accompagnait cette princesse à Kherson et en Crimée ; ce courtisan couronné enivrait d'orgueil l'impératrice par les éloges qu'il prodiguait politiquement aux colonies nouvelles, aux travaux, aux créations navales du prince Potemkin, quoiqu'il en vît parfaitement et le charlatanisme et le peu de solidité. Au moment où les deux souverains, parcourant la Tartarie, ne s'occupaient que de fêtes et de plaisirs, Bulkagow et l'internonce impérial Herbert, arrivant de Constantinople, apprirent à Catherine que la Prusse et l'Angleterre entraînaient la Porte à la guerre ; Joseph II fut en même temps informé que les provinces de la Belgique se révoltaient contre lui, et que la Prusse fomentait secrètement cette insurrection.

Le ministre de France, profitant de cette circonstance, en fit facilement sentir le danger à l'empereur ; et, lui laissant entrevoir que la France, intéressée à la conservation de l'empire ottoman, pourrait se joindre à la Prusse pour en empêcher la ruine, il décida promptement ce prince à l'assurer que non-seulement il ne consentirait jamais à la destruction des Turcs, dont il sentait tout le danger pour

lui-même, mais qu'il cesserait d'entretenir
l'impératrice dans l'espoir de ressusciter les
républiques grecques, car ce projet philosophique et républicain était entré dans la tête
des deux plus puissans despotes de l'Europe.
Ce fait est aussi certain qu'il peut paraître singulier; il doit prouver à quel point les idées
du siècle et l'esprit de liberté avaient fait des
progrès, même dans les têtes qui devaient le
plus en redouter l'explosion.

Presque tous les politiques de l'Europe furent trompés dans cette circonstance, et la
plupart d'entre eux persistent encore dans la
même erreur : ils croient que la guerre qui
survint peu de temps après fut le fruit de
l'ambition des deux cours impériales, qui, pendant leur voyage, étaient convenues de consommer la ruine de l'empire ottoman; mais
il est certain que l'empereur Joseph ne la voulait pas, qu'il était effrayé des troubles du Brabant, et craignait, si la rupture éclatait, ou
de perdre l'alliance de la Russie, s'il ne la secondait pas, ou d'être attaqué par la Prusse,
s'il joignait ses armes à celles de l'impératrice.

Catherine II, de son côté, connaissant les
embarras de son allié, pressentant une diversion du côté de la Suède et de la Prusse, et

1787.

voyant son propre pays désolé par une disette générale, ajournait nécessairement ses projets de conquêtes et redoutait franchement la guerre. Aussi son ministre Bulgakow, et l'internonce autrichien Herbert, convinrent à Sewastopol, avec le ministre français Ségur, d'un nouveau plan de conciliation par lequel la Russie se relâchait de toutes ses prétentions, et acquiesçait à toutes les demandes de la Porte. Herbert et Bulgakow partirent pour Constantinople avec ce plan de pacification, qui fut envoyé et approuvé à Versailles. L'empereur se sépara de l'impératrice pour retourner à Vienne; Catherine revint à Pétersbourg, et chacun crut que le calme allait être rétabli plus solidement que jamais. Mais le cabinet britannique ne tarda pas à détruire ces espérances, et le gouvernement prussien, dirigé par son influence, seconda ses démarches avec trop de succès.

Tandis que Choiseul travaillait à rétablir l'union entre les Russes et les Turcs, les ministres anglais et prussien représentèrent au grand-visir, qu'ayant fait faire de grandes dépenses pour rassembler une armée, il serait perdu si ces dépenses devenaient inutiles; que les cours impériales, qui le trompaient, n'attendaient que le licenciement des troupes du grand-seigneur pour l'attaquer; que le moment était favorable pour se venger de l'ambition des Russes, puisque l'empereur était occupé par des troubles dans ses États, et que l'empire russe, qui manquait d'argent, était en proie à la plus affreuse disette. Le roi de Prusse promettait de contenir l'empereur; l'Angleterre, d'armer la Suède; on excitait les Polonais à secouer le joug moscowite; et si la France abandonnait ses anciens alliés, au moins on n'avait rien à craindre d'elle, puisque son gouvernement, embarrassé par le désordre de ses finances, avait montré, en convoquant les notables, l'impuissance où il était de se mêler des affaires des autres.

Par cette politique adroite, le comte Hertzberg trouvait à la fois le moyen de multiplier les embarras de l'empereur, et de punir la Russie d'avoir quitté l'alliance de son maître; les Anglais se persuadaient que la France se trouverait forcée, en cas de rupture, ou de renoncer aux avantages de son traité avec la Russie, si elle soutenait les Turcs, ou de perdre son influence dans le Levant, si elle les abandonnait.

Ce système et ce langage machiavélique réussirent complètement : le divan, encouragé par les espérances qu'on lui faisait concevoir et par l'appui qu'on lui offrait, loin d'accepter le plan convenu, haussa ses prétentions et fit proposer par Choiseul-Gouffier, à la cour de Pétersbourg, un autre plan de conciliation, dont les articles étaient de nature à révolter une vanité moins irritable que celle de Catherine. Cette princesse reçut ces nouvelles propositions peu de jours après son retour à Pétersbourg, et elle craignait tellement une rupture dans la position où elle se trouvait, qu'à la grande surprise du ministre de France, elle acquiesça, sans hésiter, à toutes les demandes du divan.

Le ministre français allait expédier un courrier à Constantinople pour y porter cette nouvelle imprévue, lorsqu'on apprit que le grand-seigneur, sans attendre cette réponse, avait fait mettre le ministre russe aux Sept-Tours, et venait de déclarer la guerre à la Russie. Ce fut ainsi que cessa le calme passager dont avait joui l'Europe ; et l'on verra bientôt comment ce feu qui s'alluma dans l'Orient s'étendit de proche en proche, et finit par entraîner un désordre presque universel.

A peine la guerre fut-elle déclarée, que chaque puissance songea à la part qu'il lui convenait d'y prendre.

La France et l'Espagne, ne voulant ni appuyer l'agression des Turcs, ni laisser compléter leur destruction, se décidèrent à rester neutres, et employèrent tous leurs soins à terminer la guerre par leur médiation. L'empereur, qui voulait éviter de remplir ses engagemens, seconda les efforts pacifiques de ces deux puissances, et ne se décida à combattre que lorsqu'il eut épuisé, sans succès, tous les moyens conciliatoires. La Pologne profita de la circonstance pour se préparer à recouvrer son indépendance. Le roi de Suède, affectant une inquiétude sans fondement, feignit de craindre d'être attaqué pour justifier l'agression qu'il méditait; et l'Angleterre, ainsi que la Prusse, enflammant le courage des Turcs, réveillant les espérances de la Pologne, aiguillonnant l'ambition de la cour de Suède, fomentant les troubles du Brabant, trompant la loyauté de l'Espagne, et appuyant les prétentions du stathouder contre les états de Hollande, firent de toute l'Europe, en peu de temps, un vaste champ d'intrigues, de discorde et de carnage.

Il faut actuellement quitter l'Orient, et tourner nos regards vers la Hollande, où se préparait une révolution dont les chances diverses et la rapidité n'ont que trop influé sur les événemens qui l'ont suivie, puisqu'elle enflamma partout le ressentiment des amis de la liberté, et trompa les gouvernemens absolus, en leur persuadant que les mêmes moyens pourraient partout réussir avec la même facilité.

CHAPITRE IV.

Révolution de Hollande.

Les Provinces-Unies ont été toujours alternativement citées par les amis du gouvernement absolu et par ceux de la liberté, pour servir d'appui à leurs différens systèmes; et les partisans de l'autorité ont trouvé dans les troubles fréquens de ce pays, dans la faiblesse de son gouvernement lorsqu'il s'était privé d'un chef, dans sa gloire lorsque les princes d'Orange l'ont sauvé par leurs talens et illustré par leurs victoires, de nombreux argumens pour prouver le danger de la dissémination des pouvoirs et la nécessité de leur concentration dans les mains d'un seul homme.

Les républicains ont opposé à ces raisonnemens le tableau des malheurs et de l'obscurité de ces provinces sous la domination espagnole, et celui de leur éclat et de leur prospérité depuis la conquête de leur indépendance. Jamais en effet, disent-ils, en aucun temps, ni dans aucun lieu, la liberté ne déploya plus rapidement sa force, et ne fit mieux sentir sa magie.

1787

L'Espagne était la puissance la plus redoutable de l'Europe, et ses armes étaient soutenues par les foudres du Vatican. Les habitans pauvres et faibles d'une petite contrée osent témérairement combattre les rois, les papes, l'Océan ; leur pauvreté et leur audace triomphent à la fois de tous ces ennemis. Leur religion est changée, leur indépendance reconnue ; leur pays est à l'abri des efforts de la mer; leur marine rivalise celles de l'Angleterre et de la France ; et leur sol infertile devient, par l'industrie des hommes qui l'habitent, le centre de la navigation de l'Europe et le dépôt commercial des richesses de l'univers.

Ces deux tableaux sont également fidèles, et pourraient également servir à faire connaître la vérité, si l'esprit de parti n'était pas aveugle par sa nature, et s'il écoutait la raison éternelle, qui dit que tous les excès sont pareillement dangereux ; que la liberté sans bornes est aussi faible que l'autorité sans limites; que l'anarchie et le despotisme avilissent également l'espèce humaine dont ils anéantissent les talens et la dignité ; que l'énergie qui donne la liberté ne serait que funeste, si elle était privée de la sagesse qui la conserve, et que la balance bien établie des pouvoirs peut seule donner une base solide au bonheur d'une nation, en garantissant à la fois les hommes et leurs propriétés et des dangers de la tyrannie, et des calamités de la licence.

Dans tous les temps, les mêmes causes produiront toujours les mêmes effets. L'amour de la liberté, bien ou mal réglé, exaltant les esprits, et déployant toutes les facultés des hommes, doit partout multiplier les forces ; et les Hollandais, peu nombreux et sans argent, dès qu'ils ont voulu être libres, ont été belliqueux, commerçans et riches.

L'excès de l'amour de l'indépendance produit le désordre, affaiblit les forces qu'il divise, et détruit les ressorts qu'il use à force de les tendre. Aussi les états-généraux, divisés, virent souvent leur pays en proie aux discordes intestines et envahi par leurs ennemis.

Les malheurs de l'anarchie font sentir la nécessité de l'ordre ; les grandes crises appellent les grands talens, et l'on vit, par cette raison, les Bataves reprendre un premier magistrat, soumettre leurs armées aux ordres d'un capitaine général, et rétablir leurs affaires par cette utile concentration de pouvoirs.

Il est dans la nature de la plupart des hommes de chercher à augmenter leur puissance et d'en abuser. Les princes d'Orange furent tous ambitieux ; et, faisant oublier, par le

1787.

mécontentement qu'ils excitaient, la reconnaissance qu'ils avaient inspirée, ils rendirent moins solide l'autorité qu'ils voulaient trop étendre, et furent plusieurs fois forcés de descendre au rang de simples citoyens, pour avoir voulu s'élever au-dessus des lois.

Telles sont les causes constantes et claires des orages qui ont successivement éclaté dans ce pays : et, en observant sans passion les événemens de la révolution dont nous allons parler, on verra évidemment que sa naissance incertaine, ses progrès tumultueux et sa fin rapide, ne peuvent être attribués qu'au défaut de balance des pouvoirs, à l'ambition des chefs, à la division des magistrats et à la licence du peuple.

La république était mal constituée. Sept provinces indépendantes pour leur régime intérieur, et réunies seulement pour la paix, la guerre et les alliances, formaient un faisceau trop peu solide. Le Brabant, la Flandre, le pays de la Généralité sans représentation, plusieurs villes privées des droits dont leur pauvreté primitive les avait empêchées de jouir, le plat-pays sans autre appui que l'ordre équestre qui avait souvent des intérêts opposés aux siens, l'existence politique trop incertaine des stathouders, qui avaient trop peu de pou-

voir par les lois et trop d'influence par le
fait, entretenaient dans l'intérieur de l'État des
sources continuelles de troubles, et offraient
aux étrangers des moyens toujours faciles d'y
semer la discorde, pour y établir leur prépondérance.

Après l'abolition du stathoudérat par le célèbre et infortuné De Witt, lorsque Guillaume III eut été rappelé pour délivrer la Hollande des armes de Louis XIV, ce prince, profitant de l'enthousiasme qu'il excitait, enleva le droit d'élections à trois provinces, sous le prétexte de les punir, et accrut à leurs dépens son pouvoir par le réglement de 1674. Ce réglement, et le droit de disposer du mouvement des troupes à son gré pour une campagne, étaient des preuves d'une confiance nécessitée par les circonstances, et qui devait cesser avec elles. Mais les princes d'Orange ne voulurent jamais, depuis, se dessaisir de ces droits; et, développant, par cette prétention, le désir d'éterniser leur dictature, ils éternisèrent aussi la division que ce débat devait naturellement exciter entre les amis de la république et son premier magistrat.

Une nouvelle abolition du stathoudérat en fut la suite. La guerre de 1741, les succès des ennemis et la faiblesse de la constitution firent encore sentir la nécessité d'un chef. En 1748, on rétablit le stathoudérat dans la personne de Guillaume IV. On le rendit héréditaire pour sa famille, et on le remit en possession de tous les priviléges de ses prédécesseurs, en se servant de formules également insuffisantes pour assurer la liberté du peuple, et pour satisfaire l'ambition du prince.

Les mêmes causes de méfiance subsistaient, et le calme ne pouvait pas être solide. La lassitude de la nation et la sagesse de Guillaume IV le prolongèrent; mais ce feu mal éteint, rallumé par la guerre de 1778, entre la France et l'Angleterre, et entretenu par les intrigues de ces deux puissances, éclata enfin en 1786 avec force sous le gouvernement de Guillaume V, qui montrait toute l'ambition de ses ancêtres, sans avoir hérité de leurs talens.

Lorsqu'un prince est détrôné, les âmes sensibles, qui ont en horreur tout bouleversement, le plaignent et condamnent ses ennemis. Les hommes envieux et médiocres, qui l'auraient flatté dans sa grandeur, l'insultent dans son infortune. L'historien doit observer les causes de sa chute, et le juger comme la postérité; mais on doit convenir, et l'expérience le prouve, qu'un gouvernement légal, anciennement établi, n'est jamais renversé que par ses propres fautes : il faut même, avant de succomber, qu'il en ait commis de très graves ; car l'autorité dont il est revêtu lui donne des moyens sans nombre de prévenir la révolte ou de la réprimer ; et, dans ce genre seul de guerre, la défense est beaucoup plus facile que l'attaque.

Si l'on étudie avec quelque soin le caractère des princes qui ont perdu leur pouvoir par des révolutions, on y remarquera constamment la fierté maladroite qui irrite, la demi-énergie qui provoque l'insurrection, la faiblesse qui la fait réussir, et la disposition à la vengeance qui détruit tout moyen de conciliation en enlevant tout espoir de tranquillité.

Ce mélange de hauteur, de colère et de faiblesse composait, comme on le verra bientôt, le caractère de Guillaume V et de la princesse d'Orange, sœur de Frédéric-Guillaume II ; et leurs fausses démarches, effets inévitables de ces défauts, irritant progressivement un peuple flegmatique et difficile à émouvoir, leur attirèrent tous les malheurs dont ils furent accablés, et dont les armes prussiennes ne les délivrèrent que momentanément.

Les princes de Nassau avaient tous facilement senti qu'inspirant un juste ombrage aux amis de la liberté par leur richesse et leur pouvoir, ils devaient employer leur puissance à assurer la tranquillité de leur pays, à augmenter la prospérité commerciale de la république et à faire respecter ses armes. La création du stathoudérat n'avait eu que cet unique objet, et tout capitaine général devait s'environner de gloire pour se faire pardonner son élévation.

Les prédécesseurs de Guillaume V avaient parfaitement connu cette vérité, et l'éclat qu'ils répandaient sur la république avait imposé silence aux ennemis de leur autorité.

Le nouveau stathouder perdit de vue cet objet capital; et, aveuglé par une politique étroite, il sacrifia l'ambition de la gloire qui l'aurait fait aimer, à celle du pouvoir qui le fit haïr. Peu de mots suffiront pour faire connaître ce nouveau système, et pour en dévoiler toutes les conséquences.

La république, faible sur le continent, mais puissante par ses colonies et par son commerce, sentait depuis long-temps que, placée entre la France et l'Angleterre, et victime de la part qu'elle prenait à leurs débats, son véritable intérêt était de garder la neutralité, et de ne prendre les armes que contre ceux qui voudraient absolument l'y forcer. Mais le seul moyen de conserver sa richesse et de faire respecter sa neutralité, était d'entretenir une marine formidable et d'y appliquer toutes ses facultés.

La France, gouvernée par un roi pacifique, ne contrariait point cette disposition nationale, et désirait même que la marine hollandaise fût assez puissante pour enlever aux Anglais l'espoir orgueilleux de la domination des mers. La France n'étant plus conquérante, l'armée de terre ne devenait qu'un objet secondaire dont la force, toujours menaçante pour la liberté, devait plutôt être diminuée qu'augmentée.

Telle était sur ce point l'opinion des Hollandais; les vues du prince sur cet objet se trouvèrent diamétralement opposées à celles de sa nation. La marine était nécessaire à la république, mais inutile au pouvoir du capitaine général; il la négligea, et même il fut soupçonné de vouloir la sacrifier. L'armée de terre, coûteuse pour la république, offrait à son chef tous les moyens d'accroître son autorité; elle devint l'unique objet de ses soins : et, comme l'Angleterre, ennemie naturelle de toute puissance maritime, entrait parfaitement dans les vues du prince, il en résulta naturellement que Guillaume V devint l'ennemi passionné des Français, et se mit dans la dépendance du cabinet britannique ; tandis que sa nation s'aigrissait de jour en jour contre l'Angleterre et se rapprochait de la France.

Sur ces entrefaites, la guerre se déclara entre la France et l'Angleterre ; les états-généraux manifestèrent la sage et ferme volonté de garder la neutralité. Le gouvernement anglais, se croyant sûr de la complaisance et de l'inactivité du prince d'Orange, s'empara des vaisseaux hollandais au mépris du droit des gens, et ne subit aucune représaille pour cette insulte.

Les états-généraux s'adressèrent à Catherine II, qui s'était mise à la tête d'une ligue maritime dans le Nord, pour faire respecter les pavillons neutres par les puissances belligérantes. Le stathouder, ne pouvant s'opposer à une mesure si sage, envoya en Russie l'ambassadeur le moins capable de conduire une négociation, et le plus propre à la faire échouer ; mais celle dont il était chargé était si facile, que, malgré toutes les lenteurs et toutes les gaucheries de l'ambassadeur, l'accession à la neutralité armée fut signée, au grand déplaisir du prince et de l'Angleterre.

Dès que cette puissance apprit la signature de ce traité, elle déclara la guerre à la république, et le stathouder se vit forcé de s'unir aux Français qu'il détestait, et de combattre l'Angleterre qu'il regardait comme son appui.

Ce fut alors que le prince, oubliant les maximes de ses prédécesseurs et le rôle qu'il lui convenait de jouer, loin de déployer une activité glorieuse, fit paraître une négligence coupable. Sourd aux cris du peuple hollandais, et prêtant une oreille complaisante à ses ennemis, abandonnant l'honneur de son pavillon, et se laissant soupçonner de complicité avec la puissance qui voulait l'avilir, il perdit la confiance de son pays et enflamma l'indignation des amis de la liberté, qui ne souffraient un chef que lorsqu'il leur semblait nécessaire à la gloire et à la sûreté de la république.

Les esprits ardens, les hommes ambitieux, les têtes factieuses qui se trouvent partout, comme les vents prêts à briser un vaisseau mal gouverné, profitèrent avidement des prétextes que leur donnait la conduite de la cour stathoudérienne; chaque jour le prince, aigri et incapable de dissimuler, fournissait de nouveaux alimens à leur haine et de nouveaux motifs à leurs plaintes. Il fut accusé d'avoir donné des ordres pour empêcher la réunion du peu de forces que la république avait en mer.

Zoutmann et Kinsberg, n'écoutant que leur

zèle et désobéissant à leurs instructions, se réunirent et battirent les Anglais. Ce combat de Doggerbank excita tout à la fois et l'enthousiasme des Hollandais, et leur ressentiment contre le stathouder, assez peu politique pour mal accueillir les vainqueurs, et pour laisser percer l'humeur que lui causait ce triomphe national.

Il ne donna plus, pendant la guerre, aux escadres de la république d'autre occasion de cueillir des lauriers; la paix se fit en 1783: et les états-généraux, aigris contre l'Angleterre, et ne comptant que sur l'appui de la France qui termina encore, à ses frais, une contestation survenue entre l'empereur Joseph et la république, conclurent avec Louis XVI une alliance qui mit le comble à l'exaspération du prince, dont tout le plan politique était déjoué.

La fermentation que sa conduite avait fait naître ne tarda pas à éclater. Non content des priviléges de ses prédécesseurs, il avait voulu les étendre, en écrivant des lettres pour influencer l'élection des magistrats des villes et des députés aux états; il espérait que cet usage se convertirait en droit, et que par ce moyen, réunissant la puissance législative au pouvoir exécutif, son autorité n'aurait plus de bornes.

Mais c'était à la fois se démasquer trop ouvertement et trop mal choisir le temps pour une pareille innovation. Jamais les esprits n'y avaient été moins disposés; le parti des patriotes, échauffé par le mécontentement national, et soutenu par le gouvernement français, répondit à ces attaques en en formant lui-même contre les abus de l'autorité stathoudérienne.

L'abolition du privilége que s'attribuait le prince, de passer seul par la porte du nord du palais pour se rendre à la salle des états, fut le faible commencement de cette grande querelle. Au lieu de céder sagement sur ce point frivole, ou de négocier, le prince voulut exciter une émeute contre le député Gislaër qui, le premier, avait osé franchir ce passage. L'émeute fut apaisée, et il en résulta ce qui arrive toujours dans des troubles civils; un complot qui échoue accroit la force du parti contre lequel il est tramé.

Les états de Hollande, irrités, usant de leur droit de souveraineté, donnèrent à un comité le commandement immédiat de la place. Le prince pouvait encore négocier: le parti patriote, peu d'accord sur ce qu'il voulait faire, incertain de la majorité, n'ayant à opposer que des milices bourgeoises aux troupes réglées du stathouder, et craignant l'or de l'Angleterre ainsi que le ressentiment de la Prusse, n'aurait pas été fâché de trouver quelques moyens de conciliation ; il offrait même le partage du commandement entre le civil et le militaire ; mais la vanité du stathouder et de la princesse éloigna bientôt toute possibilité d'accommodement ; oubliant qu'il était le premier sujet de la république, il parla avec la hauteur d'un monarque absolu dont on méconnaît l'autorité.

S'il eût respecté les formes républicaines, en voulant défendre ses prérogatives, même les plus contestées, il paraît certain que le parti anti-stathoudérien n'aurait jamais pu obtenir le succès et l'accroissement rapide que lui valurent ces fausses démarches. En tout pays, les hommes qui veulent remuer sont toujours en minorité ; la majorité veut l'ordre et la paix ; elle supporte long-temps l'injustice pour conserver sa tranquillité, et il faut que le gouvernement fournisse beaucoup de prétextes, par ses fautes, au parti insurgent, pour qu'il puisse enflammer les esprits de cette majorité paisible.

Dès que le prince d'Orange déploya les prétentions d'un roi, les états des diverses provinces lui opposèrent la fierté républicaine ; on se souleva de toutes parts contre cette hauteur impolitique, et on chercha à se dégager d'une influence abusive dont il dévoilait lui-même le danger. A Utrecht, on changea tous les magistrats; les ordres privilégiés seuls se rallièrent au parti du prince. Dans plusieurs villes de Gueldre, d'Over-Yssel, de Zélande, de Groningue, et dans toute la Hollande, on annula le réglement de 1674, et le droit de patente, qui n'avaient donné aux capitaines généraux qu'une autorité précaire, et que ceux-ci avaient voulu rendre permanente.

Le stathouder, au lieu de négocier sur ces réclamations, en se servant de la majorité qu'il conservait aux états-généraux, pour balancer celle que ses ennemis avaient acquise dans plusieurs états provinciaux, voulut réprimer par un édit, la liberté de la presse; dictant aux états illégaux et incomplets d'Utrecht, qui siégeaient à Amersfort, près de lui, les ordres qu'il voulait exécuter, il envoya des troupes pour soumettre les villes d'Hattem et d'Elbourg à son obéissance.

Cet acte de violence révolta tous les républicains: tous les habitans des deux villes attaquées, vieillards, femmes et enfans, abandonnant leurs foyers pour conserver leur liberté, ne laissèrent qu'un désert au vainqueur; ils répandirent partout la consternation, ainsi que la fureur qui lui succéda.

Cet événement fut le signal de la guerre civile, que désiraient également, et les Anglais qui ne pouvaient souffrir que la république fût tranquille et heureuse sous la protection de la France, et les patriotes ardens qui, cachant leurs vues sous le prétexte d'une simple défense de leurs droits, ne tendaient en effet qu'à l'entière abolition du stathoudérat.

L'attaque dirigée contre Hattem et Elbourg produisit à la Haye la plus vive fermentation : les états de Hollande menacèrent le prince de le priver de toutes ses charges, s'il ne cessait les hostilités. Il répondit par une excuse dérisoire, prétendant n'avoir fait qu'exécuter l'ordre qu'il avait dicté lui-même aux états d'Amersfort.

Les patriotes irrités procédaient à la suspension de tous ses pouvoirs; le feu du mécontentement gagnant avec rapidité presque toutes les provinces, la plus complète révolution allait en être la suite inévitable, lorsque la mort du grand Frédéric changea subitement la face des affaires, et vint offrir au prince d'Orange un appui dont la sagesse politique de ce grand roi l'aurait toujours privé.

Étant malade, il avait chargé le duc de Brunswick, à la fin de 1785, de dire au général la Fayette, qui était encore à Berlin, que son intention n'était point de soutenir l'influence des Anglais en Hollande; qu'il pouvait assurer le cabinet de Versailles que ses prétentions se bornaient à vouloir qu'on conservât une place honorable au stathouder et à ses enfans, et qu'il ne prendrait point de part à cette querelle, si la France ne voulait pas l'abolition du stathoudérat. M. de Vergennes rassura complétement sur ce point la cour de Berlin. Mais Frédéric-Guillaume, plus sensible aux intérêts de la princesse d'Orange sa sœur qu'aux intérêts de son royaume, et excité par le comte de Hertzberg, qui secondait les vues de l'Angleterre, parce que le prince Henri inclinait pour la France, envoya à la Haye le comte de Goërtz, politique instruit, mais ardent, avec des instructions plus propres à embraser les esprits qu'à les apaiser.

Médiateur, sans qu'on eût demandé sa médiation, donnant plutôt des ordres que des conseils, qualifiant d'oppression la résistance des républicains, traitant en province rebelle une puissance indépendante, il décida la guerre que son influence, plus sagement dirigée, aurait pu éviter, et s'exposa au double danger d'attirer à la Prusse une guerre avec la France et l'Autriche, si le cabinet de Versailles avait été énergique, et d'achever la perte du prince d'Orange, qui n'avait que cinq ou six mille hommes à opposer aux patriotes, les états de Hollande lui ayant retiré leur argent et leurs troupes, et ses régimens suisses ayant reçu du canton de Berne l'ordre de rester neutres dans cette querelle.

L'évidence du danger de cette position prévalut enfin sur les passions du comte de Hertzberg, sur les plaintes de la princesse et sur les artifices de l'Angleterre. Frédéric-Guillaume, ébranlé par les représentations du ministre de France, le comte d'Esterno, et effrayé du péril où le jetait une démarche inconsidérée, et d'ailleurs toujours enclin à se repentir avec promptitude des partis qu'il prenait avec précipitation, changea rapidement de projets et de langage, envoya des instructions plus pacifiques à son ministre, et fit entamer une négociation qui aurait pu rétablir le calme d'une manière solide, si le machiavélisme de Harris, le ressentiment de la princesse d'Orange, et la faiblesse de la cour de France ne s'étaient réunis pour renverser tous les plans de la raison, et pour déjouer toutes les combinaisons de la prudence.

Tandis que le ministre d'Esterno dévoilait la vérité aux yeux de Frédéric-Guillaume, la France envoyait à la Haye M. de Rayneval, pour y ménager un accommodement. Ce négociateur, sage et éclairé, parvint bientôt à faire sentir aux Hollandais le danger où les entraînait leur ardeur. Les patriotes se relâchèrent sur les articles du commandement de la ville et du règlement de 1774, et ils firent au stathouder des propositions, dont le succès paraissait d'autant plus probable, qu'elles étaient dictées par la France et approuvées par le comte de Goërtz, qui, suivant les nouvelles instructions de sa cour, n'écoutait plus les conseils artificieux du ministre anglais Harris.

Mais si cet accommodement consolidait le bonheur de la république, rétablissait sur des bases plus sûres l'autorité du prince et la liberté du peuple, satisfaisait la Prusse, tranquillisait la France, et garantissait l'Europe des calamités de la guerre, il était trop contraire aux vues ambitieuses du cabinet britannique, pour qu'il ne cherchât pas tous les moyens de s'y opposer.

La France, victorieuse en Amérique, alliée de l'Espagne et de l'Autriche, protectrice de la Hollande, amie de la Prusse, jouissant d'une influence sans rivale à Constantinople, donnant des subsides à la Suède, et prête à former avec la Russie des liaisons de commerce, était un objet de jalousie trop irritant pour ces fiers insulaires, qui ne peuvent jouir en paix de leur liberté et de leur richesse, et qui voudront sans cesse troubler le repos du continent; dont la nature les a séparés, tant que la France leur disputera, comme elle le doit, l'empire des mers.

Le chevalier Harris, depuis lord Malmesbury, ministre d'Angleterre, était l'homme le plus propre à remplir, dans une pareille circonstance, les vues de la cour de Londres : actif en intrigues, fécond en projets, indifférent sur les moyens, passionné dans sa haine contre la France, il paraissait plus animé que le stathouder contre les patriotes, et aurait déployé la même ardeur pour le parti républicain, si les Français avaient soutenu la cause du stathouder. La paix détruisait toutes ses espérances, la guerre civile pouvait les faire renaître; il chercha donc tous les moyens de rendre la conciliation impossible, et son succès fut aussi facile que complet.

Il avait promptement senti que le stathouder ne pouvait être, par lui-même, ni fort utile à ses amis, ni fort redoutable pour ses adversaires. La fierté de la princesse d'Orange, et son caractère plus prompt et plus inflammable, lui offraient des ressources plus sûres, et il en profita avec habileté. Flattant ses passions, entrant dans ses vues, plaignant ses malheurs, exagérant ses dangers, il gagna rapidement sa confiance et dirigea ses démarches.

Si les propositions des états n'étaient pas

toutes acceptables, elles étaient au moins de nature à être discutées, et montraient avec évidence le désir et la possibilité d'un rapprochement. Harris en craignait l'effet; toute négociation pouvait amener un accord ou éloigner l'éclat qu'il désirait. Pour la rompre, Harris empêcha le prince de discuter, et, par son conseil, la princesse d'Orange, qui n'était rien dans la république, répondit elle-même au ministère prussien, annonça que son mari rejetait toutes les propositions, et déclara que le seul moyen de rétablir la tranquillité, était de remettre les choses entièrement sur le pied où elles étaient précédemment, de rendre au prince, sans réserve, tous les priviléges abusifs qu'il regardait comme droits incontestables, et de rétracter toutes les erreurs commises par les états.

Une réponse si négative, une démarche si imprévue, une conduite si inconstitutionnelle, exaspérèrent tous les esprits, enflammèrent le courroux des hommes attachés à la liberté, rendirent la majorité au parti qui voulait abolir le stathoudérat, et réduisirent au silence les amis de la paix, qui ne pouvaient plus, sans honte, parler d'un accommodement qu'on refusait d'une manière si insultante.

L'explosion produite par cet événement

rompit toute négociation : Goërtz retourna à Berlin, Rayneval à Paris. Le prince d'Orange fit avancer ses troupes, et chercha à séduire celles des états de Hollande. Les patriotes prirent les armes, jetèrent des forces dans la ville d'Utrecht; la république devint un champ de bataille, et chacune de ses assemblées fut un théâtre d'intrigues et de discordes.

À Amsterdam et à Roterdam, on changea tous les magistrats, et la révolution fut complète. Le stathouder voulut couper la communication entre Utrecht et la Hollande; ses troupes rencontrèrent celles des états, le 9 mai 1787, à Jutphaas, et les patriotes, commandés par d'Averhoult, battirent les troupes du prince et les forcèrent à se retirer.

Les états de Hollande déclarèrent alors l'union rompue, et le prince répondit à leur manifeste, en exhibant l'ordre des états d'Utrecht de mettre leur province à l'abri de l'invasion dont la Hollande la menaçait. Le stathouder voyait dans ce moment presque tous les états particuliers des provinces contre lui, mais la majorité des états-généraux penchait souvent en sa faveur; et cette incertitude dans leurs résolutions n'offrant aucune perspective solide à l'armée, une partie des officiers et des soldats se rangeaient sous les drapeaux du prince.

Harris, appuyant la cour stathoudérienne par son argent et par ses intrigues, mettait en mouvement la populace dans plusieurs villes, et excitait des émeutes en faveur du prince d'Orange. Les Hollandais, pour résister à ces attaques extérieures et intérieures, formèrent des corps francs; et, pour donner à leurs démarches plus de force et de rapidité, ils revêtirent un comité peu nombreux d'un pouvoir presque dictatorial. Dans cette position, il devait être évident aux yeux les moins clairvoyans, que le sort de la république allait dépendre de la conduite de la Prusse et de celle de la France.

Les patriotes et le stathouder manquaient également de prudence et d'adresse. Le prince démasquait trop ouvertement son désir d'obtenir le pouvoir absolu que la constitution lui refusait; il irritait les partis qu'il aurait dû ménager et diviser, et il n'avait pas assez de moyens pour soumettre ses ennemis.

Les patriotes, peu d'accord et consultant plus leurs passions que le vœu national, loin de s'en tenir à une réforme salutaire, visaient ouvertement à l'abolition du stathoudérat. Ils avaient négligé de prendre les moyens nécessaires pour s'assurer la majorité aux états-généraux, et cette faute détruisait l'effet de toutes les mesures qui auraient exigé la plus intime union et la plus grande célérité.

Leurs forces étaient d'ailleurs trop peu nombreuses pour accomplir leurs projets : ils avaient eu l'imprudence de les confier au rhingrave de Salm, homme d'esprit, intrigant, actif, mais guerrier sans réputation et politique sans moralité, qui n'adoptait le plan de chasser le prince d'Orange que dans l'espoir de lui succéder, et qui cessa de servir loyalement le parti républicain dès qu'il fut convaincu qu'il ne voulait pas de chef.

Ce rhingrave de Salm, ayant persuadé à la Haye qu'il avait beaucoup de crédit à Versailles, et à Versailles qu'il en avait un considérable en Hollande, obtint effectivement dans les deux pays celui qu'il désirait; il finit par les trahir tous deux, et fut une des principales causes de la ruine des états qui se seraient probablement sauvés, s'ils eussent donné toute leur confiance au vertueux et brave Van-Ryssel : mais leur aveuglement les perdit.

Dans cet équilibre de fautes et de maladresse, il est à croire que les deux partis, trop faibles pour se détruire, auraient été forcés d'en venir à un accommodement, si la Prusse et la France s'étaient réunies pour le leur conseiller, ou si elles avaient voulu toutes deux ne point se mêler de leurs querelles. Harris sentit rapidement que, dans l'un ou dans l'autre cas, toutes ses vues étaient déjouées, et qu'il fallait absolument décider Frédéric-Guillaume à prendre une part active à cette contestation.

L'entreprise ne paraissait pas facile : le roi de Prusse devait craindre de s'engager dans une guerre qui pouvait attirer sur lui les armes de la France, unies à celles de l'Autriche et de la Russie. Mais Harris savait que les petites passions ont plus d'empire sur les hommes médiocres que les grands intérêts politiques. Il se servit d'un moyen puéril en apparence, mais le mieux adapté à la nature des instrumens dont il avait à se servir, et au caractère du monarque qu'il voulait compromettre.

Au moment où les esprits étaient le plus animés, au milieu du tumulte des camps, des cris des factions et du choc des armes, la princesse d'Orange, sans aucune négociation préalable, et sans prévenir aucun magistrat, partit froidement de Loo, et se mit en route pour se rendre à la Haye, où la populace, excitée par Harris, se disposait à la révolte.

On peut aisément concevoir la surprise que dut exciter ce voyage imprévu, dans un instant où le stathouder était dépouillé de tous ses emplois par les états de Hollande, et où ses troupes étaient en guerre avec celles de cette province. La princesse, étant arrivée sur la frontière, fut arrêtée par un poste militaire à Welche-Sluis. On la traita avec tous les égards dus à son rang, mais on ne lui permit pas de continuer sa route ; elle se plaignit avec emportement aux états de l'obstacle qu'on opposait à son voyage, et écrivit au roi son frère pour lui faire envisager son arrestation comme un outrage dont il devait tirer vengeance.

Harris avait prévu que si les états laissaient venir la princesse à la Haye, leur faiblesse et sa présence enflammant la populace, il serait facile de faire éclater une révolte qui écraserait le parti patriotique, et que, si on l'arrêtait dans sa marche, le roi de Prusse, qui avait plus de vanité que de prudence, serait irrité de cette insulte, et croirait son honneur intéressé à se venger de cet affront. L'événement justifia son calcul. Frédéric-Guillaume ordonna à son ambassadeur Thulemeyer d'exiger des états une satisfaction éclatante pour sa sœur, et de les menacer de la guerre en cas de refus.

L'effet de cette intrigue anglaise devait être un grand embrasement en Europe. Le roi de Prusse faisait marcher vingt mille hommes en Westphalie, sous les ordres du duc de Brunswick. La France devait rassembler une armée à Givet, et l'Angleterre armait pour soutenir la cause stathoudérienne.

Les patriotes hollandais, pour prévenir cette explosion, tentèrent un dernier moyen de conciliation : dans une conférence tenue chez l'ambassadeur de France, Gislaër, l'homme le plus éloquent, le plus adroit, le plus insinuant de son parti, après avoir justifié devant Thulemeyer la conduite des états, prouva qu'elle avait été dictée par la prudence et réglée par la sagesse ; il exposa avec clarté tous les faits qui avaient enlevé au stathouder non-seulement la confiance, mais même l'estime de la nation ; enfin il démontra que toute réconciliation avec lui était devenue impossible ; mais en même temps il fit entendre à l'ambassadeur qu'on pouvait se rapprocher de la princesse et de ses enfans, et leur rendre les charges et l'autorité que le prince d'Orange avait perdues sans retour.

Cette insinuation, approuvée par la France, ne parut pas désagréable au ministre prussien ; et si ce projet, qui pouvait plaire à Frédéric-Guillaume, eût été conçu et développé plus tôt, il aurait peut-être réussi ; mais il était trop tard.

Le roi de Prusse, d'abord ébranlé par la crainte d'une guerre contre la France, avait enfin pris son parti ; l'indécision du cabinet de

Versailles avait enhardi celui de Berlin ; Thulemeyer, d'après de nouveaux ordres du roi, exigea que les états écrivissent une lettre de satisfaction à sa sœur, qu'ils soumissent leurs différends avec le stathouder à la médiation partiale et intéressée de l'Angleterre et de la Prusse, qui rendait celle de la France totalement illusoire.

Les états, réduits au désespoir, ne pouvaient encore se croire abandonnés par la cour de Versailles ; ils sollicitèrent des secours qu'on leur promit ; mais ils auraient pu dès-lors prévoir que cette promesse serait sans effet, lorsqu'ils reçurent en même temps de cette cour le conseil timide, et d'écrire la lettre de satisfaction demandée, et d'accepter la médiation de leurs ennemis.

La proposition d'écrire une lettre de satisfaction à la princesse portait le désespoir dans l'âme des patriotes : il était également honteux d'y accéder et dangereux de s'y refuser. Après de longues et tumultueuses délibérations, ils se décidèrent à envoyer une députation à Berlin pour expliquer leur conduite et apaiser le ressentiment du roi, ils chargèrent Paulus, républicain ferme et adroit, de presser l'arrivée des secours que Louis XVI avait promis.

Le sort de la république paraissait dépendre

du succès de ces deux négociations, et les états croyaient avoir le temps d'éloigner la guerre ou de s'y préparer : mais, à leur grande surprise, Thulemeyer exigea sous quatre jours la satisfaction la plus éclatante pour la princesse, et la punition des patriotes les plus estimés, déclarant en même temps que, ce terme expiré, les troupes prussiennes, en cas de refus ou d'hésitation, entreraient sur le territoire de la république.

Cette déclaration leva le voile qui couvrait les yeux des Hollandais ; ils virent clairement que les négociations étaient illusoires, et que la perte de leur indépendance était résolue. La consternation que produisit cet événement fut bientôt remplacée par la fureur : chacun courut aux armes ; et les patriotes, espérant que la France offensée prendrait enfin leur défense avec énergie, se flattèrent que la résistance d'Utrecht, la difficulté du pays, le courage de la nation et les inondations qui les avaient garantis du joug de Louis XIV, opposeraient des obstacles suffisans aux armes du roi de Prusse et à la vengeance du stathouder.

Tous leurs calculs se trouvèrent faux, toutes leurs ressources manquèrent à la fois, et toutes ces espérances trompeuses s'évanouirent en un instant. Si la France n'avait pas craint la guerre, la Prusse n'aurait jamais osé la commencer; la seule menace d'un camp à Givet avait décidé Frédéric-Guillaume à négocier. Mais la faiblesse qui causa, peu de temps après, la ruine du pouvoir monarchique en France, rendait déja toutes les résolutions du cabinet de Versailles lentes et incertaines.

Le comte de Vergennes, entraîné par l'activité du duc de la Vauguyon, avait, contre son vœu et celui du roi, pris part aux premiers troubles des Provinces-Unies. Engagé dans cette querelle, le roi n'avait soutenu les patriotes qu'à regret; il craignait que cette contestation, en suscitant une nouvelle guerre, n'achevât d'épuiser ses finances; cependant il sentait qu'il ne pouvait sans honte abandonner la Hollande à l'influence de l'Angleterre : il avait toujours espéré terminer cette querelle par un accommodement.

M. de Montmorin, qui avait succédé à M. de Vergennes dans le ministère des affaires étrangères, représentait en vain que, pour parvenir à ce but, il fallait développer autant de force que de sagesse, et que, pour empêcher la guerre, il fallait se montrer prêt à la soutenir avec succès.

En vain le maréchal de Ségur, ministre de la guerre, renouvelait à chaque conseil la demande des fonds nécessaires au rassemblement d'un camp à Givet. L'archevêque de Toulouse, depuis archevêque de Sens, nouveau ministre des finances, homme de peu de moyens et d'une grande ambition, dont les femmes avaient fait la réputation, et qui la perdit dès qu'il fut à la tête des affaires, retardait de jour en jour la décision du conseil sur cette importante détermination; il croyait que les menaces d'un armement, sans en faire les frais, suffiraient pour effrayer la Prusse; mais il était évident que ce système puéril ne pouvait pas avoir un long succès.

Le duc de Brunswick, qui s'était avancé peu à peu jusqu'aux frontières de la république, envoya des officiers reconnaître les dispositions des Français. Il a dit lui-même souvent, depuis son expédition, que s'il y avait eu quelques tentes à Givet, il n'aurait pas continué sa marche, parce que le roi de Prusse ne voulait pas, pour l'intérêt de sa sœur, s'engager dans une guerre avec la France, dont la maison d'Autriche n'aurait que trop profité. Mais, en apprenant que les Français n'avaient pas un seul corps de troupes sous les armes, il jugea que la célérité de son expédition en assurerait le succès; et que plus il déploierait d'audace, moins la faiblesse de ses ennemis lui opposerait d'obstacles.

Cette détermination prise, il s'avança rapidement, à la tête de vingt mille Prussiens, sur trois colonnes. La cour de France, apprenant cette nouvelle imprévue, donna enfin des ordres pour rassembler une armée et pour mettre en mer une escadre. Elle entama un traité d'alliance avec la Russie, l'Autriche et l'Espagne.

Quoique cette résolution fût tardive, elle aurait encore pu sauver la Hollande, si les patriotes avaient résisté quelques semaines aux efforts des Prussiens*; mais tout se réunit à la fois pour accélérer leur perte. Les premières villes attaquées par le duc lui ouvrirent leurs portes à la première sommation; les inondations n'eurent point l'effet qu'on en avait attendu; le rhingrave de Salm, qui pouvait se défendre un mois à Utrecht, comme l'assurait M. de Bellonet que la France y avait envoyé, rendit sans coup férir cette place importante, disparut, abandonna honteusement le parti qu'il avait juré de servir, et ne lui laissa que le regret d'avoir si mal placé sa confiance.

Le duc de Brunswick arriva sans obstacle à la Haye. Amsterdam seule, où s'étaient réfugiés les états de Hollande, défendue par M. de

---

* Voyez à la fin de ce Volume la lettre adressée au marquis de la Fayette par M. de Saint-Priest, qui venait d'être nommé ambassadeur de France en Hollande.

Ternant et une centaine de canonniers français, opposa une forte résistance aux Prussiens, et leur fit payer, par un peu de sang, la conquête de la république. Elle fut enfin forcée de capituler, et en moins de vingt jours les Provinces-Unies perdirent leur liberté. Le stathouder recouvra toute sa puissance ; la princesse d'Orange se trouva maîtresse d'exercer arbitrairement ses vengeances ; l'Angleterre redevint dominatrice des mers ; la Prusse étonna l'Europe par son influence, et la France vit disparaître la considération antique que lui donnaient ses forces et sa position.

Peu de temps après, les cours de Berlin et de Londres firent avec les états-généraux une alliance qui sanctionnait leur indépendance. Les régimens stathoudériens furent récompensés de leurs services par le pillage des villes les plus patriotes ; les partisans de la liberté furent ou immolés dans des émeutes, ou forcés de fuir leur patrie ; le grand-pensionnaire mourut de chagrin, et la soumission la plus complète fit succéder pour quelques années, en Hollande, le triste calme du despotisme aux agitations de l'anarchie.

Je n'ai tracé qu'un tableau rapide de cette révolution, qui dût sa naissance à l'ambition mal réglée du stathouder et de la princesse d'Orange, ses progrès à leurs fautes, et sa catastrophe à l'exagération, à l'ardente imprévoyance des républicains, à l'adresse de Harris, à la faiblesse des Français et à l'audace du duc de Brunswick.

Comme le pays qui en a été le théâtre est devenu d'un grand intérêt pour nous, par la nature de nos relations, j'ai cru que cette esquisse légère ne suffirait pas, et qu'il serait agréable au lecteur de connaître avec plus de détails les événemens que j'ai rapportés. Il les trouvera, au nombre des pièces justificatives, dans un mémoire rédigé par un de nos plus anciens diplomates, M. Caillard, chargé des affaires de France à la Haye, pendant cette révolution, et, depuis, ministre de la république à Berlin. L'étendue des connaissances de l'auteur, et sa position qui l'avait rendu témoin des événemens qu'il raconte, sont de sûrs garans du mérite de cet écrit. On y verra l'examen le plus approfondi de la constitution des Provinces-Unies, et le récit le plus détaillé des malheurs dont elles sont devenues le théâtre. Quelque intéressant que soit ce mémoire, comme il interromprait la suite de cette narration, j'ai cru plus convenable de ne le placer qu'au troisième volume de cet ouvrage.

CHAPITRE V.

Négociation pour former une quadruple alliance entre la France, la Russie, l'Autriche et l'Espagne. — Découverte de ce projet. — Alliance entre la Prusse, la Hollande et l'Angleterre. — Armement et désarmement des Anglais et des Français. — Intrigues des Anglo-Prussiens contre la France. — Affaire de Kilburn. — Préparatifs de guerre de la Russie et de la Suède. — Rupture, guerre, négociations entre ces deux puissances. — Les armées russes et autrichiennes battent les Turcs. — La Pologne secoue le joug de la Russie et se livre à la Prusse. — L'Angleterre et la Prusse veulent être arbitres de la paix. — Leur prépondérance en Europe. — Troubles en France. — Fautes du cardinal de Loménie. — Le mécontentement y est général. — Ses suites.

1788.

LE dénouement rapide et imprévu de la révolution de Hollande produisit un étonnement universel en Europe ; et, quoiqu'il découvrît évidemment la faiblesse du cabinet de Versailles, on en douta quelque temps dans plusieurs cours, et l'on s'attendit à l'explosion d'un ressentiment qui semblait devoir allumer une guerre générale. Jusqu'à ce moment on avait vu la France alliée de l'Espagne et de l'Autriche, forçant l'Angleterre à conclure une paix humiliante, et occupant avec éclat le premier rang parmi les grandes puissances. Il était difficile de croire que, sans combattre, elle se laissât humilier à son tour par l'ennemi qu'elle venait de vaincre, et qu'elle souffrît patiemment que l'électeur de Brandebourg déjouât sa politique, renversât son ouvrage, lui enlevât ses alliés et bravât ses forces.

On n'ignorait pas dans quel désordre étaient ses finances ; mais on connaissait l'étendue de ses ressources, et l'agitation qui se manifestait dans l'intérieur de ce royaume était une raison de plus pour déterminer le monarque à la guerre, s'il avait bien connu ses véritables intérêts. Mais son caractère était pacifique, et l'habitude d'une domination tranquille ne lui permettait pas de prévoir les dangers dont son pouvoir était si prochainement menacé.

Quelques-uns des ministres de Louis XVI étaient plus clairvoyans ; ils avaient voulu occuper au dehors l'activité des esprits qui pouvaient troubler la tranquillité intérieure : ils avaient conseillé de soutenir énergiquement les états de Hollande ; mais l'archevêque de Sens, depuis cardinal de Loménie, dont les vues étaient plus étroites, et que le fardeau des finances accablait, tremblait à la seule idée des dépenses que coûterait la guerre. Il n'osa cependant pas d'abord conseiller hautement au roi d'abandonner ses alliés ; mais comme il avait, par des délais successifs, retardé la formation du camp de Givet, il continua à ralentir toutes les opérations qu'on voulait faire pour réparer cette faute. Il ne s'opposa pas à l'armement des escadres royales, mais il retarda leur sortie du port de Brest. Il consentit à négocier une alliance avec les cours de Pétersbourg, de Madrid et de Vienne; mais il annula l'effet de ces négociations par les lenteurs qu'il y apporta; et, son élévation au poste de principal ministre ayant écarté du conseil les maréchaux de Ségur et de Castries, dont la fermeté contrariait sa tortueuse et timide politique, il profita des dispositions pacifiques du roi pour lui faire signer un désarmement qui enleva tout à la fois au gouvernement l'estime de ses rivaux, la confiance de ses alliés et le respect de ses sujets.

Le cardinal se prêta d'autant plus facilement au projet d'une alliance avec l'impératrice de Russie, qu'il en croyait l'exécution impossible. Il savait que Catherine II, depuis long-temps aigrie contre la France, qu'elle regardait comme le seul obstacle à ses desseins ambitieux sur l'empire ottoman, avait, dans tous les temps, montré autant de penchant à se lier avec les Anglais que d'éloignement pour se rapprocher des Français. Il attribuait le traité de commerce qu'elle avait conclu à une humeur de circonstance contre l'entêtement de l'Angleterre qui voulait tyranniser les mers, et refusait de reconnaître les principes de la neutralité armée; mais il était loin de croire que Catherine II, combattant les Turcs, voulût augmenter le nombre de ses ennemis en prenant part à la querelle qui s'élevait entre la France, la Prusse et l'Angleterre.

Ainsi il laissa tranquillement M. de Montmorin décider le roi à proposer une alliance impossible selon lui, et dont le refus justifierait le désarmement qu'il méditait, et la honteuse inaction à laquelle il s'était déterminé.

Le ministre de France à Pétersbourg reçut donc l'ordre de se concerter avec le comte de Cobentzel, ambassadeur de l'empereur, et de faire secrètement, indirectement et sans compromettre le roi, quelques insinuations pour s'assurer des intentions de la cour de Russie; et savoir si elle ne consentirait pas à s'unir avec la France, l'Autriche et l'Espagne, pour s'opposer à l'ambition menaçante des Anglais et des Prussiens.

Le ministre français, qui n'était pas dans le secret du cardinal, exécuta avec circonspection les ordres qu'il avait reçus, et cependant avec assez d'efficacité pour obtenir un plein succès.

Catherine II, quoi qu'en dise l'Anglais Eton dans son *Tableau de l'empire ottoman*, était fort irritée contre les intrigues du roi de Prusse et du cabinet de Londres ; elle savait positivement que les Turcs lui avaient déclaré la guerre d'après leurs conseils. Elle n'ignorait pas que ces deux puissances excitaient contre elle la Pologne et la Suède ; et cette princesse, voulant profiter de l'occasion de se venger, regarda les insinuations de M. de Ségur comme une proposition formelle d'alliance, lui répondit qu'elle en formait aussi le vœu, qu'elle en presserait la conclusion, qu'il fallait seulement beaucoup de secret, afin de ne pas éveiller l'inquiétude des Anglais ; et, dans le cas où l'alliance serait conclue, elle fit entendre que, dès que les vaisseaux marchands que l'Angleterre envoie en grand nombre tous les ans à Cronstadt, y seraient arrivés, elle y mettrait un embargo qui ferait repentir le ministère anglais de sa conduite hostile contre elle. De plus elle s'engageait à faire, par l'entremise de la France, la paix avec les Turcs, en leur demandant de légères indemnités, et elle voulait que les quatre cours alliées garantissent l'intégralité du territoire de la Pologne, pour déjouer les vues, déjà pressenties par elle, du roi de Prusse sur Thorn et Dantzick.

1788

Il est évident, de quelque système qu'on soit en politique pour d'autres circonstances, qu'à cette époque cette quadruple alliance aurait eu les résultats les plus heureux. Elle aurait sauvé la Pologne, pacifié et rassuré la Turquie, contenu la Suède, amené l'Angleterre et la Prusse à faire en Hollande un arrangement qui aurait concilié tous les partis. On aurait épargné le sang d'un million d'hommes que la guerre des Turcs, des Autrichiens et des Suédois a coûté; la Pologne n'aurait pas eu la honte et le malheur d'un nouveau partage, et la cour de France, conservant une juste considération au dehors et au dedans, aurait peut-être évité tous les déchiremens qu'amenèrent les fautes trop multipliées du premier ministre.

Si, malgré toutes les probabilités qu'une si forte alliance donnait pour le maintien d'une paix honorable, l'Angleterre et la Prusse s'étaient décidées à la guerre, il est à présumer que la France, assistée de si puissans alliés, s'en serait tirée avec honneur, et que beaucoup de têtes ardentes, qui depuis ont été tour à tour chefs et victimes des factions dont elle s'est vue la proie, auraient déployé plus utilement et plus heureusement la même ardeur pour sa gloire.

Quoi qu'il en soit, cette négociation, qui

promettait de si grands résultats et un si prompt succès, fut bientôt arrêtée dans sa marche : un commis du comte Osterman en trahit le secret; et Fraser, chargé des affaires du roi d'Angleterre à Pétersbourg, en donna avis, par un courrier extraordinaire, au cabinet britannique. Dès que les cours de Londres et de Berlin furent informées de ce projet de quadruple alliance, elles songèrent à détourner l'orage qui les menaçait.

Si le gouvernement français avait montré quelque énergie, le seul moyen pour elles d'éviter l'effet de la ligue qui se formait, aurait été de s'entendre à l'amiable pour terminer la querelle des Turcs et des Impériaux, pour rendre à la Hollande son indépendance, et pour rétablir la tranquillité en Europe sur des bases solides.

Ce fut même, dans le premier moment, l'avis de Frédéric-Guillaume, qui jouissait avec inquiétude du succès de la révolution de Hollande, et qui craignait de se voir enlevé aux voluptés par une guerre longue et sérieuse.

Mais M. de Hertzberg, conseillé et gouverné par Eward, ministre anglais, qui lisait même souvent ses dépêches avant lui, fit sentir au roi que la cour de France, n'ayant pas osé défendre les patriotes hollandais armés, oserait encore moins les venger lorsqu'ils étaient vaincus ; que le projet de quadruple alliance était une preuve de sa faiblesse, puisqu'elle croyait avoir besoin de chercher si loin des appuis ; et qu'il fallait, en redoublant d'audace, prouver, par des armemens et des menaces, que la conclusion de ce traité amènerait infailliblement la guerre que le cabinet de Versailles voulait éviter.

Ce système prévalut et réussit parfaitement ; les Anglais et les Prussiens firent les démonstrations les plus menaçantes. Le cardinal de Loménie effraya le roi par le tableau des finances et par celui des malheurs dont la guerre allait accabler la France. On convint avec l'Angleterre d'un désarmement réciproque qui enleva tout espoir aux patriotes de Hollande. On prodigua à Frédéric-Guillaume les assurances d'amitié et d'intentions pacifiques, et on réprimanda le comte de Ségur pour avoir trop pressé la marche de la négociation dont on l'avait chargé, c'est-à-dire pour avoir réussi.

Ainsi ce projet d'alliance, loin de produire le bien qui pouvait en résulter, n'eut d'autre effet que d'aigrir les rois de Prusse et d'Angleterre, de leur faire connaître à la fois les dispositions de l'impératrice et de l'empereur, le ressentiment et l'impuissance des Français, de les déterminer à resserrer leurs liens avec la Hollande, à en former avec la Suède et la Pologne, et il leur fut démontré qu'ils pouvaient à leur gré, sans obstacles, agiter toute l'Europe et se rendre les arbitres de ses destinées.

Le but de l'Angleterre était d'affaiblir la puissance de Catherine, en excitant contre elle les Suédois, les Polonais et les Turcs, et de la forcer, en lui dictant la paix, à rendre au pavillon britannique le monopole du commerce du Nord. La cour de Londres espérait de plus, en rendant cette paix avantageuse aux Turcs, détruire l'influence française à la Porte et s'assurer de grands avantages pour le commerce du Levant.

Hertzberg faisait envisager au roi de Prusse l'espoir d'épuiser la maison d'Autriche par la guerre de Turquie, de lui faire perdre le Brabant, et de lui enlever ses acquisitions en Pologne : il ne doutait pas qu'alors les Polonais ne payassent la protection de la Prusse par la cession de Dantzick et de Thorn.

Tel était le plan ambitieux de la ligue anglo-prussienne. Le gouvernement français ne l'ignorait pas, mais il n'avait pas assez d'énergie pour s'y opposer. M. de Florida-Blanca, qui dirigeait le cabinet de Madrid, trompé par les caresses et les protestations de la cour de Prusse, haïssant celle de Vienne, et un peu jaloux de l'influence que le cabinet de Versailles prétendait avoir sur toutes les affaires d'Europe, détournant la France de toute mesure vigoureuse, secondait, par ses conseils temporiseurs, la politique faible du cardinal de Loménie, ainsi que la politique ambitieuse de la Prusse et de l'Angleterre.

Aussi leurs desseins auraient réussi complètement, malgré la valeur des Russes, les fautes de Gustave, la faiblesse des Polonais et l'ineptie des Turcs, si la versatilité de Frédéric-Guillaume et la révolution de France n'avaient pas concouru à changer, peu de temps après, d'une manière totale et imprévue, la face des affaires.

Si l'on doutait encore de la sincérité de l'impératrice, lorsqu'elle avait montré quelque crainte de l'agression des Turcs, et lorsqu'elle avait demandé l'intervention du gouvernement français pour s'accommoder avec eux, les événemens de la fin de 1787 et du commencement de 1788 pourraient, sur ce point, convaincre les politiques les plus incrédules.

Tandis que les ministres d'Angleterre et de Prusse déclamaient partout contre l'ambition de Catherine, et cherchaient à soulever contre elle toutes les puissances, en faisant envisager la destruction de l'empire ottoman comme prochaine et inévitable, le prince Potemkin, surpris par une rupture qu'il n'avait pas prévue, se trouvait à la tête d'une armée incomplète, sans magasins, sans argent, sans munitions, et dépourvue de tout ce qui était nécessaire pour commencer la campagne avec promptitude, et en pousser les opérations avec vigueur.

Ce ne fut qu'après plusieurs mois qu'il put s'approcher d'Oczakow avec quatre-vingt mille hommes; et le maréchal de Romanzow fut encore plus de temps à pouvoir s'avancer vers Choczim, avec une armée tellement inférieure en nombre à celle des Turcs, qu'il se serait vu forcé de se tenir sur la défensive, si l'empereur Joseph, dont les négociations avaient été infructueuses, ne s'était pas déterminé, malgré les menaces de la Prusse, à joindre ses armes à celles de son allié, et à déclarer la guerre à la Porte.

On fut même obligé, pour former ces deux armées, de dégarnir tellement les frontières septentrionales de l'empire, que l'impératrice se trouva, peu de temps après, dans le danger le plus pressant lorsqu'elle fut attaquée par les Suédois; ne pouvant opposer à leur invasion que des recrues levées à la hâte, et tout au plus cinq à six mille hommes de vieilles troupes.

Le premier combat qui eut lieu entre les Turcs et les Russes se livra à Kilburn, vis-à-vis d'Oczakow, sur la pointe d'une presqu'île qui défend l'entrée du Borysthène. La valeur ottomane fut contrainte de céder à la discipline russe et au courage de Suwarow; et les Turcs, après avoir forcé trois fois les retranchemens des Russes, furent enfin repoussés avec une telle perte que très peu d'entre eux purent porter au pacha d'Oczakow la nouvelle de leur désastre.

Cette expédition était dirigée par des officiers français, envoyés à Oczakow, dans un temps où la France croyait encore aux intentions hostiles de Catherine. Le roi de Prusse, profitant de cette circonstance, voulut exciter la méfiance de l'impératrice contre la France, en l'accusant d'entretenir une guerre qu'elle avait retardée de tout son pouvoir, et que lui seul et l'Angleterre avaient allumée; mais l'effet de cet artifice ne fut pas long: les dépêches du comte de Choiseul-Gouffier, et l'arrivée d'un secrétaire de Bulgakow à Pétersbourg, firent bientôt connaître la vérité.

L'hiver de 1788 se passa en préparatifs militaires et en négociations. La France travail-

lait à faire accepter sa médiation seule. La
Prusse et l'Angleterre proposaient aussi la leur,
tandis qu'elles soufflaient partout la discorde;
et le roi d'Espagne, plus loyal que politique,
conseillait la paix à tout le monde, s'embarrassant peu que les négociations fussent confiées à l'intervention sincère de son allié ou à
la médiation dangereuse de ses rivaux.

Frédéric-Guillaume jouissait voluptueusement à Berlin de l'éclat que répandait sur son
règne l'activité de son ministre. Fier d'avoir
conquis, sans combattre, un pays que n'avait
pu subjuguer Louis XIV, il croyait avoir donné
un royaume au stathouder, son beau-frère,
tandis qu'il n'avait réellement fait de la Hollande qu'une province de l'Angleterre. Adroitement flatté par le ministère britannique,
dont il servait aveuglément l'ambition, il s'applaudissait d'avoir porté les Turcs à la guerre,
et de se venger ainsi de l'impératrice qui l'avait froidement accueilli, lorsque, étant prince
royal, il avait été envoyé près d'elle par son
oncle.

Oubliant les conseils de son prédécesseur, il
resserrait, par cette conduite, les liens de l'Autriche et de la France; mais le génie ardent
d'Hertzberg, et l'influence de l'Angleterre, l'aveuglaient et l'entraînaient sans prévoyance

dans un système totalement opposé à ses véritables intérêts.

Si Joseph II, se servant des prétextes que lui fournissaient les troubles du Brabant, ne s'était pas aussi imprudemment embarqué dans la guerre contre les Turcs, et si la révolution de France n'avait pas eu lieu, Catherine II aurait toujours forcé la Porte à recevoir la paix, et le roi de Prusse se serait trouvé seul exposé aux ressentimens des deux cours impériales et de la France; mais la suite de cette histoire prouvera que la fortune répara constamment les fautes de Frédéric-Guillaume, et le sauva toujours des malheurs que pouvaient lui attirer l'active inquiétude de ses ministres, l'inconséquence de sa politique et l'indolence de son caractère.

Rien ne troubla sa tranquillité pendant l'hiver de 1788; tout se réunissait pour donner à la flatterie l'apparence de la vérité. Conquérant de la Hollande, redouté par la France, ménagé par l'Espagne, exalté par l'Angleterre, regardé par les princes allemands comme le protecteur de la liberté germanique; les Turcs imploraient ses secours, la Pologne son appui; la Suède suivait ses conseils, le Danemarck craignait ses menaces; les poëtes allemands célébraient sa magnificence et applaudissaient à son aversion pour la littérature française; ses maîtresses le soulageaient du poids de l'ennui; ses ministres, de celui des affaires.

Les courtisans lui prédisaient une solide gloire, et les illuminés lui promettaient une longue vie, au moyen d'un élixir qui en abrégea la durée. Le monarque alors crut et dut croire que le rôle de roi était aussi facile que doux; il ne prévoyait pas l'explosion qui devait si promptement soulever tant de peuples, ébranler tant de trônes et flétrir les premiers lauriers de son règne.

L'été de 1788 fut fécond en grands événemens. Les armées autrichiennes et russes, qui s'étaient rassemblées avec lenteur, agirent avec succès. Romanzow et Cobourg s'emparèrent de Choczim et de presque toute la Moldavie. L'empereur Joseph II, combattant en personne, prit Sabach d'assaut; ses généraux se rendirent maîtres de Dubiza. Potemkin investit Oczakow; l'escadre russe battit l'escadre turque sur la mer Noire; et le prince de Nassau, célèbre par ses aventures, sa vie errante et son amour pour les dangers, attaqua témérairement dans le Liman, avec des galères et des bateaux plats, la flotte du capitan-pacha, s'empara de quelques vaisseaux de guerre, mit le feu aux autres, et détruisit entièrement cette armée.

En vain l'Anglais Eton s'efforce, dans son *Tableau de l'empire ottoman*, d'affaiblir l'éclat de cette action, en adoptant les observations de l'Américain Paul Jones, qui était aveuglé par la jalousie que lui inspirait cette victoire. Paul Jones, quoique intrépide, ne connaissant pas l'inexpérience des Turcs, s'était opposé à cette entreprise et n'en pouvait pas pardonner le succès.

Tandis que l'impératrice rassemblait dans le Midi, à huit cents lieues de sa capitale, tout ce qu'elle pouvait réunir d'argent, d'artillerie et de soldats pour réparer les effets de l'indolence de Potemkin, et pour faire repentir les Turcs de leur agression, un nouvel orage, formé par l'active politique des ministres de Frédéric-Guillaume et du roi d'Angleterre, vint menacer, dans le Nord, et son trône et sa personne.

Le danger fut d'autant plus grand qu'il avait été moins prévu; et si le nouvel ennemi qui se déclara contre Catherine avait déployé autant d'énergie qu'il avait montré d'audace, il est certain qu'il serait arrivé aussi facilement à Pétersbourg qu'il s'en était flatté : mais beaucoup d'hommes d'État forment de vastes plans, et peu savent les exécuter.

Gustave III, roi de Suède, tourmenté par

cet amour de la gloire qui excite l'enthousiasme de tous les peuples du monde, quoiqu'il soit la cause de presque tous leurs malheurs, n'était pas satisfait de la célébrité que lui avait acquise la révolution qu'il avait faite dans son pays; son nom semblait lui imposer d'autres obligations : il avait souvent dit *qu'il fallait une guerre pour caractériser un règne.*

En vain le grand Frédéric, son oncle, en le complimentant sur la révolution qui avait augmenté son pouvoir, lui avait recommandé d'être pacifique, et l'avait averti « que, de- » puis qu'il existait en Europe quatre mo- » narchies qui pouvaient chacune rassembler » quatre cent mille soldats, un roi de Suède, » avec une armée de vingt-cinq mille hom- » mes, ne devait pas espérer de jouer un » grand rôle en Europe. » Gustave ne pouvait se résigner au repos, et il voulait à toute force être conquérant.

Ce n'était pas le ressentiment des anciennes pertes de la Suède qui l'animait contre la Russie; il avait souvent montré à cette puissance qu'il était prêt à s'allier avec elle, si elle voulait lui permettre d'enlever la Norwége aux Danois; et il promettait au roi de France une union indissoluble, si ce monarque consentait à lui donner les moyens de reprendre aux

Russes la Finlande et la Livonie. Toute alliance lui était égale pourvu qu'elle fût offensive, et laissât le champ libre à ses passions.

Jusqu'à l'époque dont il est question, il avait été de tous côtés contrarié dans son vœu; la Russie et l'Angleterre garantissaient le Danemarck de son ambition; et Louis XVI, qui aimait la paix, se servait de son influence sur ses alliés pour la maintenir.

La guerre des Turcs contre les Autrichiens et les Russes, le refroidissement de l'Angleterre pour la Russie, et la haine de Frédéric-Guillaume contre l'impératrice, offrirent enfin à Gustave l'occasion qu'il désirait : le roi de Prusse lui fit promettre des subsides par la Porte; l'Angleterre lui laissa espérer des secours, et ces deux puissances, encourageant son ardeur belliqueuse, virent avec joie ce prince impétueux seconder leurs projets, diviser les forces de la Russie, augmenter les dangers de l'empereur, et déjouer la politique conciliatrice de la France.

Le plus grand embarras de Gustave fut de trouver un prétexte; car, telle est la force de la justice, les princes qui en violent le plus les lois n'osent pas en désavouer les principes, et elle est heureusement si nécessaire à tous les hommes, qu'elle est hypocritement invoquée par eux dans le moment même où ils l'outragent.

Gustave III, quoiqu'il eût augmenté en Suède la puissance royale, était monarque d'un peuple fier et libre ; ses droits, bien qu'étendus, étaient limités ; la constitution, qu'il avait lui-même rédigée, lui donnait tout le pouvoir nécessaire pour défendre ses États, mais lui refusait expressément celui d'entreprendre une guerre offensive sans le consentement des quatre ordres du royaume. Or, Catherine était certainement fort éloignée de vouloir et de pouvoir l'attaquer : ses frontières septentrionales étaient dégarnies, et elle prévoyait si peu une rupture avec la Suède, qu'elle était au moment d'envoyer tout ce qu'elle avait de forces navales dans l'Archipel, comme elle l'avait fait avec tant de hardiesse et de succès dans la guerre précédente.

Dans une pareille position, Gustave ne pouvait trouver que des prétextes frivoles ; aussi ceux qu'il saisit furent si invraisemblables qu'ils ne trompèrent personne, et ne furent adoptés que par ceux qui favorisaient ses vues.

Toute l'Europe savait le but de l'armement de Catherine, et vit avec surprise le roi de Suède affecter des alarmes qu'il ne ressentait pas, et implorer des secours dont il n'avait aucun besoin. Le comte Rasoumowsky, ministre de Russie en Suède, fut accusé par lui d'intrigues tendantes à exciter des factions. Cet envoyé, dont les instructions étaient alors très pacifiques, fit une note pour dissiper les inquiétudes du roi, et l'assurer de l'amitié de l'impératrice pour le monarque et pour *sa nation*. Gustave feignit d'être choqué de cette expression ; il prétendit que, lui seul étant chargé du gouvernement, aucune note ministérielle ne devait parler de la nation suédoise, que ce langage était factieux, et qu'il ne pouvait souffrir près de lui un ministre qui respectait si peu son autorité.

Il était assez singulier que le chef d'un peuple libre reprochât de pareilles formes à un souverain despotique; mais Gustave, sans s'embarrasser de cette inconséquence, renvoya Rasoumowsky, et, sur son refus de partir, il le fit embarquer d'autorité. Il se mit ensuite promptement à la tête de son armée ; sans avoir égard aux remontrances des envoyés des cours de Versailles, de Vienne et de Madrid, il s'avança sur la frontière de Finlande, refusant toute conférence avec les généraux que l'impératrice envoyait pour négocier avec lui, et répandant partout que les Russes voulaient envahir la Suède et avaient déjà commis des hostilités.

Pour rendre l'alarme plus vive et la nouvelle plus vraisemblable, on prétend qu'il avait pris à l'opéra de Stockholm des habits de Cosaques, en avait fait revêtir des soldats suédois, et avait fait sabrer par eux quelques paysans. Un pareil moyen est si blâmable qu'on ne rapporterait pas cette anecdote, si elle n'avait pas été répandue dans le Nord par l'impératrice, par les ministres, par les généraux russes, et attestée par plusieurs officiers suédois prisonniers. Quoi qu'il en soit, le bruit de ce stratagème, à la fois cruel et puéril, dont l'illusion ne pouvait pas être de longue durée, contribua, peu de temps après, à favoriser les projets de quelques factieux, et à enflammer l'indignation de l'armée suédoise en Finlande, où l'on vit éclater la plus dangereuse révolte.

Cependant Catherine, fière de sa puissance et enivrée de l'éclat de son règne, s'endormait dans une imprudente confiance; elle ne voulait pas croire que le roi de Suède osât l'attaquer; malgré les sages conseils de tous ses ministres et l'importance des nouvelles successives qu'ils lui apportaient, elle s'obstinait à faire partir son escadre pour l'Archipel. Son erreur était poussée à un tel point que les vaisseaux avaient reçu l'ordre de mettre à la voile, et, si le roi de Suède eût déclaré la guerre quatre jours plus tard, il aurait trouvé la mer libre, Cronstadt sans vaisseaux et Pétersbourg sans défense.

Mais l'ardeur bouillante de ce prince l'emporta : il envoya par son chargé d'affaires Schlaf une note menaçante *, par laquelle il demandait à l'impératrice de désarmer, de le prendre pour médiateur entre elle et les Turcs, de rendre à la Porte tout ce qu'elle lui avait pris dans la dernière guerre, et de restituer à la Suède la Finlande et l'Ingrie, jusqu'à deux lieues de Pétersbourg.

Gustave voulait un *oui* ou un *non* sans modification, et déclarait la guerre en cas de refus. Il n'attendit pas même la réponse à cette étrange note, pour commettre les premières hostilités. C'est ainsi que fut allumée, dans le Nord, une guerre que le roi de Suède commença sans nécessité et termina sans succès.

Gustave, ayant pris le parti téméraire d'attaquer un colosse tel que la Russie, ne devait pas lui laisser le temps de rassembler ses forces dispersées ; mais ses opérations furent aussi incertaines et timides que son agression avait été hardie et prématurée : il fit une tentative inutile sur le fort de Nislot, défendu par une faible garnison et par un officier invalide ; il

* Voyez *Pièces justificatives*.

attendit indolemment une artillerie de siège qui ne lui était pas nécessaire, pendant qu'il pouvait s'emparer, sans coup férir, de Frédériksham, ville démantelée, sans munitions, et qui ne pouvait, dans ce premier moment, opposer aucune résistance.

Le danger qu'on n'a pas prévu paraît toujours plus grand que celui auquel on s'est préparé : autant la sécurité de l'impératrice avait été aveugle, autant son alarme fut vive. Elle fit armer à la hâte tout ce qu'elle put rassembler de paysans et de domestiques en âge de combattre; elle fit passer en Finlande le peu de troupes qui se trouvaient à proximité; la Livonie fut dégarnie; on n'y laissa qu'un régiment. Les régimens des gardes sortirent de Pétersbourg, plus propres à intimider l'ennemi par leur réputation que par leur nombre. Catherine, qui leur avait dû son élévation au trône, avertie, par le parti qu'elle en avait tiré dans la révolution, du danger de leur influence, avait peu à peu diminué leurs forces; et, dans cette circonstance, si le roi de Prusse s'était déclaré et avait voulu combattre au lieu d'intriguer, l'empire russe aurait peut-être succombé à cette attaque inopinée.

L'effroi régnait à Pétersbourg; les nouvelles les plus alarmantes et les plus fausses s'y débitaient : on croyait à chaque instant y voir arriver les Suédois, et l'on regardait le départ de Catherine pour Moscow comme certain. La lenteur du roi de Suède et l'activité des ministres russes dissipèrent bientôt cette frayeur. On apprit la nouvelle d'une bataille navale entre les deux flottes, dont le résultat fut incertain, comme celui de presque tous les combats de mer. Les deux partis chantèrent le *Te Deum*, et s'attribuèrent la victoire. Un vaisseau de guerre fut pris de chaque côté : les deux armées furent maltraitées ; mais celle de Catherine tint la mer, et l'escadre suédoise rentra dans ses ports. Cette bataille donna de la réputation au duc de Sudermanie, qui la livrait, et accrut la gloire de l'amiral Greig, officier anglais, actif, probe et brave, qui commandait les Russes.

Le général Michelson, apprenant que Gustave était débarqué sur les côtes de Finlande, et n'ayant que quinze cents hommes à lui opposer, se servit d'un vieux stratagème, fit intercepter par les postes suédois une lettre dans laquelle il mandait au gouverneur de Frédériksham qu'il avançait avec douze mille hommes. Le roi de Suède, trompé par cette lettre, se rembarqua avec précipitation : cette retraite ranima la confiance des Russes, et diminua celle des Suédois. Aucune affaire importante ne suivit cette entreprise, et le comte de Poushkin eut le temps de rassembler à peu près quatorze mille hommes, qui le mirent en état de garantir la capitale de l'invasion dont elle était menacée.

Peu de temps après, Gustave retourna à Stockholm : on apprit que le Danemarck s'était déclaré pour la Russie, et qu'en vertu du traité d'alliance, le prince royal allait en Norwége et y préparait une diversion redoutable.

Le peu de succès de Gustave et la déclaration du Danemarck excitèrent les murmures de l'armée suédoise; elle apprit dans le même temps que les Russes, loin de songer à l'attaque, n'étaient pas en état de défense, et que le roi leur faisait entreprendre une guerre inconstitutionnelle, dont le commencement était humiliant et les conséquences dangereuses.

Furieux de se voir à la fois trompés et abandonnés, les chefs exhalaient leur mécontentement, et ne dissimulaient pas leur inquiétude. Sprengporten, officier-général suédois, qui avait quitté son pays par humeur, et qui s'était mis au service de la Russie, ardent comme tous les transfuges, fut promptement informé de cette disposition des esprits; il entretint par ses intrigues et redoubla par ses promesses le mécontentement des troupes; lorsqu'il les vit exaspérées comme il le souhaitait, il entama avec elles, par ordre de l'impératrice, une négociation dont le but était de forcer le roi à la paix, et de rendre au sénat suédois son ancienne puissance si le monarque voulait continuer la guerre.

Tout annonçait une révolution que les fautes de Gustave avaient préparée; mais sa fortune et son activité le sauvèrent. S'il manquait de talent pour la guerre et de sagesse dans ses projets, il avait du courage dans les dangers, de l'éloquence dans les discours et des ressources dans l'esprit.

Catherine II ne profita ni assez habilement, ni assez promptement de l'occasion qui s'offrait : écoutant plus son ressentiment que son intérêt, elle manqua la paix, parce qu'elle espéra une révolution; et, en n'acceptant pas simplement les offres qui lui étaient faites par l'armée insurgée, elle perdit du temps; faute irréparable en politique.

Les rois de Prusse et d'Angleterre, par leurs menaces, arrêtèrent les Danois et les forcèrent à faire la paix. Le roi de Suède, soutenu par le peuple qu'il sut animer, contint les grands et effraya les troupes. L'armée suédoise, voyant l'union du monarque avec le peuple, et apprenant la défection des Danois, dénonça et abandonna les auteurs de la sédition dont elle avait approuvé les projets. Gustave fit emprisonner les chefs de la révolte ; et, par des largesses sagement distribuées, des promesses encourageantes, des châtimens sévères pour quelques rebelles et de la clémence pour les autres, il rétablit la discipline dans l'armée, et vint ranimer son courage par sa présence.

Au moment du péril, il avait imploré la médiation de la France, qui désirait la paix. Dès qu'il se crut en sûreté, il déclara qu'il n'accepterait que celle des rois de Prusse et d'Angleterre, dont il connaissait le vœu conforme au sien pour la prolongation de la guerre.

Tels furent les événemens qui remplirent la campagne de 1788, où l'on vit tour à tour, des deux côtés, tous les présages de ruine et de triomphe, et qui finit sans aucun succès ni décisif, ni même important.

Catherine, rassurée du côté de la Suède, et se voyant en état de soutenir au moins avec égalité cette guerre septentrionale, continuait à remporter, dans le Midi, des avantages qu'un général moins indolent que Potemkin aurait pu pousser avec bien plus de rapidité. L'ingénieur français Lafitte, qui avait été envoyé à la Porte deux ans auparavant par le maréchal de Ségur, mandait au ministre de

France à Pétersbourg, qu'Oczakow n'était pas en état de soutenir une attaque régulière plus de trois semaines : Potemkin fut dix mois à l'assiéger, et ne s'en empara qu'à la fin de 1788.

Les maladies avaient emporté un tiers de son armée; les travaux n'avançaient pas; les soldats russes, effrayés de l'approche de l'hiver, et animés par le fanatisme religieux, pressèrent si vivement leur général de les laisser enfin détruire cette ville infidèle, qu'il y consentit. L'assaut fut terrible, la résistance opiniâtre, le carnage affreux. On livra la ville au pillage; trois jours après la victoire les Russes massacraient encore les Turcs, et même les enfans dont ils découvraient l'asile.

Si l'armée russe, laissant une division pour masquer cette place, se fût réunie à celle de Romanzow, en une campagne les Ottomans auraient été chassés d'Europe; mais les Russes, infiniment supérieurs aux Turcs dans les batailles, ne savent pas faire de siége; chaque bicoque les arrête long-temps et leur coûte un assaut meurtrier. Si les Français étaient voisins et ennemis de l'empire ottoman, depuis long-temps il n'existerait plus.

La prise d'Oczakow, qui débarrassait la Tauride d'un voisinage inquiétant, valut le grand cordon de Saint-George à Potemkin; c'était le but de son ambition : dès qu'il l'eut atteint, son ardeur passagère pour la gloire fit place au désir des voluptés et du repos : il souhaita dès-lors sincèrement la paix, mais il ne put l'obtenir. L'Angleterre la lui aurait donnée, si la Russie avait fait un traité de commerce avec elle et avait demandé sa médiation ; le roi de Prusse y aurait consenti et aurait forcé les Turcs à la conclure, si l'impératrice avait abandonné l'empereur pour s'allier avec lui ; car, malgré quelques ressentimens personnels, Frédéric-Guillaume, conseillé par Hertzberg, croyait l'alliance de la Russie plus utile à la Prusse, dans ses desseins contre l'Autriche, que celle de la France même.

Potemkin n'ignorait pas les dispositions de ces deux cours ; il employa tous ses soins pour engager sa souveraine à changer de politique et à se rapprocher des cabinets de Londres et de Berlin. Il n'avait plus de considération pour la France, qui venait de dévoiler sa faiblesse ; comme il avait quitté, sans hésiter, l'alliance de Frédéric pour celle de Joseph, afin de conquérir sans obstacle la Crimée, il ne se faisait aucun scrupule d'abandonner l'empereur et de s'unir à la ligue anglo-prussienne, pour jouir paisiblement de la conquête d'Oczakow, et pour forcer les Suédois et les Turcs à la paix.

Catherine ne fut pas de son avis : elle avait beaucoup de caractère et de fierté ; elle aurait cru ternir sa gloire en sacrifiant un allié qui lui avait montré tant de dévouement, et en se soumettant à la médiation des puissances qui lui avaient attiré la guerre : elle se résolut donc à braver leur haine, à mépriser leurs menaces, et à n'obtenir la paix que par la force de ses armes ou l'intervention de ses amis.

Cette détermination irrita le roi de Prusse, qui redoubla d'activité et chercha, sans la combattre directement, de nouveaux moyens pour augmenter l'ardeur et le nombre de ses ennemis. Depuis quelque temps les entreprises de ce prince contre le commerce et la liberté de Dantzick avaient inquiété Catherine ; informée de ces intrigues prussiennes par le comte de Ségur, qui les avait découvertes, elle avait même chargé le prince de Nassau, revenu de l'armée, d'aller à Vienne, à Versailles et à Madrid, informer ces trois cours des vues ambitieuses de Frédéric-Guillaume sur Thorn et sur une partie de la Pologne. Enfin, comme le gouvernement français était revenu à son premier projet, et pressait assez vivement alors la conclusion de la quadruple alliance, l'impératrice proposa au ministre Ségur de la signer, pourvu qu'on prît de part et d'autre l'engagement de garantir l'intégralité du territoire de cette république.

Le roi de France, mal conseillé, refusa cette clause; l'Espagne ne voulut point entrer dans l'alliance, et par son refus fit échouer cette négociation, dont le cardinal de Loménie, par timidité, et M. Necker, son successeur, par économie, craignaient le succès. Catherine, privée de cet appui, mais constante dans son projet, voulut alors prendre seule la défense d'un pays qu'elle avait tant opprimé; et elle proposa au roi de Pologne de s'unir à la Russie par un traité d'alliance.

Cette proposition fut une grande faute en politique, et prouva que Catherine, dont l'amour-propre avait toujours été flatté, ne connaissait pas les violens ressentimens et la haine implacable que produisent l'oppression, l'injustice et l'humiliation.

Jamais on ne prit plus mal son temps et l'on ne manqua plus complètement son but. Les Polonais (je ne parle que de la noblesse, qui composait seule une nation libre; les paysans étant esclaves, et par conséquent indifférens au sort de leur pays), les Polonais, dis-je, autrefois respectés en Europe, se souvenaient encore qu'ils avaient combattu sans désavantage les Prussiens, leurs tributaires, délivré l'Autriche et Vienne des armes ottomanes, et que les Moscovites avaient souvent tremblé devant eux.

Ils conservaient la même fierté, la même ardeur belliqueuse, la même légèreté, le même amour de la liberté, le même attrait pour les orages qui l'entourent; ils avaient les mêmes lois, les mêmes usages; leurs mœurs s'étaient peu altérées : on retrouvait chez eux, en entier, ce système féodal qui fut si long-temps le code universel de l'Europe, cet esprit chevaleresque, seul avantage de cette forme de gouvernement, et unique remède aux brigandages qu'il autorise, et que la faiblesse du monarque y rend impunis.

Mais s'ils étaient restés les mêmes, tout était changé autour d'eux; partout triomphans de l'aristocratie, les peuples avaient acquis plus de liberté, et les rois plus de pouvoir. Les nobles polonais, demeurés seuls sans subordination, sans armée régulière, sans tiers-état, sans finances, sans commerce, sans artillerie respectable et sans forteresses, ne pouvaient opposer à leurs voisins qu'une valeur inutile et le souvenir de leurs anciennes victoires.

Aussi, depuis un siècle, ce malheureux pays était continuellement l'objet de l'ambition des autres puissances, le jouet de leur politique et la proie de leurs armées. Pierre-le-Grand et Charles XII avaient appris à l'Europe le secret de la faiblesse des Polonais. Leurs diètes turbulentes étaient soumises à l'influence de la Russie, de l'Autriche et de la Prusse, qui corrompaient, divisaient leurs grands, profitaient de leurs discordes, dirigeaient leurs élections et dominaient leur prince. Leur ruine totale n'était retardée que par la rivalité de ces trois puissances : un accord de peu de durée entre elles avait produit le premier démembrement de leur pays ; il pouvait leur faire prévoir le partage du reste de leur territoire à la première réunion de ces trois couronnes.

Les Polonais devaient donc les craindre et les haïr toutes trois. Mais, après le premier partage, l'Autriche et la Prusse avaient abandonné à l'impératrice la direction des affaires de la Pologne : elle s'était chargée d'y maintenir la nouvelle constitution que toutes trois lui avaient donnée pour l'empêcher de sortir de sa faiblesse et de son anarchie.

Depuis cette époque, c'étaient les ambassadeurs de Russie qui régnaient véritablement en Pologne ; leur hauteur avec le roi, leur mépris insultant pour la nation, leur faste, leur insolence, leur avidité, les vexations et la férocité des troupes russes qui restaient en Pologne, avaient réuni sur la Russie toutes les haines, tous les désirs de vengeance que les trois cours co-partageantes devaient inspirer à ce peuple opprimé. On ne pouvait parler d'un Russe à un Polonais sans le voir à la fois pâlir de crainte et frémir de rage. Ce seul nom lui rappelait sa gloire flétrie, sa liberté perdue, ses lois détruites, ses biens ravis, sa famille persécutée, son honneur outragé.

Il est facile, d'après ce tableau qui n'est point chargé, de concevoir l'effet que dut produire sur la diète polonaise l'offre de l'alliance de Catherine, au moment où les armes des Turcs, celles des Suédois, les intrigues de l'Angleterre, et les promesses artificieuses de la Prusse, faisaient entrevoir à ces cœurs ulcérés la douce espérance d'être délivrés du joug de leur ennemie, et de voir tomber l'odieux colosse qui les écrasait.

En vain quelques-uns de ces esprits sages qui savent dominer leurs passions, voulaient, comme le roi de Pologne, profiter de cette circonstance qui semblait ouvrir les yeux de Catherine sur ses vrais intérêts trop long-temps méconnus; ils cherchaient à représenter qu'avec la protection de la Russie, ils pouvaient réformer leur constitution, se donner une existence politique plus solide, et peut-être recouvrer un tiers des possessions qu'ils avaient perdues. Ils faisaient inutilement observer que les offres de la Prusse étaient illusoires et intéressées, et l'embarras des deux cours impériales passager ; il serait, ajoutaient-ils, insensé de croire ces deux puissances perdues, et dangereux de les irriter ; à la paix ils se verraient, sans appui, les objets de leur vengeance ; et la Prusse, au lieu de les secourir alors, s'entendrait avec leurs ennemis pour un nouveau partage.

Les noms d'esclave et de traître étaient la seule réponse à ces insinuations, qu'on ne hasardait qu'avec timidité et qui étaient repoussées avec indignation. Hertzberg était trop habile pour ne pas profiter de cette circonstance. Luchesini, ministre du roi de Prusse à Warsovie, eut ordre alors de multiplier les promesses, de nourrir les espérances, d'enflammer les esprits, et il remplit parfaitement sa mission.

Nul homme n'était plus propre à jouer un pareil rôle. Son activité ne perdait jamais un moment ; son industrie ne laissait échapper aucune ressource. Ardent pour atteindre son but, prompt à saisir tous les moyens d'y arriver, Luchesini réunissait toutes les qualités du courtisan adroit et du politique habile. Instruit sans pédanterie, sa mémoire lui fournissait autant de faits utiles pour son travail que d'anecdotes agréables pour la société. Son intimité avec le grand Frédéric lui avait fait acquérir une haute considération; son caractère insinuant l'introduisait dans tous les partis, sa finesse lui en faisait découvrir promptement tous les secrets; et sa chaleur active, cachant sa dissimulation, lui donnait l'air de la franchise, et persuadait aux Polonais qu'il embrassait leur cause avec autant de zèle que s'il avait été leur compatriote.

Déplorant les malheurs de la Pologne, retraçant toutes les violences des Russes, exaltant la probité généreuse du roi son maître, il s'indignait contre les imposteurs qui supposaient au cabinet prussien l'idée d'un nouveau partage. « Frédéric-Guillaume, disait-il, cher-
» chait une plus noble gloire; il voulait ga-
» rantir l'Europe de l'ambition des Barbares
» du Nord; son dessein était de rendre à la
» Pologne son éclat, sa gloire, sa liberté. Le
» moment était venu d'exécuter ces nobles
» projets. L'ambitieuse Catherine voyait ses
» États menacés à la fois par les Turcs et par
» les Suédois, et désolés par la famine; ses fi-
» nances étaient épuisées, ses soldats découra-
» gés. Déjà cette artificieuse princesse, effrayée

» par ces nouveaux périls, quittait le langage
» insultant qu'elle avait si long-temps employé,
» et avait recours aux caresses et aux prières
» pour aveugler les Polonais, dont elle redou-
» tait l'énergie. Elle calomniait le roi de Prus-
» se, parce qu'elle craignait qu'il ne fût leur
» libérateur. Elle voulait, par un traité fu-
» neste, les retenir dans ses fers, et les armer
» contre leur véritable appui. Mais cet espoir
» frivole devait promptement s'évanouir. La
» nation polonaise était trop éclairée pour
» tomber dans un piège si grossier, trop fière
» pour oublier tant d'injures ; elle allait enfin
» suivre les conseils d'un prince généreux,
» repousser avec mépris une alliance honteuse,
» briser un joug odieux, et reconquérir des
» droits sacrés. »

Hailes, ministre d'Angleterre, appuyait ces discours, faisait entrevoir l'espoir d'un armement anglais pour seconder les Suédois; et ranimait par ses conseils l'amour de la liberté. Les Polonais, altérés de vengeance comme tous les opprimés, et avides d'espérance comme tous les malheureux, se laissèrent promptement éblouir par ces brillantes illusions. Entraînés par leurs passions, enhardis par ces promesses, rassurés par les circonstances, et regardant Frédéric-Guillaume comme un sauveur que le ciel leur envoyait, ils rejetèrent dédaigneusement l'alliance de la Russie, refusèrent le passage aux troupes russes, ordonnèrent le renvoi de celles qui étaient sur leur territoire, cassèrent le conseil permanent établi par la constitution, dont l'impératrice était garante, et, après ces résolutions hardies, ils se livrèrent avec transport à la joie qu'éprouvent des captifs qui ont brisé leurs liens.

L'ambassadeur russe, qui tenait une cour plus nombreuse et plus brillante que celle du roi, se vit tout à coup isolé : il donnait, peu de temps avant, des ordres ; alors on méprisa ses avis et l'on refusa toutes ses demandes. Tous les Polonais, se dépouillant des habits modernes qui leur retraçaient leur honte, reprirent leur antique costume, qui leur rappelait à la fois leur gloire et leur liberté ; toutes les dames, enflammant leur courage, coupaient elles-mêmes la chevelure de ces guerriers et brodaient leurs riches ceintures.

Le roi Stanislas-Auguste, ne pouvant résister à cette ardeur bouillante dont il prévoyait les suites, parut la partager ; son sort, pendant tout son règne, fut d'être tyrannisé tour à tour par son peuple et par ses voisins. Comme il avait peu de force et beaucoup de lumières, son esprit clairvoyant ne lui servit jamais qu'à prévoir ses malheurs sans pouvoir s'en garantir. En peu de jours, tout prit ainsi dans ce pays une face nouvelle, et la liberté, comme une lampe prête à s'éteindre, y jeta dans ce moment un brillant et dernier éclat.

Catherine fut d'autant plus irritée du refus injurieux de cette alliance, qu'elle était contrainte de dissimuler son ressentiment. C'était le premier échec qu'éprouvait son amour-propre, et elle voyait avec indignation un peuple qu'elle avait toujours dédaigné, résister à sa puissance et rompre une chaîne qu'elle croyait éternelle. Cet événement rendait la position de son armée en Moldavie plus embarrassante : les renforts, les munitions ne pouvaient plus passer par la Pologne, et elle craignait que d'un moment à l'autre les Polonais, prenant les armes, ne missent ses troupes entre leur feu et celui des Ottomans.

Dans cette crise, elle fit encore quelques tentatives pour engager le roi de France à se joindre à elle et à l'empereur, contre une ligue qui devenait si menaçante; mais elle ne tarda pas à se convaincre de l'inutilité de cette démarche. Louis XVI était trop occupé par les troubles de son royaume, et trop effrayé de l'état de ses finances, pour vouloir se mêler des orages qui agitaient l'Europe; et ses ministres, tremblant des dangers qui les menaçaient, n'étaient pas assez habiles pour voir qu'une guerre extérieure était, dans cette circonstance, le seul remède aux maux dont ils souffraient.

Depuis long-temps le luxe de la cour, la prodigalité des grâces et les dettes qu'on avait contractées, avaient dérangé les finances de l'État. En temps de paix, les recettes étaient au-dessous des dépenses, et la guerre d'Amérique, nécessitant des emprunts, avait augmenté ce déficit annuel, et l'avait porté à cinquante-six millions.

Dans une pareille situation il n'existait que trois remèdes; premièrement l'augmentation des revenus par de nouveaux impôts : la nation surchargée s'y refusait; les parlemens s'y opposaient; M. de Calonne, qui avait convoqué, pour y parvenir, une assemblée de notables, en 1787, y échoua. Les notables, qu'il choisit imprudemment dans les rangs de ses ennemis, avaient combattu ses plans. Le général la Fayette, entre autres, parla le premier avec feu de la nécessité de rassembler les états-généraux, et cet appel à la nation enflamma tous les esprits. L'archevêque de Sens, depuis cardinal de Loménie, avait aussi attaqué M. de Calonne qu'il remplaça bientôt dans la direction des finances. Le résultat de ces intrigues fut l'impossibilité d'augmenter les revenus.

Le second moyen, le plus sûr et le plus sage de tous, était la diminution des dépenses; mais M. Necker, dans son premier ministère, l'avait tenté sans succès : l'avidité des grands et la faiblesse du gouvernement, n'en laissaient pas la possibilité.

Le troisième remède était une banqueroute, remède honteux employé déjà par l'abbé Terray : le roi était trop honnête homme et son ministère trop timide pour s'y déterminer.

Flottant entre ces trois partis, le cardinal fit ce qu'il y a de plus dangereux : il les essaya tous de manière à en éprouver les inconvéniens ; il n'en suivit aucun, de sorte qu'il en perdit tous les avantages. Il voulut établir maladroitement quelques impôts, et fut repoussé par les parlemens, qui, se déclarant incompétens, demandèrent la convocation des états-généraux.

Le cardinal eut la faiblesse de la promettre et la mauvaise foi de ne pas vouloir tenir sa promesse : il prétendit y substituer une cour plénière, qui changeait la constitution antique de la France, sans satisfaire les vœux de ceux qui désiraient un autre changement. Trop jaloux de son pouvoir pour le soumettre à une assemblée qui en devait éclairer les abus, trop faible pour intimider les mécontens et pour leur résister avec énergie, il enflamma à la fois leur ressentiment par sa résistance, et leur espoir par sa mollesse.

Ce ministre employa tour à tour hors de propos et une rigueur qui aigrit les esprits, et une condescendance qui redoubla leur ardeur. Forcé de convoquer les états-généraux, au lieu de les rassembler promptement, de s'y faire un parti, de les étonner par des plans préparés et satisfaisans, il invita tous les hommes lettrés à donner leurs idées sur les formes de cette assemblée et sur les changemens dont la constitution était susceptible; et, tandis qu'il laissait ainsi croitre et s'étendre le feu qu'il aurait dû calmer, il porta au crédit public une mortelle atteinte, en ordonnant que deux cinquièmes des rentes ne seraient plus payés qu'en papier. Cette opération, qui mit le comble à la fermentation, dévoila son ineptie et le fit chasser.

Le roi donna sa place à M. Necker, que son premier ministère avait fait chérir, et que la confiance nationale appelait; mais M. Necker n'était plus l'homme de la circonstance : peu expérimenté en politique, il n'avait que de l'esprit, de l'éloquence et de la moralité; son amour-propre lui faisait croire que, ses intentions étant salutaires, ses opérations ne rencontreraient point d'obstacles, et qu'il serait le guide respecté des états-généraux, comme il était l'oracle de la société qui l'entourait. Tout était bien changé : il ne voulait qu'une réforme, et les têtes ardentes voulaient une révolution.

Les idées de liberté puisées dans les écrits des philosophes, et répandues en France par toute la jeunesse qui avait servi dans la guerre d'Amérique, exaltaient tous les esprits et enflammaient toutes les ambitions. Les différentes classes de la société croyaient alors trouver une place plus avantageuse dans un nouvel ordre de choses, qui ne tarda pas à confondre leurs espérances trompées dans une communauté de malheurs dont l'histoire offre peu d'exemples ; et chacun, croyant suivre une lumière qui allait tout éclairer, se laissa entraîner par un feu qui consuma tout.

Nous examinerons bientôt les causes de l'étonnant orage que firent éclater la disposition des esprits et les fautes du gouvernement ; nous rendrons compte de son commencement, de ses progrès, avec la précision, la brièveté et la modération que demande un pareil sujet, qu'exigent tant de malheurs récens, et que la proximité des temps rend si nécessaires; nous espérons que tout lecteur sage conviendra que, si nous ne disons pas tout, nous n'aurons au moins rien omis de grand et d'essentiel, et rien dit qui ne soit vrai.

Il faut seulement, avant de traiter cette matière importante et délicate, examiner l'effet que les troubles qui précédaient cet événement produisirent sur les affaires de l'Europe.

A cette époque, c'est-à-dire à la fin de 1788 et au commencement de 1789, les agitations de la France ne faisaient point deviner aux autres puissances l'explosion qui devait en résulter. On croyait les racines du pouvoir monarchique, dans ce pays, trop profondes et trop solides pour craindre qu'il fût renversé. On prévoyait encore moins que les opinions qui se manifestaient dans ce royaume pussent être de quelque danger pour les autres États. Ces opinions philosophiques mêmes, jusque-là plus comprimées en France qu'ailleurs, étaient partout professées sans danger, et souvent même accueillies avec honneur.

Catherine avait voulu confier l'éducation de son fils au célèbre d'Alembert; elle avait reçu avec distinction Diderot; Raynal, exilé de France, s'était vu traité à Berlin comme un grand homme opprimé. Le grand Frédéric,

toute sa vie, avait autant montré d'enthousiasme pour la philosophie que d'amour pour
la gloire militaire. Joseph II combattait dans
ses États les préjugés religieux; et, universellement en Europe, le seul moyen de se voir
considéré et d'acquérir une réputation brillante dans les cours, était de soutenir les principes populaires de la philanthropie, et de
parler le langage des amis de la liberté.

1788.

Partout on dédaignait les grands qui tiraient vanité de leur noblesse; partout on méprisait l'attachement de l'Espagne et du Portugal aux superstitions monacales; partout on parlait de Rousseau, de Voltaire, d'Helvétius, de Mably et de Montesquieu, avec un enthousiasme qui enflammait la jeunesse pour leur morale et leurs principes; partout l'histoire, les romans et les théâtres tournaient les préjugés en ridi- cule, et respiraient l'opposition à la puissance, l'admiration pour la liberté et l'amour de l'é- galité; partout enfin le triomphe de la démo- cratie américaine, secouant le joug de la mo- narchie anglaise, avait été applaudi et célébré, et plusieurs monarques prodiguaient les lau- riers à ceux de leurs sujets qui étaient allés combattre au-delà des mers pour un peuple contre un roi.

Tous ces présages n'ouvraient point les yeux

des gouvernemens européens occupés du présent, et ne songeant qu'à leurs anciennes rivalités. Les troubles de la France excitaient leur curiosité sans leur inspirer de crainte; et, si les nouvelles qu'ils en recevaient les affectaient diversement, cette impression n'était relative qu'aux intérêts momentanés de leur politique.

La cour de Vienne et celle de Pétersbourg voyaient avec peine ces troubles, parce qu'ils ôtaient au cabinet de Versailles la possibilité de les secourir contre la ligue anglo-prussienne. La Porte et la Suède, ayant entrepris la guerre contre l'avis du roi de France, étaient totalement indifférentes à sa position. Depuis long-temps la Pologne ne comptait plus sur la protection des Français, et n'avait plus de rapports avec eux. Les princes de l'Empire, autrefois protégés par la France, ne voyaient en elle, depuis l'alliance de 1756, entre Louis XV et Marie-Thérèse, et surtout depuis le mariage de Louis XVI avec une archiduchesse, qu'une puissance amie de l'Autriche.

Dans la crainte continuelle que leur inspirait l'ambition de la cour de Vienne, leurs espérances s'étaient totalement tournées vers le roi de Prusse, qui se déclarait hautement leur appui. Ainsi, ils voyaient sans jalousie l'accroissement de sa puissance et la chute de l'influence politique de la France. L'Espagne seule en était alarmée; mais elle croyait cet état de troubles passager, et, trompée par la Prusse, elle espérait que la paix serait promptement rétablie en Europe. Naples, par l'influence d'Acton, et le Portugal, par sa position, suivaient le système de l'Angleterre, et jouissaient de l'augmentation de son crédit.

Le roi de Sardaigne, Venise et les princes d'Italie ne trouvaient, dans la guerre des Autrichiens contre les Turcs et dans la faiblesse de la France, qu'une certitude plus grande pour la durée de leur tranquillité. Les cours de Londres et de Berlin, pleinement rassurées, par les embarras du cabinet de Versailles, sur le maintien de leur puissance en Hollande, concevaient l'orgueilleuse espérance de dominer sans rivaux toute l'Europe par leur influence, après l'avoir divisée par leurs intrigues.

Catherine et Joseph osaient en vain résister à leurs efforts. L'empereur, après quelques succès contre les Turcs, avait fait la faute, par les conseils du maréchal Lascy, d'affaiblir son armée en étendant sa ligne; il avait éprouvé des revers, et s'était vu forcé par les Ottomans à une retraite qui lui avait coûté beaucoup de soldats; les maladies minaient son armée; ses finances s'épuisaient; les troubles de la Pologne l'inquiétaient; une fermentation sourde régnait en Hongrie; le Brabant était en pleine révolte; et la Prusse pouvait profiter de ces circonstances pour lui déclarer la guerre et consommer sa ruine.

L'impératrice, malgré ses victoires, ne pouvait se dissimuler les dangers dont la menaçaient les Turcs, les Suédois, les Polonais, soutenus par l'Angleterre et la Prusse; et tout devait faire croire qu'elle serait enfin contrainte à accepter la paix que George III et Frédéric-Guillaume lui voudraient dicter. Cependant cette princesse, sans s'aveugler sur sa situation, ne voulut pas encore céder totalement à leurs menaces; elle cessa à la vérité de refuser leurs bons offices, mais elle ne les accepta que vaguement, sans leur confier ses vues, tandis qu'elle demandait formellement la médiation de la France et de l'Espagne. Elle fit communiquer, par la cour de Vienne, au comte de Choiseul-Gouffier, ambassadeur de France à Constantinople, toutes les propositions et les instructions qui pouvaient servir à rétablir la paix entre la Porte et les deux cours impériales.

Tel était l'état des affaires en Europe depuis 1788 jusqu'à la fin de l'année 1789. Il est temps actuellement d'abandonner ces querelles politiques, ces intrigues diplomatiques, ces guerres sans résultat décisif, qui diffèrent si peu de ces tableaux uniformes et sans couleur que présente à nos regards l'histoire moderne de l'Europe. Il faut à présent porter notre attention sur un spectacle plus imposant et plus tragique.

Dans l'Occident, au sein d'une antique monarchie, au pied d'un trône majestueux, au milieu d'une ville immense et corrompue, le mot de *liberté* s'est fait entendre. A ce cri, toutes les passions nobles et toutes les passions honteuses se sont enflammées : l'orgueil a frémi, l'ambition s'est armée ; le sage s'est livré tour à tour à la crainte et à l'espérance ; la cupidité et la licence ont levé leurs bras furieux ; la discorde a agité ses torches sanglantes ; l'anarchie a souri dans l'espoir de rompre tous les liens, sous le prétexte de briser toutes les chaînes ; la superstition a tonné, la piété a gémi. Enfin la plus funeste et la plus emportée de toutes les passions, la peur s'est emparée de tous les esprits, a fait naître tous les dangers dont elle annonçait et grossissait la foule ; elle a renversé les meilleurs plans, égaré les têtes les plus sages, entraîné les citoyens les plus hardis, empoisonné les intentions les plus pures; divisé les familles les plus unies, armé les hommes les plus pacifiques; et la France, ce séjour riant et paisible des plaisirs, des arts, de la mollesse et de l'urbanité, est devenue le théâtre des scènes les plus sanglantes, des combats les plus opiniâtres, des crimes les plus atroces, et des exploits les plus glorieux dont les annales de l'histoire aient jamais été remplies. Nous allons, dans le chapitre suivant, examiner les causes de cette grande révolution, dont les effets sont déjà si étendus, et dont les suites sont incalculables.

CHAPITRE VI.

État ancien et nouveau de la France. — Constitution des Francs. — Établissement du système féodal sous la seconde race. — Affaiblissement des rois. — Asservissement du peuple. — Troisième race. — Progrès du pouvoir des rois. — Affranchissement du tiers-état. — Lutte du peuple et des rois contre les grands. — Puissance et corruption du clergé. — Chute du système féodal. — Pouvoir absolu des rois depuis le cardinal de Richelieu. — Progrès des lumières depuis la découverte de l'imprimerie. — Décadence des préjugés nobiliaires et religieux. — Expansion des principes de liberté et de philosophie. — Situation de la noblesse, de la cour, du clergé, du tiers-état et de la classe pauvre du peuple, au moment de la révolution. — Mœurs du temps. — Disposition des esprits, et aperçu des différens intérêts de chaque classe, au moment de la révolution. — Exposé parallèle des opinions et des mœurs des autres nations de l'Europe, à la même époque.

La révolution française a trop allumé de passions, trop fait de victimes et trop excité de ressentimens, pour que l'écrivain le plus sage et l'homme le plus à portée d'être instruit, ose et puisse en écrire aujourd'hui les détails. La postérité ne manquera pas de mémoires intéressans et nombreux, portant peut-être chacun l'empreinte de l'esprit de parti, mais qui contiendront tous des faits intéressans et des anecdotes curieuses; leur diversité, leur opposition en éclaireront les obscurités, en rempliront les lacunes, en rectifieront les erreurs, et, jugés alors froidement, on n'en conservera que ce qui sera digne de souvenir et exempt de partialité.

Mais, s'il est des détails que les égards pour les vivans et le respect dû au malheur forcent à ne publier que dans des temps plus éloignés, il est aussi des faits que l'on doit peut-être rassembler et produire avant la décision de la fortune, et lorsqu'elle tient encore ses balances incertaines et le dénouement caché; autrement on n'aurait qu'une histoire glacée par la crainte ou empoisonnée par la flatterie. Dès que le système vainqueur est irrévocablement proclamé, il domine les opinions, tyrannise la pensée; les événemens et les causes sont dénaturés; son empreinte se trouve partout. Constantin devient un grand homme; Julien est défiguré, flétri; et il se passe souvent beaucoup de siècles avant que le flambeau de la raison et de la justice rende aux objets leurs véritables couleurs, et dissipe les nuages qui couvrent la vérité.

Je crois donc qu'avec courage et sans témérité on peut et l'on doit présenter dès aujourd'hui le tableau des événemens mémorables dont nous avons été témoins. Mais, fidèle à mon plan, je ne choisirai que ceux dont l'importance est plus marquante, et dont l'influence sur les autres pays s'est fait sentir le plus vivement. Hasardant peu de conjectures, je ne dirai que les causes qui m'ont paru le plus évidentes. Je parlerai peu des personnes et avec modération, mais en écartant toute prévention favorable ou contraire. Enfin je désire que, mon nom rappelant seul que j'ai vu ce que j'écris, on oublie en me lisant de quel pays je suis et vers quelle opinion j'ai pu incliner.

On se souviendra sans doute que cet ouvrage ayant pour objet de présenter le tableau politique de l'Europe, depuis 1786 jusqu'en 1796, ce n'est point l'histoire, mais un aperçu de la révolution de France qu'on doit trouver ici. Cependant, avant de le tracer, il est nécessaire de rappeler rapidement aux lecteurs l'ancienne constitution de ce royaume, et de peindre en peu de mots les changemens successifs que le temps avait apportés à ses lois, à son culte, à ses lumières, à sa puissance et à ses mœurs.

Rien n'est si naturel, au milieu des souffrances et des convulsions d'un grand déchirement politique, que de jeter un regard douloureux et inutile sur le passé, et de le parer de tous les charmes de la constance et du bonheur, pour l'opposer aux peines qu'on éprouve, et aux changemens dont on gémit. Aussi toutes les victimes de la révolution ont sans cesse reproché à ses auteurs d'avoir renversé une monarchie dont l'heureuse constitution avait, pendant quatorze siècles, fait le bonheur et la gloire des Français. Il est cependant de toute vérité que ce vaste royaume, loin d'avoir toujours conservé la même constitution, et d'avoir joui d'une tranquillité si parfaite, avait, à différentes époques, entièrement changé de formes, de lois, de mœurs, d'étendue, et que, jusqu'au règne de Louis XV, dix lustres ne s'étaient jamais écoulés sans que ce pays fût le théâtre de guerres civiles, étrangères ou religieuses.

Tout le monde sait que les Francs, comme tous les peuples de la Germanie, étaient libres, turbulens, belliqueux. Tacite dit expressément que leurs princes devaient les suffrages du peuple à leur naissance, et les chefs à leur valeur. Mais ces princes et ces chefs avaient peu d'autorité; ils ne faisaient point de lois, ils ne formaient aucune grande entreprise sans consulter leurs concitoyens assemblés, et sans s'être assurés de leur approbation par leurs vives acclamations et par l'agitation bruyante de leurs armes. Ces chefs avaient le droit de guider leur vaillance, de récompenser leur courage, de punir leur lâcheté ; mais tout prouve qu'ils n'avaient que de faibles moyens pour réprimer leur licence et contenir leur impétuosité. L'histoire de Clovis et des premiers rois de sa race démontre la vérité de cette assertion.

Après s'être long-temps déchirés entre eux, les rois qui leur succédèrent s'amollirent par une domination plus tranquille, et se ruinèrent par des prodigalités sans mesure. Privés d'ailleurs de l'appui et du contrôle des assemblées nationales, que la dissémination des Francs dans la Gaule rendait presque impossibles, ils se virent obligés de partager leur puissance avec des évêques ambitieux, des leudes turbulens, et de céder enfin leur sceptre à des maires audacieux qui les retinrent captifs dans leur palais.

Le trône était électif ; les Francs choisissaient le roi, mais toujours dans la même famille. Bientôt cette élection, n'étant plus l'effet de la volonté nationale, mais étant dictée par le caprice d'un maire soutenu des grands et des évêques de son parti, devint illusoire, et les officiers ou domestiques du roi se maintinrent héréditairement dans leurs charges, dans leurs fiefs, gardant pour eux la réalité de la puissance royale, dont ils ne laissaient que l'ombre aux fantômes de princes couronnés et enchaînés par eux.

La première race de nos rois, ainsi avilie et dégradée, disparut enfin; un maire du palais enferma dans un cloître le dernier rejeton de cette dynastie; mais, pour légitimer son usurpation, Pépin, ressuscitant les assemblées nationales, renouvelant en même temps les antiques usages du gouvernement théocratique des juifs, se fit donner la couronne par les Francs réunis, et reçut l'onction sacrée des mains du pontife de Rome, de sorte que, pour s'élever à la royauté, il rendit quelque espoir aux hommes libres, flatta l'ambition des grands, créa la puissance temporelle de l'Église, et entoura son nouveau trône de barrières formées par les réunions fréquentes de grands parlemens. Là, les lois, nommées *capitulaires*, étaient discutées en présence du roi par les seigneurs, par les prélats et par quelques députés des villes. Ainsi la loi, disent tous les auteurs du temps, se faisait par la constitution du roi et par le consentement du peuple, *constitutione regis et consensu populi*.

Une institution qui laissait si peu de puissance à la royauté, tant de force aux grands et au clergé, une existence si illusoire aux hommes libres et à la masse des Francs, devait peu durer. Déjà plusieurs feudataires ambitieux, tels que le comte de Frise, les ducs de Gascogne, d'Aquitaine, de Bavière, de Frioul, de Bénévent, avaient rendu leurs fiefs héréditaires, et s'étaient arrogé un pouvoir presque souverain.

Leur exemple fut promptement suivi par les seigneurs, par les magistrats du prince, par les évêques, par les abbés, par leurs arrière-vassaux, dès que les mains héroïques de Pépin et de Charlemagne eurent quitté les rênes de l'État. Alors naquit cette féodalité, qui, profitant des discordes et de la faiblesse des princes carlovingiens, anéantit en peu de temps la puissance royale, et détruisit la liberté des peuples.

Ainsi tous les grands seigneurs de fiefs, ne conservant que l'apparence de la sujétion devant le monarque, devinrent souverains; les propriétaires moins riches, rendant hommage à ces seigneurs, exercèrent, sous leur protection, la même autorité sur leurs petits vassaux; et ces petits vassaux eux-mêmes devinrent les petits tyrans de leurs villages; de sorte qu'il n'y eut plus dans la nation que deux espèces d'hommes : les nobles ou propriétaires armés, qui réunissaient tous les droits civils et politiques; et le peuple, composé de très petits propriétaires, d'hommes sans propriété, et d'artisans qui, perdant tout droit politique, devinrent réellement des serfs dans toute l'acception de ce mot, quoique ce nom fût encore réservé par l'usage aux esclaves achetés ou obtenus par droit de conquête.

Cette hiérarchie féodale une fois établie, en vain quelques hommes du peuple acquirent des richesses par leur industrie; ces bourgeois n'en restèrent pas moins privés des droits politiques, et soumis à toutes les taxes, corvées, dépendances et humiliations qu'il plut à l'orgueil d'imposer à la crainte.

Le clergé, fort de la faiblesse des rois et de l'ignorance des nobles, étendit sur eux les chaînes de la superstition, et s'empara de la terre au nom du ciel, divisant pour régner, promettant les biens de l'autre monde pour posséder les richesses de celui-ci, et menaçant des flammes éternelles tout ce qui s'opposait à l'accroissement et à la durée de sa puissance.

Cet ordre, dont l'institution était d'être humble et pauvre, devint partout l'autorité la plus solide, la plus riche et la plus formidable, et presque universellement il se rendit maître, par la terreur, de toutes les consciences, de tous les pouvoirs et d'une grande partie de la fortune publique.

Tel fut, pendant plusieurs siècles, l'état, non-seulement de la France, mais même de toute l'Europe. Tels furent ces anciens temps qu'on vante sans les connaître, temps affreux de discorde et de barbarie, profonde et longue nuit qui n'est éclairée pour l'historien que par les torches du fanatisme; ses sanglantes annales n'offrent qu'une ennuyeuse et froide répétition de guerres civiles, religieuses, et de massacres perpétuels.

La chevalerie, qu'on regrette, ne sert qu'à mieux prouver la barbarie de ces siècles grossiers, où l'innocent, la veuve et l'orphelin, sans appui, avaient besoin de vengeurs particuliers pour suppléer l'impuissance des lois: la force tenant alors partout lieu de droit, il fallait bien se faire justice soi-même, et, le glaive seul décidant les procès, le sort des armes paraissait la seule voie par laquelle le ciel voulût prononcer ses arrêts et punir le crime.

Un tel système politique était trop anarchique et trop barbare pour subsister longtemps, s'il n'avait pas été universel. La plus petite puissance, gouvernée comme les États de l'Europe le sont aujourd'hui, aurait facilement conquis tous ces royaumes sans subordination, sans finances, sans commerce, sans troupes régulières, et dont tous les membres, divisés, ne s'occupaient qu'à se déchirer entre eux.

Mais la même ignorance étendait partout ses voiles : le clergé était trop instruit de ses vrais intérêts pour ne pas éloigner tous les flambeaux qui auraient pu percer l'épaisseur de ces ténèbres : les nobles ne connaissaient d'autre science que celle des armes, qui suffisait pour assurer leur gloire et leur puissance ; le peuple, trop abruti pour sentir l'injustice de son oppression, en supportait le poids, croyait les seigneurs et les prêtres d'une nature plus élevée, plus sanctifiée que lui, et n'imaginait pas qu'il pût jamais secouer le double joug sous lequel il était courbé.

Dans cet état de choses, tous les yeux étaient trop fermés pour que la lumière y trouvât le moindre passage ; aussi la première révolution politique qui s'opéra insensiblement dans les esprits, ne fut point, comme on le pourrait croire, l'effet de la renaissance des lettres : le retour de la civilisation en Europe fut l'ouvrage, non de la raison, mais de l'ambition ; le choc seul des intérêts opposés des rois et des grands fit jaillir enfin cette lumière qui ramena partout l'ordre, l'instruction, les arts, l'urbanité, et qui rendit à l'humanité des droits si long-temps violés.

Rien ne peut avoir sur la terre ni vie ni

durée, sans organisation; son absence est le chaos. La féodalité, née au sein de l'anarchie, ne pouvait continuer à exister qu'en s'organisant. L'ordre hiérarchique qui s'établit par une chaîne non interrompue depuis le plus petit feudataire jusqu'au monarque, donna heureusement une sorte de régularité et de force à ce gouvernement bizarre et tyrannique. Sans cet ordre nous aurions disparu, comme les Daces, les Bulgares, dont à peine le nom est sauvé de l'oubli.

Cependant cette puissance féodale manquait de chef. Les derniers rois carlovingiens, ayant perdu tous leurs domaines, ne conservaient que l'apparence de la royauté. La rivalité des grands eût déchiré et anéanti la France, si le hasard ou la nécessité, la plus impérieuse des lois, ne les eût décidés à renverser encore une fois la dynastie régnante, et à placer sur le trône un seigneur assez puissant en domaines pour rendre à la royauté quelque autorité réelle.

Hugues Capet régna. Ses premiers successeurs luttèrent péniblement contre leurs redoutables vassaux. Mais enfin Louis-le-Gros, par sa vaillance, par sa générosité chevaleresque, par la protection qu'il accorda aux communes; Philippe-Auguste, par sa gloire, par ses conquêtes, par des confiscations hardies; Louis IX, par ses vertus et par une sage habileté, commencèrent à élever la seigneurie royale sur les débris des seigneuries vassales, à faire renaître la puissance des lois et à délivrer les peuples des chaînes de la tyrannie féodale.

Ces progrès furent lents et difficiles. Trop long-temps la justice et la vertu ne purent opposer à la corruption des mœurs et au brigandage des seigneurs qu'une institution bizarre et nouvelle, à la fois guerrière, galante et religieuse. Ce fut la chevalerie, jusque-là inconnue dans les annales du monde, et qui, à défaut de lois, créant la puissance de l'honneur, opposa la vertu à l'injustice, le courage à l'oppression, et rompit par le glaive, au nom de Dieu et des dames, les chaînes que ne pouvaient briser ni le glaive de la royauté ni celui de la justice.

Nos rois, précédés dans leur marche vers l'ordre public par cette chevalerie belliqueuse, soutenus par la reconnaissance des communes qu'ils avaient affranchies, délivrés dans leurs conseils de la présence des barons qui s'en éloignaient par imprévoyance et par vanité, secondés enfin par les vœux de tous les opprimés qui cherchaient un asile près du trône;

opérèrent peu à peu une révolution totale.

Ce grand changement, qui s'opéra d'abord en Angleterre et en France, s'y fit par des moyens différens, dont la nature influa toujours depuis sur l'esprit de ces deux pays*. En Angleterre, les rois, s'appuyant de l'autorité ecclésiastique, et profitant des divisions des grands, s'étaient emparés d'un pouvoir très étendu, que Guillaume-le-Conquérant avait rendu presque absolu. Les grands, pour reconquérir leur indépendance, cherchèrent l'appui du peuple, et relâchèrent ses liens pour capter sa bienveillance; de là naquit une alliance naturelle entre la noblesse et les plébéiens, en faveur de la liberté contre l'autorité royale.

Le résultat de cette union fut une diminution graduelle du pouvoir du monarque et de la tyrannie féodale, un progrès constant d'industrie, de lumières et de prospérité; enfin, après plusieurs révolutions sanglantes et plusieurs secousses, tantôt rétrogrades et tantôt progressives, effets inévitables des vices de l'humanité, la Grande-Bretagne eût la gloire de se donner la première une constitution respectable et tranquille, monument le plus rare

* Cette ingénieuse et importante observation est due à de Lolme : on la trouve dans son excellent ouvrage sur la constitution anglaise.

qu'ait peut-être offert la sagesse des hommes, où les trois passions politiques qui agitent en tout temps les esprits et bouleversent les empires, la démocratie, la monarchie et l'aristocratie, paraissent avoir conclu un traité propre à satisfaire à la fois la raison, la nature et la vanité, en réunissant la force du pouvoir royal, le respect attaché aux noms illustres, la tranquillité du droit sacré de propriété, les douceurs de l'égalité et tous les appâts offerts à l'ambition, à l'industrie et aux talens.

En France, le système féodal fut attaqué par d'autres moyens qui produisirent des résultats moins décisifs et moins heureux. Les grands seuls y jouissaient, avec le clergé, de tous les pouvoirs qu'ils avaient successivement usurpés. Les rois y languissaient sans puissance, et les peuples sans protection. La nation, souvent envahie par l'étranger et toujours en proie aux discordes civiles, s'illustrait en vain par des exploits particuliers. Le royaume n'était qu'un théâtre sanglant de brigandage et d'anarchie.

Les monarques de la troisième race résolurent enfin de suivre un système politique qui pût les tirer de cet affreux chaos; ils augmentèrent graduellement leur domaine par des conquêtes, des confiscations et des mariages; ils occupèrent et ruinèrent, par des guerres étrangères et par des croisades, les plus redoutables de leurs grands vassaux ; ils affranchirent des villes, créèrent un tiers-état, l'admirent aux états-généraux, lui rendirent progressivement, non ses droits politiques, mais au moins celui de faire entendre au monarque ses plaintes et ses vœux.

Les rois attirèrent à la cour les grands de l'État, par l'appât de la gloire militaire, encouragèrent leur luxe, les engagèrent à rendre la liberté aux bourgeois de leurs domaines, profitèrent des querelles des nobles pour les affaiblir, restreignirent, annulèrent même leurs droits de suzeraineté, les soumirent à des lois générales, créèrent des armées soldées, régulières, et furent constamment et puissamment aidés dans ces entreprises successives par le peuple qu'ils affranchissaient, et qui, les regardant comme leurs libérateurs, les payait de leurs bienfaits par son amour.

Ce peuple consentait à tous les impôts, voyait avec joie les monarques réunir les puissances législative et exécutive, et préférait, non sans quelque raison, le pouvoir modéré mais trop arbitraire d'un roi, à la tyrannie oligarchique de ses anciens seigneurs. Les monarques, pour n'être pas troublés dans l'exécution de leurs plans, opposèrent avec adresse les prétentions du haut clergé à celles de la cour de Rome, défendirent les libertés de l'Église gallicane, favorisèrent le fanatisme des prêtres contre les hérétiques. Paraissant toujours respecter le pouvoir spirituel de l'Église, ils s'emparèrent insensiblement du droit de nommer à toutes les charges ecclésiastiques, et devinrent bientôt les maîtres d'un clergé qui ne tenait que d'eux ses richesses. C'est ainsi que, par une alliance entre le peuple et le prince, contre les nobles et les papes, les rois de France devinrent enfin les monarques les plus puissans de l'Europe : heureux s'ils avaient pu consolider leur pouvoir en y posant eux-mêmes des limites, et en donnant à la constitution du royaume une base plus solide !

Mais l'ambition ne connaît point de bornes; le cardinal de Richelieu avait porté le dernier coup à l'anarchie féodale. Louis XIV alla plus loin : couronné par la victoire, enivré par la gloire des grands hommes qui, dans tous les genres, illustrèrent son règne, il acheva d'anéantir la noblesse, qui n'était plus qu'une faible barrière entre la monarchie et le despotisme. Il fit oublier l'existence des assemblées nationales, réprima les parlemens qui pouvaient en rappeler le souvenir et qui prétendaient en retracer l'image; enfin il éblouit tellement les yeux par son éclat, qu'on ne vit plus en France que le roi, et qu'il absorba en lui seul toutes les forces, toute la dignité et toute la gloire nationale.

De ce moment le pouvoir monarchique n'eut plus d'autre contre-poids et d'autre frein que l'opinion publique; ressort faible en apparence, mais puissant en réalité, d'autant plus redoutable que sa force ne peut jamais être calculée, et dont l'énergie augmenta depuis à tel point, qu'il finit par renverser le pouvoir arbitraire qui ne croyait plus avoir d'obstacles à redouter.

Les progrès de cette opinion publique mériteraient seuls d'être le sujet d'un ouvrage particulier; car, tandis que la politique des rois affaiblissait le pouvoir des papes et détruisait l'existence des nobles, une puissance cachée, profitant de cette lutte, s'élevait peu à peu, étendait partout ses racines, et préparait une révolution complète dans les esprits, dans les mœurs et dans les lois de l'Europe.

Depuis près de trois siècles, la lumière de la raison avait commencé à percer les nuages qui l'avaient si long-temps éclipsée : la boussole avait étendu les rapports et les connaissances des hommes, et leur avait fait trouver un monde nouveau. Des savans avaient découvert la marche des astres et les lois du ciel. L'invention de la poudre avait fait disparaître la différence qui existait entre le noble armé et invulnérable, et le plébéien exposé sans défense à ses coups; le canon avait égalisé leurs dangers. Enfin la découverte de l'imprimerie, répandant avec rapidité, d'un bout de l'univers à l'autre, les idées, les connaissances et les livres de tous les siècles, ouvrait à tous les mortels le sanctuaire des sciences, dans lequel, jusque-là, les grands et les riches pouvaient seuls pénétrer.

Cependant cette expansion de lumières fut d'abord lente, et les premiers pas de la raison furent incertains et chancelans : on était trop accoutumé aux liens qu'on devait rompre pour les briser aisément; l'habitude de la crainte et du respect pour les erreurs les plus grossières dura quelque temps encore.

Rome tonnait contre les innovateurs; plusieurs princes s'armaient pour sa défense, et partout les échafauds étaient inondés du sang des hommes assez téméraires pour penser et pour oser dire que l'Église était corrompue, que les papes n'étaient pas infaillibles, que le soleil ne tournait pas autour de la terre, que les chroniques des moines étaient des contes grossiers, et leurs exorcismes des impostures.

On brûlait encore et les sorciers et ceux qui ne voulaient pas y croire : le refus des indulgences était un crime, la science un sacrilége, et le doute une rébellion.

Mais la force de la vérité est à la longue irrésistible. Les princes et leurs ministres s'éclairaient; les écrits circulaient avec d'autant plus de rapidité qu'ils étaient défendus avec plus de rigueur. Les débats des différentes sectes en dévoilaient les erreurs; on s'accoutumait à raisonner sur tout; et l'autorité, craignant le ridicule d'une ignorance grossière, réformait peu à peu forcément les lois dont une critique active faisait sentir l'injustice et la barbarie.

Les fables qu'on adoptait jadis aveuglément restaient dans la poudre des cloîtres, et l'on n'osait plus en forger de nouvelles. Les droits atroces et ridicules de la tyrannie féodale, sans être nominativement abolis, demeuraient dans les archives, mais tombaient en désuétude; on vit bientôt partout les glaives s'émousser, les bûchers s'éteindre, les persécutions se calmer, et l'humanité reprendre ses droits.

Le commerce alors multiplia les rapports des hommes et leurs jouissances; les beaux-arts adoucirent les caractères; les théâtres, ressuscitant les chefs-d'œuvre des anciens, ranimèrent les passions nobles, et polirent à la fois le style et les mœurs. Les vestiges de la barbarie s'effacèrent chaque jour ; la tyrannie ne laissa plus entendre que faiblement le bruit de ses chaînes ; la superstition ne fit plus briller ses foudres que de loin en loin, et chaque moment en amortit la force.

Si l'on vit encore sous Louis XIV un mélange de l'esprit de chevalerie, de l'antique crédulité et des idées modernes, ce mélange fut si doux et si brillant, qu'on peut concevoir l'enthousiasme qu'il excita, puisqu'il offrait à la fois à l'admiration les vertus, la piété, la valeur des paladins, et l'urbanité que donnent les lettres, le luxe et les arts.

Mais cet éclat était plus éblouissant que solide, et cette réunion d'élémens contraires ne pouvait subsister long-temps. L'ancienne constitution n'existait plus, et l'on n'en avait pas une nouvelle ; toutes les classes avaient des prétentions, et aucune ne connaissait ses droits ; le peuple n'était plus serf, mais toutes ses chartes de servitude subsistaient ; les nobles n'étaient plus maîtres, mais ils croyaient l'être ; les plébéiens étaient riches et instruits, mais ils restaient humiliés ; les rois avaient une autorité sans limites, mais sans base fixe ; le clergé était dominant, et la foi ne dominait plus ; la philosophie se voyait respectée ; mais elle était souvent proscrite. Enfin il existait entre les mœurs, les opinions et les lois une telle incohérence, qu'il en devait résulter prochainement une grande explosion; l'habileté la plus consommée aurait seule pu la retarder, mais tout concourait à la rendre inévitable.

Tel était l'état des esprits sous le règne de Louis XV. Pendant celui de son successeur, toutes les anciennes institutions s'étaient affaiblies par degrés; et, semblables à ces corps frappés par la foudre, elles ne conservaient plus que des formes plus ou moins brillantes, que le choc le plus léger devait réduire en poudre et anéantir. Tout paraissait conspirer pour accélérer cette crise décisive : au siècle des conquêtes et des arts avait succédé le siècle du commerce et de la philosophie. Les leçons des sages de l'antiquité, répandues par de savans traducteurs; les législations de Sparte, d'Athènes et de Rome, commentées par des politiques éclairés; les principes de la liberté anglaise expliqués et célébrés par des écrivains profonds; les absurdités et les barbaries de la superstition dévouées au mépris par des historiens célèbres; le despotisme attaqué avec audace par des hommes hardis; les préjugés de toute espèce tournés en ridicule par les poëtes les plus piquans, avaient achevé de changer totalement les idées, les caractères et le langage.

Par une singulière inconséquence, les monarques et leurs ministres, voulant conserver l'autorité absolue, la domination de l'Église et les distinctions de la naissance, laissaient recevoir à la jeunesse une éducation républicaine. Thémistocle, Aristide, Épaminondas, Solon, Cicéron, Caton, Cincinnatus, Scipion, étaient les modèles qu'on lui proposait. Helvétius, Montesquieu, Diderot, d'Alembert, Voltaire, excitaient l'enthousiasme de tous les grands du royaume. Les rois applaudissaient *Brutus ;* les princes prenaient Condillac pour précepteur ; Raynal était accueilli dans toutes les cours, et les livres de Rousseau se trouvaient sur toutes les toilettes.

Cet hommage rendu aux talens de ces grands écrivains, et souvent à leurs personnes, n'empêchait point, par une contradiction inepte, qu'on ne marquât un dédain ridicule et dangereux pour leur classe : une sage politique les eût attachés au gouvernement par des emplois ; une politique orgueilleuse et puérile les écartait des places ; et, par cette espèce de mépris injuste pour les gens dont l'amour-propre est le plus irascible, les gouvernemens aiguisèrent les armes qui devaient les attaquer, et dont ils auraient pu quelque temps détourner les coups.

Tandis que la philosophie acquérait ainsi chaque jour des forces et des disciples, et que chaque jeune courtisan, sortant du collége, ne songeait qu'au désir d'être un jour un éphore, un sénateur, un archonte, un consul, et même un tribun, les institutions monarchiques, loin de veiller à leur conservation, se laissaient elles-mêmes entraîner au torrent des idées nouvelles.

Le roi réformait la brillante garde militaire, dont l'éclat imposant fascinait les yeux et commandait l'obéissance. La cour abandonnait l'étiquette gênante, aussi nécessaire aux monarques absolus que les costumes aux acteurs. La reine, préférant les douceurs d'une vie privée à l'ennui d'une représentation imposante, se montrait dans la capitale comme une simple particulière. Les princes, confondus avec les courtisans, quittaient l'éclat pour le plaisir. Les grands, abandonnant leurs superbes équipages pour un char léger, rapide et mesquin, souffraient que leurs valets quittassent leurs livrées. Toutes les antiques distinctions, conservées par le droit, s'abolissaient par le fait. Tous les rangs, séparés par les lois, étaient confondus par l'usage; les institutions étaient monarchiques, et les habitudes républicaines;

les prétentions et les priviléges étaient aristocratiques, les opinions et les mœurs devenaient démocratiques.

Les parlemens adressaient à la cour d'énergiques et de libérales remontrances; les nobles ne voulaient pas céder la préséance aux ducs, et se battaient en duel avec les princes *; les simples gentilshommes, loin de recevoir, comme autrefois, des pensions des grands et de marcher à leur suite, s'indignaient de les voir obtenir seuls les grands emplois de l'armée : la robe haïssait l'épée qui la méprisait; la bourgeoisie, devenue riche et instruite, détestait l'orgueil, les vices et les injustices de la noblesse, qu'elle copia depuis avec exagération, dès qu'elle l'eut remplacée.

Les avocats, tous les hommes de lettres, avec quelque fondement, les clercs les plus obscurs, avec démence, ne concevaient pas pourquoi ils ne seraient pas des Lycurgues et des Cicérons; chacun, se trouvant ainsi mécontent de son sort actuel, censurait avec amertume le gouvernement, et contribuait à l'accélération de son discrédit et de sa chute.

Il aurait fallu, pour naviguer au travers de tant d'écueils, un pilote bien ferme et bien habile; mais le malheureux Louis XVI, que

* M. d'Agoult avec le prince de Condé.

des ingrats ont peint comme un tyran, et qu'on n'a pu renverser que parce qu'il ne l'était pas, Louis XVI, dis-je, était l'homme le moins propre à lutter contre un pareil orage : bon, faible et pacifique, jamais il n'exista un meilleur homme, un plus honnête père de famille, et un prince moins capable de gouverner dans un temps si difficile.

Malgré ce relâchement de tous les ressorts de l'État, et cette fermentation de tous les esprits, la monarchie française, comme tous les grands corps qui portent en eux un principe de destruction, se soutenait encore par sa propre masse; et le poids de toutes ses parties remplaçait, par sa force, le ciment qui ne les unissait plus. Ainsi, il fallait une commotion pour la renverser : la faiblesse de la cour, l'impéritie du cardinal de Loménie, et la convocation des états-généraux la firent naître; la dispute des ordres en fit fermenter les élémens, et les moyens de force que la peur voulut opposer à l'opinion, en décidèrent l'explosion.

Tous les Français des différens partis se déchirent aujourd'hui réciproquement, et s'accablent mutuellement de reproches. S'ils voulaient cependant imposer silence à leurs passions, et se rappeler impartialement le passé, ils verraient que la révolution est également l'ouvrage et de ceux qui s'en plaignent et de ceux qui s'en vantent : ils y ont tous contribué ; quel qu'en puisse être le dénouement, ils doivent tous s'en attribuer et les malheurs et les succès.

Quel était, avant 1789, l'esprit général et le sujet de toutes les conversations ? On se plaignait du désordre que les dernières guerres de Louis XIV avaient mis dans les finances, et de l'autorité arbitraire qu'il avait établie ; on gémissait des déprédations du règne de Louis XV, et de la corruption des mœurs. Partout on accueillait avec transport des écrits qui déclamaient contre le poids et le nombre des impôts, contre l'inégalité de leur distribution, la rigueur de la taille, l'injustice des corvées, les vexations des commis de la ferme, la vénalité des charges, l'imperfection du code criminel, la partialité des tribunaux pour les grands, l'arbitraire des lettres de cachet, et les entraves opposées au commerce par les douanes, à l'industrie par les maîtrises, à la pensée par la censure.

On criait universellement contre les tributs payés au pape, contre la richesse et les mœurs mondaines du clergé ; on se plaignait de la prodigalité des pensions, des dépenses énormes des princes ; on s'irritait de voir la noblesse posséder seule les emplois militaires. La crainte d'une banqueroute agitait toutes les têtes ; et ce mécontentement, cette fermentation, ce désir universel de réforme et de changement annonçaient avec tant d'évidence les symptômes d'une grande révolution, qu'elle fut clairement prédite par lord Chesterfield, par Rousseau et par Mably.

Avec un peu plus d'expérience en politique, on aurait pu prédire aussi les désastres de cette révolution, si l'on avait bien considéré à cette époque les mœurs des deux classes extrêmes de la nation. La cour était amollie par le luxe, les arts et la volupté. Pendant le cours d'une longue paix, les jeunes courtisans, énervés, avaient oublié l'usage des armes : livrés au plaisir de la société, n'endurant aucune fatigue, sûrs de leur avancement sans travail, rien ne les préparait aux dangers qui les menaçaient, et à la résistance qu'aurait exigée la force qui allait les attaquer; éloignés de leurs terres, inconnus de leurs vassaux, leur luxe, concentré dans la capitale, était odieux aux provinces.

D'un autre côté, la classe inférieure du peuple, négligée, ignorante, abrutie, aigrie par la misère, était un instrument terrible, prêt à suivre toutes les factions, et disposé à se livrer à tous les excès. La classe mitoyenne seule possédait plus de mœurs, de lumières, d'industrie et de talens; mais elle n'avait nulle expérience en politique ; le dédain que lui marquait la classe supérieure l'aigrissait ; la crainte des vengeances de l'autorité la portait à outrer les mesures propres à s'en garantir ; elle ne connaissait pas la tactique des assemblées, et il était bien difficile que des esprits ardens ne l'égarassent pas dans sa marche.

Si elle s'unissait à la classe supérieure, elle consacrait et perpétuait la sujétion dont elle voulait s'affranchir, et qui l'humiliait d'autant plus qu'elle était plus éclairée ; si elle se joignait à la classe inférieure du peuple, elle donnait passage à un torrent qui devait l'entraîner et qui pouvait tout détruire.

Le gouvernement, impolitique et faible, ne voyant que les obstacles du moment, augmentait le danger par son imprévoyance. Fidèle à son ancien système, il croyait, en appelant le peuple, se débarrasser de l'obstacle que les magistrats et les grands opposaient à ses plans de finances, et, sans s'en apercevoir, il provoquait une révolution qu'il était incapable de diriger ; pour s'affranchir d'un embarras passager, dont l'habileté la plus commune aurait pu le tirer sans péril.

Les parlemens, encouragés par l'opinion publique, en déclarant à la cour qu'ils étaient incompétens pour consentir à de nouveaux impôts, et que le peuple seul pouvait les accorder, croyaient qu'ils allaient devenir l'idole de la nation, et que les états-généraux, en se séparant, leur laisseraient plus de puissance et des droits moins contestés.

Les nobles de province espéraient profiter de cette crise pour anéantir la supériorité de la noblesse de la cour : déjà, en Bretagne, en Dauphiné et dans plusieurs autres provinces, ils avaient augmenté la fermentation par leur résistance aux ordres du gouvernement. Le peuple des campagnes se flattait d'obtenir le soulagement des impôts, la suppression des corvées, l'adoucissement de la milice et la prolongation de la paix. Enfin chacun, se livrant aux illusions de l'espérance, appelait avec ardeur, par ses vœux, cette crise violente qui renversa dans des flots de sang toutes les anciennes institutions, et sacrifia, sans réserve, la génération qui existait, au bonheur incertain des générations futures.

CHAPITRE VII.

Assemblée des états-généraux. — Doublement du tiers. — Dispute des ordres. — Faute de la cour. — Renvoi de M. Necker. — Rassemblement des troupes. — Résistance des états, qui prennent le titre d'*assemblée nationale*. — Serment du jeu de paume. — Événemens des 12, 13 et 14 juillet. — Prise de la Bastille. — Le roi rappelle M. Necker, renvoie ses troupes, et se rend à Paris. — Méfiance réciproque. — Enthousiasme général pour la liberté. — Sacrifice fait par la noblesse, le 4 août. — Bases de la constitution. — Fautes du gouvernement. — Banquet des gardes-du-corps. — Événemens des 5 et 6 octobre. — Départ du duc d'Orléans. — Précis de la naissance et des progrès des jacobins. — De la faction orléaniste. — Division dans l'assemblée. — Abolition des ordres nobiliaire et religieux, des parlemens, des communautés. — Portrait de Mirabeau. — Sa mort. — Le roi part pour Montmédy. — Il est arrêté à Varennes. — On suspend l'exercice de ses fonctions. — Journée du Champ-de-Mars. — Premier effort du parti républicain. — Louis XVI est remis en liberté. — Il accepte la constitution. — L'assemblée constituante termine ses travaux et se sépare.

1789.

Au milieu de tous ces orages près d'éclater, Louis XVI convoqua les états-généraux à Versailles. La première assemblée des notables avait soutenu les droits de la nation contre la cour; la seconde avait défendu les priviléges des grands contre le peuple, et, par cette conduite, elle avait enflammé la haine des plébéiens, qui depuis se changea en fureur. Cependant, la majorité du tiers et la minorité des nobles ayant décidé, dans cette assemblée, que le tiers-état aurait une double représentation, le frère du roi, Monsieur, s'était rangé lui-même à cet avis, soutenu par M. Necker, ministre des finances. Cette détermination, que beaucoup de gens regardent comme l'unique cause de la révolution, était certainement très importante; mais les effets en auraient été tout différens, si la majorité de la noblesse s'y était opposée avec moins d'aigreur, et si le roi, après avoir accordé ce point capital au peuple, avait en retour exigé que tous les députés du tiers fussent propriétaires.

Mais l'aveuglement était général, et les passions ne permettaient pas à la raison de se faire entendre. On pouvait encore prévenir tous les inconvéniens, en rassemblant promptement les états pour ne point laisser aux partis le temps de se former. On y apporta, au contraire, une lenteur qui laissa le champ libre à toutes les factions.

La noblesse voulut alors remédier à l'inconvénient de la double représentation et la rendre illusoire, en faisant décider qu'on délibérerait par ordre et non par tête. Ce projet exalta au dernier degré la fermentation des esprits. Le fameux pamphlet intitulé : *Qu'est-ce que le Tiers?* parut et acquit à Syeyes, son auteur, une immense popularité. De ce moment, une guerre terrible fut déclarée entre le peuple et les deux ordres supérieurs ; elle put faire prévoir les dangers qu'allaient courir deux classes si enviées et si peu nombreuses, exposées aux ressentimens d'une nation tout entière.

La cour, dont on craignait encore la colossale puissance, pouvait peut-être prévenir cette querelle sanglante, ou par une décision hardie et soudaine, ou plutôt en prenant le parti plus sage de céder au siècle, de suivre le vœu général, et d'assurer le bonheur de la France, en formant deux chambres et en suivant l'exemple de l'Angleterre. Mais le gouvernement hésita, laissa les esprits s'enflammer, tint la balance d'une main faible ; et, montrant enfin tardivement son opinion en faveur des deux ordres supérieurs, il perdit cette faveur populaire qui jusque-là, depuis tant de siècles, avait servi de base à sa puissance et de levier à sa force.

Tout alors prit une autre face : la minorité de la noblesse, composée d'hommes attachés aux idées nouvelles, nourris des écrits philosophiques, et animés de l'amour de la liberté que plusieurs avaient servie en Amérique, se joignit, avec le bas clergé, au tiers-état ; la cour alors commença à écouter une terreur qui lui fit prendre les plus fausses mesures.

Elle voulut que les états sortissent du lieu de leurs séances ; le tiers résista à ses ordres : trouvant sa salle fermée, il fit au jeu de paume le célèbre serment de ne point se séparer. Le roi proposa, le 23 juin, des mesures qui accordaient au peuple beaucoup de priviléges, mais qui ne lui offraient aucune garantie. Il fit venir des troupes, en prétextant la nécessité de prévenir tout désordre, et excita l'indignation et la crainte de tous ceux qui, ayant résisté à l'autorité, voyaient dans cette mesure la compression de la liberté et le projet de se venger de ses partisans.

Enfin il renvoya les ministres dont les conseils modérés excitaient la confiance de la nation, et M. Necker, qui, dans ce moment, en était devenu l'idole.

Si ce parti dangereux eût été le fruit d'une détermination froide et ferme, on aurait peut-être réussi, au prix de beaucoup de sang, à réprimer le mécontentement général qu'il causait et la révolte qu'il excitait ; mais cette démarche, dictée par la peur, fut accompagnée de toutes les fautes qu'elle fait commettre.

Le roi, qui devait sentir le danger de la convocation des états si près de Paris, ne s'en éloigna pas; il n'alla point animer, par sa présence, l'armée qu'il appelait à son secours. Ses ministres nouveaux, qui avaient, sans ménagement, irrité la capitale et l'assemblée, s'exposèrent à leur courroux sans précaution; et le gouvernement fut aussi négligent pour sa défense qu'il avait été précipité et imprévoyant dans son attaque.

Le général la Fayette alors lut la déclaration des droits, déclaration à laquelle les ennemis de la révolution ont attribué tous leurs malheurs, et qu'ils ont été cependant forcés d'invoquer contre tous les démagogues; déclaration morale par ses principes, vague par sa rédaction, impolitique, mal interprétée par les factions; et qu'on aurait dû accompagner d'une déclaration des devoirs, si l'on avait alors écouté d'autres conseils que celui de la crainte, qui portait l'assemblée à appeler le peuple à sa défense contre les forces qui semblaient la menacer.

Des deux côtés alors, une peur mutuelle entraîna dans de fausses mesures, dont rien ne put après empêcher les conséquences funestes. Mirabeau, dans un discours étincelant de beautés, et propre à exciter l'enthousiasme, demanda au monarque d'éloigner ses troupes et de ne point violer la liberté des états.

Ces démarches menaçantes et faibles du gouvernement, ces résolutions violentes de l'assemblée nationale, amenèrent enfin l'éruption de ce volcan qui renfermait dans son sein tant d'élémens inflammables. Les murmures de l'immense population de la capitale se changèrent bientôt en déclamations menaçantes, et son ressentiment en fureur : les gardes françaises, communiquant à chaque instant avec le peuple, et échauffés par les mécontens, avaient pris leur esprit et n'obéissaient plus à leurs chefs ; les autorités militaires et civiles, sans force, voyaient la multitude applaudir avec enthousiasme aux discours que lui adressaient des hommes passionnés dans tous les lieux publics ; le parti, qui craignait la vengeance de la cour, s'exagérait ses dangers, et communiquait ses craintes à toute la bourgeoisie ; les bruits les moins vraisemblables, et par cela même les plus faits pour être adoptés par la populace, se répandant avec adresse, multipliaient les alarmes ; les habitans des faubourgs s'attendaient à chaque instant à voir leurs maisons renversées par l'artillerie et pillées par les hussards.

Chacun concourait à rendre le trouble plus universel, le danger plus grand ; personne ne remplaçait, par son crédit et ses ordres, les autorités annulées par les circonstances. Une foule d'hommes sans aveu, dont l'œil sombre et l'aspect farouche annonçaient les intentions criminelles, attirés dans la capitale par la fermentation générale, par l'espoir de profiter des orages, et peut-être payés par des mains étrangères et perfides, augmentaient l'effroi du moment, et semblaient menacer les habitans de Paris de toutes les horreurs qu'éprouve une ville prise d'assaut.

Au milieu de cette crise violente, on promène en triomphe les bustes de M. Necker et du duc d'Orléans : tout à coup un même esprit semble s'emparer de tous les citoyens ; la résistance à la cour et la compression des brigands deviennent leur double but ; le mot *liberté* est leur cri unanime. Les électeurs, dont les fonctions avaient cessé, se rassemblent à l'hôtel-de-ville, remplacent les autorités civiles, et veillent à la sûreté publique : partout on prend les armes, on chasse, on incarcère ces brigands qui infestaient toutes les rues ; une partie du peuple armée se porte en foule aux Invalides et y prend des armes, sans que les troupes lui opposent aucun obstacle. Deux régimens seuls voulurent charger et furent repoussés à coups de pierres.

D'un autre côté, une masse immense, sans artillerie, sans chef, sans précaution, se précipite sur la Bastille, en enfonce les portes, s'en empare et en égorge le gouverneur. Après cette victoire rapide et facile, l'enthousiasme succède au tumulte, la ville se partage en sections; le peuple, dont la fougue n'était pas calmée, se livre encore à des excès coupables; beaucoup de particuliers sont insultés et arrêtés, plusieurs sont sauvés par les électeurs et par le général la Fayette; mais quelques victimes, entre autres MM. Foulon et Bertier, périssent assassinées et ensanglantent ces journées.

Enfin la garde nationale est créée; le commandement en est confié, par l'élection du peuple, au général la Fayette, célèbre dès sa jeunesse par ses combats pour la liberté américaine, et qui s'était un des premiers prononcé pour la révolution. Dès ce moment les esprits s'apaisent, la tranquillité succède à l'épouvante, et l'ordre à la confusion.

Pendant ces événemens, la cour restait incertaine et inactive; le maréchal de Broglie, si vigilant autrefois lorsqu'il s'illustrait à la tête de nos armées, ne paraissait pas devant celle qu'il avait rassemblée; les ministres, endormis par l'habitude de la puissance, considéraient cette grande insurrection comme une émeute passagère, et ne voulaient pas ajouter foi aux nouvelles qu'on leur apportait.

Lorsque enfin ils apprirent positivement la révolution qui s'était faite à Paris, leur consternation fut aussi profonde que leur confiance avait été aveugle. Pris au dépourvu, sans plan, sans argent, sans crédit, ils n'entrevirent aucune ressource; ils n'osèrent même pas instruire le roi de la prise de la Bastille. Le 14 juillet, à onze heures du soir, ce prince l'ignorait encore.

Le duc de la Rochefoucauld-Liancourt, ne pouvant les décider à lui rendre compte de cette révolution, entra la nuit dans l'appartement de Louis XVI, le réveilla et l'informa de tout ce qui venait de se passer dans la capitale. Consulté par lui sur ce qu'il y avait à faire, la Rochefoucauld lui conseilla de calmer l'agitation des esprits, de paraître à l'assemblée nationale, de rappeler M. Necker et d'éloigner ses troupes.

Le lendemain, le roi, ébranlé par ses exhortations, et apprenant par tous les membres de son conseil, ainsi que par quelques colonels qui étaient à Versailles, qu'on ne pouvait plus compter sur l'obéissance du soldat, résolut de céder au vœu populaire : il vint à l'assemblée, l'informa du renvoi de ses ministres, de l'éloignement des troupes, et du rappel de M. Necker. La reine et Monsieur, frère du roi, avaient été de cet avis. Le comte d'Artois, qui s'y était opposé, et le prince de Condé, craignant le ressentiment d'une multitude aigrie, dit-on, par les partisans du duc d'Orléans, quittèrent la France pour fuir des dangers, réels en partie, mais qu'on grossissait à leurs yeux pour les éloigner.

Le roi se vit alors sans cour, sans conseil, et tellement isolé, que le baron de Besenwal, officier-général suisse, fut obligé, dans les premiers momens, de lui servir de secrétaire pour écrire quelques lettres pressantes, et que le duc de Liancourt, au défaut de ministre, contre-signa des lettres de grâce pour sauver la vie à un homme condamné à mort.

Enfin le monarque vint à Paris, à l'hôtel-de-ville, recevoir du maire la cocarde nationale des révolutionnaires ; cette marche se fit au milieu d'une innombrable haie d'hommes armés, dont le silence à son arrivée, et les acclamations à son retour, ne prouvaient que trop évidemment les dispositions, la méfiance, et les sentimens.

Les sacrifices que la force fait à l'opinion, excitent l'enthousiasme et la reconnaissance ; ceux que la crainte arrache à la faiblesse, augmentent les méfiances et enlèvent la considération ; aussi la tranquillité qui suivit cette démarche du roi ne fut qu'apparente. L'union du monarque et de l'assemblée n'eut point de solidité ; les vainqueurs ne crurent point leur triomphe complet, et les vaincus ne songèrent qu'à recouvrer le pouvoir qu'ils avaient perdu.

Cependant l'explosion qui s'était faite à Paris se répéta rapidement sur toute la surface du royaume. Comme la guerre du tiers-état contre la cour et les deux ordres supérieurs occupait tous les esprits et enflammait toutes les passions, la commotion fut partout la même ; partout on séduisit les troupes, on brûla les barrières, on annonça l'arrivée prochaine des brigands, on vida les prisons, on menaça les châteaux, on insulta les privilégiés ; partout enfin, pour suivre l'exemple de la capitale, on organisa la garde nationale ; mais cette mesure qui, sous le commandement du général la Fayette, fit jouir pendant deux années Paris d'une tranquillité étonnante, au sein d'une si grande fermentation, n'empêcha pas que, dans plusieurs provinces, la licence et les passions ne commissent beaucoup de désordres, et n'immolassent un grand nombre de victimes au nom de la justice et de la liberté.

Ce tableau rapide et vrai suffit pour donner une idée de la révolution du mois de juillet

1789, dont les détails appartiennent à d'autres hommes et à d'autres temps.

Dès que ces grands événemens furent connus en Europe, ils agitèrent les esprits et partagèrent les opinions. Les plébéiens, les hommes lettrés, et, parmi la jeune noblesse, tous les partisans des idées philosophiques, se livrèrent à l'enthousiasme, et conçurent l'espérance de voir réaliser tous leurs systèmes de justice, de bonheur et de liberté.

Les rois et les grands commencèrent à s'inquiéter de cette effervescence, mais cette inquiétude fut d'abord légère; le danger leur semblait trop éloigné pour les menacer, et ils attribuaient les malheurs du gouvernement français à ses fautes qu'ils se promettaient bien de ne pas imiter.

Plusieurs cours, uniquement occupées de leur intérêt momentané, crurent même que le désordre qui allait régner en France leur serait utile : l'Angleterre y voyait l'espérance d'être débarrassée long-temps sur l'Océan d'une rivale importune, et d'exécuter, sans obstacles, les projets qu'elle avait formés contre le commerce espagnol ; le roi de Prusse imaginait que cette révolution, animant la haine de la nation française contre la reine Marie-Antoinette et contre l'Autriche, amènerait la dissolution de l'alliance de 1756, et laisserait son ennemi naturel sans appui. Aussi, dans les premiers temps, les patriotes français furent encouragés dans leurs progrès par l'Angleterre et par la Prusse ; on y dissimulait faiblement la joie qu'inspiraient leurs succès. Partout, en général, le tiers-état était enthousiasmé de ces événemens, et les gouvernemens, qui ne croyaient pas qu'une telle commotion pût s'étendre jusqu'à eux, voyaient sans peine l'affaiblissement de la puissance des Bourbons, qui, depuis long-temps, était l'objet de leur jalousie.

Malgré les désordres qui régnaient en France, avant que la police d'un nouvel ordre de choses remplaçât celle de l'ancien, malgré les angoisses de la cour, et les maux ou les périls individuels des particuliers que leur rang ou d'anciens ressentimens exposaient à la fureur de la multitude, il est de toute vérité que la joie, l'espérance, l'ardeur et la confiance étaient presque générales dans la nation française. En vain Burke, dans une diatribe plus amère qu'éloquente, a voulu peindre l'assemblée constituante sous des couleurs odieuses ; l'historien, qui ne dissimulera pas ses fautes, doit aussi lui rendre justice : si cette assemblée avait l'inconvénient de n'être pas uniquement composée d'hommes attachés à l'ordre par leurs propriétés, on doit convenir cependant qu'on y trouvait un grand nombre de propriétaires, et qu'elle était remplie des hommes les plus distingués de la littérature, du barreau, de la magistrature, du commerce, de la cour et de l'armée. Aussi, quoiqu'elle manquât d'expérience dans la carrière qu'il lui fallait parcourir, quoique la crainte de l'autorité qu'elle attaquait lui eût fait déjà passer les bornes de la sagesse, en armant une multitude si difficile à réprimer, elle réunissait tout ce qui pouvait exalter les esprits, exciter l'enthousiasme d'une nation avide de nouveautés et prompte à croire tout ce qu'elle espère.

L'assemblée constituante, dans de savantes discussions et des discours énergiques, harmonieux et brillans, attaquait tous les abus dont le public avait gémi, rappelait tous les principes que la philosophie avait proclamés, et proposait toutes les lois admirées dans les pays et les siècles illustrés par la liberté.

Elle adoucissait les impôts, anéantissait les droits humilians, ouvrait les prisons d'État; remplaçait un code de jurisprudence rigoureuse par l'institution bienfaisante des jurés; délivrait le commerce des entraves du fisc; affranchissait la pensée, consacrait la liberté de tous les cultes, et ouvrait un champ sans bornes à toutes les ambitions et à tous les talens.

Les cultivateurs, les écrivains, les artistes, les commerçans, et les ambitieux jouissaient avec ivresse de ces bienfaits, qui excitaient leur admiration et leur reconnaissance. Les inconvéniens qui devaient résulter des fautes politiques de l'assemblée étaient trop éloignés pour être sentis; le bien existait pour le moment, le mal était pour l'avenir; et plus on aimait ces innovations, plus on haïssait ceux qui cherchaient à s'y opposer.

Enfin, à cette époque, qu'on appelle encore les beaux jours de la révolution, tous les cœurs étaient tellement livrés à l'espérance, et tous les esprits tellement emportés par le torrent de l'opinion, que ceux mêmes qui souffraient le plus de ce nouvel ordre de choses par les atteintes portées à leur fortune, à leur amour-propre et à leur sûreté, se laissèrent un moment entraîner à cette ardeur générale. L'Europe apprit avec surprise que les nobles eux-mêmes, les uns par ambition populaire, les autres par crainte, d'autres par amour de la justice et de la paix, avaient fait, le 4 août, le sacrifice inattendu de tous les droits qui les séparaient du peuple; et de toutes les prérogatives qu'on les croyait disposés à défendre avec le plus d'acharnement.

Cette journée célèbre, qui aurait pu tout pacifier, si elle avait été présidée par une sage et ferme politique, fut au contraire la source de discordes plus vives. Tous ces sacrifices, faits sans réflexion, furent suivis d'un repentir exhalé sans prudence : ils firent connaître au tiers-état sa force et la faiblesse de ses rivaux. Le peuple avait obtenu tout à coup ce qu'il n'espérait peut-être conquérir qu'après de grands efforts ; voyant qu'on regrettait déjà le lendemain les concessions de la veille, et qu'on songeait à ridiculiser cette journée d'ivresse, il chercha à pousser ses avantages et à étendre ses conquêtes pour les consolider. Dès ce moment la guerre devint plus violente entre la nation, la noblesse et la cour.

Les uns craignaient leur destruction totale ; les autres redoutaient la vengeance de ces puissances antiques, si vivement blessées, et dont les racines étaient encore si profondes ; la peur exilant la sagesse, l'esprit de parti remplaça des deux côtés l'amour du bien public, et enleva toute possibilité de terminer pacifiquement la révolution.

Que voulait, qu'espérait alors toute la France ? Une constitution monarchique et libre, qui laissât au trône tout le pouvoir nécessaire pour maintenir l'ordre intérieur et pour faire respecter la nation par les étrangers, qui garantit la sûreté des personnes, des propriétés, et au peuple le droit de n'être soumis qu'aux lois et aux impôts consentis par ses représentans.

Pour atteindre un but si désiré, il aurait fallu une constitution mixte, qui marquât d'une manière sage et inviolable les limites des pouvoirs législatif et exécutif. Mais ces deux pouvoirs étaient devenus rivaux : l'assemblée regardait chaque partie d'autorité laissée au gouvernement comme une arme accordée à son ennemi pour l'écraser, et la cour considérait chaque augmentation de puissance des législateurs comme un moyen de plus pour consommer sa ruine.

Dans ces dispositions réciproques, le gouvernement et les nobles, comparant les révolutionnaires aux niveleurs d'Angleterre, les accusaient de rebellion et d'ingratitude, regardaient tous leurs actes comme des crimes, et tournaient toutes leurs opérations en ridicule. Ils cherchaient à grossir leur parti de tous ceux que la réforme des abus portait au mécontentement; et, trop aigris pour être prudens, ils ne cachaient point l'espérance qu'ils avaient de voir le roi s'éloigner, rallier des troupes, rétablir son autorité et se venger des rebelles.

Les exemples de la fronde et de la ligue nourrissaient leur espoir; ils ne songeaient pas à la différence des hommes, des lumières et des circonstances.

D'un autre côté, les patriotes ou les démocrates (c'était alors le nom adopté par les membres de l'assemblée qui avaient fait la révolution), doutant de leur force, craignant par habitude une puissance qui n'existait plus, et se croyant exposés à la vengeance la plus implacable si le trône et les grands reprenaient leur autorité, ne cessaient d'échauffer le peuple contre les aristocrates pour s'en faire un appui contre eux; ils les traitaient d'hommes vains, ignorans, serviles, étrangers à tout amour de la patrie; ils les accusaient de s'opposer au bien public pour leur intérêt personnel, et de vouloir l'asservissement du peuple pour satisfaire leur orgueil et leur cupidité.

Dans cette lutte inégale la cour, n'ayant plus de troupes pour combattre, et ne trouvant que peu d'or pour corrompre, cherchait à tromper et à diviser ses ennemis. Mais ses faibles succès dans ce genre de défense tournaient encore contre elle; car, les patriotes étant une fois divisés en différens partis, et n'ayant d'autre force que l'opinion populaire, chaque parti disputait à l'autre cette popularité en flattant les passions de la multitude, en proposant des décrets plus nuisibles aux riches, aux prêtres et aux nobles; et personne n'osait parler avec fermeté contre les désordres qui se commettaient, de peur de perdre l'appui des hommes ardens qui égaraient la multitude. Les principes généraux étaient toujours respectés; mais leur application était méconnue, et la chaleur des factions excusait tout ce qui pouvait les favoriser.

L'assemblée nationale, profitant des événemens du 14 juillet et des sacrifices du 4 août, suivit avec ardeur sa première impulsion, et se hâta d'établir les principes qui devaient servir de base à la nouvelle constitution de la France. Après avoir désarmé le pouvoir absolu, anéanti les priviléges de la noblesse, proclamé la déclaration des droits et la souveraineté du peuple, elle abolit les anciennes dénominations des provinces, décida que le royaume serait divisé en départemens et en districts, décréta que la France serait une monarchie héréditaire; que le pouvoir législatif serait confié à une seule chambre composée de députés élus par la nation, que les lois seraient soumises à la sanction du roi, qui pourrait y opposer un *veto* suspensif, et que le pouvoir exécutif serait attribué au monarque; enfin elle déclara que sa personne serait inviolable, et que ses ministres seraient responsables.

Ces bases, dont plusieurs étaient sages, et d'autres très impolitiques et très insuffisantes, étant arrêtées, on voulut les faire accepter par le roi, qui y répondit par un mémoire contenant les modifications qu'il souhaitait; ces observations, considérées comme un refus, irritèrent tous les esprits du peuple de Paris, qu'agitaient, d'une part, la crainte des projets de l'aristocratie, et de l'autre le langage ardent des agens d'une faction qui, dans le cours de la révolution, prit différens noms, différentes formes, et qu'alors on appelait *faction d'Orléans*. Souvent on a mis en doute son existence, et Mirabeau même soutenait que le duc d'Orléans n'était pas du parti qui portait son nom. Mais, quels que fussent les chefs et le but de ces agitateurs, il est certain qu'alors c'était au nom de ce prince qu'on excitait toutes les séditions, qu'on payait toutes les émeutes et qu'on ralliait tous les perturbateurs du repos public.

Le duc d'Orléans, mécontent de la cour, avait acquis une influence passagère, parce qu'il s'était, un des premiers, mêlé dans les rangs des amis de la démocratie. Il briguait la popularité, et ménageait trop peu dans sa vie privée l'opinion publique. Prince spirituel mais sans gravité, député actif mais sans influence à la tribune, plus entraîné par l'intrigue de ses conseillers que par l'ambition, brave dans les combats, mais trop accessible à la crainte dans les orages civils, sa marche fut tellement obscure, et son caractère si faible, que jusqu'en 1793 on l'accusa de tout, sans pouvoir le convaincre de rien, que ses intentions sont encore un problème, qu'on ignore si le parti à la tête duquel on l'avait cru ne prenait pas son nom, ne dépensait pas ses trésors malgré lui, ou s'il ne se laissa pas forcer à conspirer, comme il s'était laissé contraindre à s'exiler. Ce qu'on sait de certain, c'est qu'il ne montra de vraie fermeté qu'en entrant dans sa prison et en marchant à l'échafaud.

Dès le commencement de la révolution, cette faction excita les soupçons du parti des patriotes; mais ces soupçons alors étaient trop faibles, trop dénués de preuves, et le duc d'Orléans trop peu hardi, pour en concevoir de fortes alarmes au moment où toutes les têtes n'étaient occupées que de la crainte dominante des puissances qu'on venait d'attaquer.

Un projet mal conçu et plus mal exécuté

par la cour, ainsi qu'une foule d'imprudences du parti aristocratique, éloignèrent encore l'attention des complots de cette faction, et amenèrent enfin des événemens qui la dévoilèrent, mais qui furent au moment d'assurer son triomphe.

Le gouvernement, alarmé de la fermentation des esprits, de la guerre violente qui existait entre le peuple et les deux premiers ordres, des progrès de la démocratie, et du peu de solidité future que lui offraient les bases projetées d'une constitution où les limites des pouvoirs étaient posées par la méfiance et non par la politique, ne savait à quel parti se résoudre; et de même qu'on échauffait le peuple contre lui par mille bruits sans fondement, on redoublait aussi sa frayeur en prêtant à l'assemblée des desseins sans réalité.

Quelques ministres et quelques conseillers proposaient de désarmer les esprits par la condescendance, d'apaiser les alarmes par la sagesse, et de dissiper les méfiances par la franchise. D'autres conseillaient la fuite et la guerre civile : ils prétendaient qu'en s'éloignant de la capitale, le roi sauverait sa personne, son trône, et trouverait des troupes fidèles qui l'aideraient à recouvrer son autorité; d'autres enfin, ne voulant ni que le roi cédât sur des points essentiels, ni qu'il exposât la France au malheur d'une guerre intestine; prétendaient qu'il fallait rester à Versailles, mais s'entourer de troupes plus dévouées et regagner celles que les patriotes avaient entraînées. Ce parti prévalut, parce que la faiblesse aime les partis mitoyens, qui cependant offrent toujours le plus de périls.

On fit donc venir à Versailles le régiment de Flandre; on doubla le guet des gardes-du-corps, sous le prétexte des émeutes qui nécessitaient cette mesure; on chercha à faire regretter et redemander par les gardes françaises leurs anciennes places; et, pour établir plus d'union entre les différens corps qui se trouvaient à Versailles, on y donna ce fameux banquet dont l'idée puérile, l'imprudente exaltation et les tragiques conséquences ne sont devenues que trop célèbres.

Dès que ces nouvelles arrivèrent à Paris, le mécontentement y devint général. La crainte des patriotes s'accrut et se communiqua rapidement : on disait que la cocarde nationale avait été foulée aux pieds, que la liberté était menacée, la contre-révolution prochaine, la punition des vainqueurs de la Bastille certaine. Une disette de grain, produite par la négligence ou par la politique, redoublait la fermentation.

Les agens du parti qui passait pour être celui d'Orléans, les amis du désordre, les hommes sans aveu, altérés de pillage et de sang, faisaient circuler les fausses nouvelles, distribuaient l'or corrupteur, prodiguaient les déclamations incendiaires, et portaient l'exaspération de la populace au dernier degré. Enfin, le 5 octobre, le tocsin sonna; tout le peuple sortit en tumulte; toute la garde nationale prit les armes. Une multitude furieuse, ayant pour cri *du pain* et *Versailles*, entoura l'hôtel-de-ville, et voulut que toute la capitale marchât contre la cour.

Après une agitation tumultueuse sans frein, et une résistance de huit heures sans succès, comme on sut qu'une troupe ivre et féroce d'hommes furieux et de femmes sans pudeur était partie de Paris, la commune ordonna au général la Fayette de conduire à Versailles la garde nationale.

L'arrivée de cette garde et la contenance des troupes suspendirent quelque temps le juste effroi de la cour et de l'assemblée nationale, dont la populace avait forcé l'enceinte, rempli la salle et insulté beaucoup de membres. Le roi avait consenti à sanctionner les décrets; il promit du pain au peuple : la garde nationale occupa tous les postes que tenaient ordinairement les gardes-françaises ; malheureusement on en excepta un qui fut laissé à la garde intérieure du château. Les brigands se dispersèrent, et jusqu'à quatre heures du matin tout paraissait tranquille ; mais ce calme perfide, précurseur de l'orage, laissa de profonds regrets à tous ceux qu'il avait trompés. A cinq heures, des brigands, entrés par le jardin, pénètrent dans le château par le poste que n'avait pu obtenir la garde nationale ; ils tuent les sentinelles, égorgent deux gardes-du-corps sans défense, enfoncent la porte de la chambre de la reine, qui se sauve dans celle du roi ; et d'autres brigands, courant à l'hôtel des gardes-du-corps, se saisissent de tous ceux qui ne purent leur échapper par une prompte fuite. Au bruit des coups de feu, les grenadiers de la garde nationale accourent avec leur chef, le général la Fayette, arrachent quinze gardes-du-corps des mains de ces meurtriers, entrent dans le château, en chassent les assassins, et sauvent de leur fureur la famille royale. Le sang s'arrête, et le roi vient à Paris, garanti par la garde nationale de tout péril présent ; mais, témoin déplorable des orgies, du délire d'une populace aveugle, cruelle, il put juger par cette scène sanglante des dangers qui le menaçaient dans l'avenir.

L'assemblée nationale quitta dès cet instant Versailles pour se rendre à Paris, et ne tarda pas à s'apercevoir, dans ses délibérations, de l'influence redoutable de la fermentation du peuple qui l'entourait.

L'opinion générale est que la faction qui ensanglanta cette journée voulait la fuite du roi et la mort de la reine; et, quelques fautes que les divers partis se reprochent, l'impartialité de l'histoire exige que l'on rende au moins cet hommage à la vérité, c'est que, sans le secours de la garde nationale et de son général, le succès de cette conjuration aurait été complet*.

Peu de jours après cet événement, la commune de Paris ordonna des recherches contre les auteurs de cette conspiration; le général la Fayette, dans une conférence très vive, fit entendre au duc d'Orléans que son nom était le prétexte de tous les mouvemens, le signal de tous les désordres, et qu'il devait sortir du royaume. On lui donna une mission apparente, et il partit pour l'Angleterre.

La faction qui portait son nom fut quelque temps comprimée par cette mesure; mais, plus

---

* Rivarol lui-même en fait l'aveu, malgré toute l'amertume de ses reproches, au sujet de la malheureuse confiance à laquelle on se livrait peu d'instans avant cette scène sanglante.

aigrie qu'abattue par cet exil, elle continua dans l'ombre ses mouvemens : comme ses agens adroits et discrets se mêlaient aux mécontens de tous les partis, et ne se montraient point sous leur véritable étendard, on ne put jamais trouver contre eux de preuves juridiques, quelque certitude morale qu'on eût de leurs complots.

Lally-Tollendal, Mounier et quelques députés qui avaient voulu établir la liberté publique sur des principes plus sages et des bases plus solides, voyant cette liberté dégénérer en anarchie sanglante, ne voulurent partager ni la captivité du roi, ni les erreurs de leurs collègues; ils quittèrent l'assemblée et s'éloignèrent. On peut, avec raison, admirer leur vertu, regretter leurs talens, blâmer leur retraite, qui diminua le nombre ainsi que la force des soutiens de l'ordre et des amis de la vraie liberté.

Le séjour du monarque à Paris rendait la position de l'assemblée presque aussi embarrassante que la sienne. La méfiance de la multitude avait pris le caractère d'une passion qu'enflammaient sans cesse des écrivains incendiaires. Le seul moyen d'acquérir et de conserver la popularité était alors de proposer des décrets qui diminuaient la prérogative du trône, et de faire des lois qui le rendaient inutile et dangereux.

Plusieurs députés marquans, voyant avec évidence que ce torrent allait entraîner rapidement dans sa course les débris de la monarchie; qu'au lieu d'un gouvernement mixte, bien balancé, tout tendait à établir une démocratie absolue, inséparable de l'anarchie, que suit presque toujours la tyrannie dans un pays vaste et corrompu, voulurent réunir leurs efforts pour prévenir cette seconde révolution et tous les maux qu'elle devait produire; mais cette intention louable était trop tardive; elle demeura sans succès.

La méfiance semée adroitement entre eux, d'un côté par l'aristocratie et de l'autre par les factieux, les empêcha de s'unir sincèrement et d'agir avec efficacité. La cour, aigrie, tremblante et irrésolue, ne pouvait être franche, puisqu'elle était faible et blessée. Elle consentait à négocier avec les uns, refusait de s'entendre avec les autres; prenait des conseils de tous côtés, et se repentait le lendemain du parti qu'elle avait embrassé la veille; dès cet instant tous les patriotes qui parlaient en faveur de l'ordre, de la justice et de l'équilibre des pouvoirs, se trouvant en butte aux soupçons des patriotes craintifs, à la haine des enthousiastes, aux calomnies des factions, se voyaient accusés d'être vendus à la cour pour travailler à la contre-révolution et à la résurrection de la servitude féodale.

Cette division des partis, cette faiblesse de la cour, cette crainte continuelle d'un danger dont l'opinion publique et l'ardeur universelle alors des Français pour la liberté auraient suffisamment dû garantir, furent les causes constantes des fautes de l'assemblée constituante. Sage dans ses premiers principes, profonde dans ses discussions, brillante par ses talens, elle n'éleva qu'un édifice sans solidité, parce qu'elle n'eut jamais assez d'union ni de tranquillité pour le construire sur de bonnes bases politiques.

La crainte des vengeances du pouvoir royal l'empêcha de confier la force nécessaire au pouvoir exécutif. Pour que les juges ne dépendissent pas de lui, elle les rendit dépendans des élections du peuple. Pour que les soldats ne travaillassent pas contre la liberté, elle favorisa le relâchement de la discipline. La peur de voir renaître les priviléges héréditaires lui fit rejeter toute idée sage de division du corps législatif en plusieurs parties; erreur funeste, qui soumit pendant plusieurs années la France aux décisions soudaines et tumultueuses d'une assemblée unique, dont rien ne ralentissait la fougue, et qui pouvait être tantôt égarée par des fanatiques, tantôt dominée par un tyran.

Enfin, l'animosité contre la richesse, contre l'influence de la cour de Rome, des archevêques, des évêques, des possesseurs de bénéfices et des moines, lui faisant oublier que les lois ne peuvent rien contre les opinions, que la lumière seule peut dissiper les prestiges de la superstition, elle quitta l'étendard de la philosophie pour s'égarer sur les pas des jansénistes, et décréta cette constitution civile du clergé qui, dans d'autres temps, aurait allumé une guerre religieuse, mais qui ne contribua que trop dans celui-ci à multiplier les troubles, à aigrir les haines, à égarer les esprits et à perpétuer les mouvemens que la politique étrangère excita si souvent en France, dans l'espoir de consommer sa ruine.

L'aristocratie, de son côté, faisait encore plus de fautes : toujours menaçante, faible et désunie, confondant toutes les nuances d'opinions dans sa haine, impuissante pour se défendre, puérile dans ses regrets, impolitique dans ses vues, et imprudente dans ses menaces, elle dédaignait les assemblées et les places qui auraient pu lui donner des moyens de résistance ; elle bravait l'opinion générale qu'elle aurait dû regagner ; elle traitait avec mépris les signes, les noms et les principes qui étaient devenus pour la nation des objets sacrés ; et, tandis qu'elle invoquait contre l'abolition de ses priviléges, contre l'anéantissement du pouvoir royal et contre la destruction du clergé, les foudres de Rome et les armes de l'Europe, elle prétendait, d'un autre côté, que cette redoutable révolution dans les mœurs et dans les esprits n'était qu'un nuage passager, formé par quelques factieux, et que dissiperait le premier coup de canon.

Ce mélange inconcevable de ressentiment sans mesure, de mépris sans base, et de confiance sans fondement, augmentait chaque jour la haine populaire contre l'aristocratie, et creusait de plus en plus le précipice qui l'entourait. Les fautes politiques de l'assemblée constituante n'étaient jugées que par un petit nombre d'hommes observateurs froids, modérés ; et les malheurs dont les ordres privilégiés gémissaient n'étaient sentis que par eux.

La masse de la nation n'éprouvait que les bienfaits de la révolution ; le cultivateur payait moins d'impôts ; le soldat jouissait de la licence et de l'espoir de parvenir à tous les emplois ; le commerce, sans entraves, se livrait à toute l'activité de son industrie ; tous les amours-propres ardens s'élançaient dans une carrière d'ambition, qui leur était ouverte sans limites ; tous les écrivains honorés par des titres littéraires, délivrés de la supériorité des hommes fiers de leurs titres de noblesse, supériorité qui blessait leur orgueil, débarrassés aussi de la crainte des réquisitoires, de la censure et de l'excommunication, se livraient avec enthousiasme à l'ardeur de s'illustrer par leurs écrits, à l'espérance de voir la vérité triomphante de tous les préjugés, et l'humanité dégagée de toutes ses chaînes.

Les factieux et les intrigans trouvaient partout un champ vaste pour leurs plans et fertile pour leurs travaux ; les hommes honnêtes, mais peu éclairés, incapables de juger les bases d'une constitution, et ne voyant dans les lois particulières de l'assemblée que la réforme de tous les abus, la tolérance de tous les cultes, la liberté de tous les citoyens, et l'égalité de tous les droits, admiraient le courage des législateurs qui avaient proclamé ces principes ; ils déploraient l'aveuglement de tous ceux qu'un égoïsme étroit, ou des craintes sans réalité, rendaient ennemis de cet ordre nouveau.

Aussi, malgré l'horreur qu'inspiraient les événemens d'octobre, l'effroi que causait le pillage des archives et des châteaux dans plusieurs provinces, malgré l'étonnement qu'excita le décret soudain de l'abolition totale de la noblesse, et la crainte d'une guerre étrangère que pouvait amener la suppression des droits féodaux des princes de l'Empire possessionnés en Alsace, l'ardeur nationale pour la révolution et pour l'assemblée constituante s'accrut de jour en jour; la fédération du Champ-de-Mars, en 1790, dut prouver aux plus incrédules que l'ivresse était devenue presque universelle.

Il fallait être bien aigri par ses pertes, et bien aveuglé par ses passions, pour n'être pas éclairé, le 14 juillet 1790, sur le véritable esprit de la nation. Jamais, dans les temps antiques, une fête ne montra plus solennellement l'enthousiasme d'un peuple pour ses lois, pour ses législateurs, pour son chef et pour sa liberté. On doit se rappeler encore avec quelle ardeur, avec quelle gaîté une foule immense, composée d'hommes et de femmes de tout âge, de tout rang, de toute profession, allait travailler au Champ-de-Mars pour hâter les apprêts de cette fête nationale. Les fédérés de tous les départemens, les vétérans de toutes les armes, l'assemblée constituante et toutes les administrations, en présence de la cour tremblante et des ambassadeurs étonnés, firent retentir unanimement les airs de leurs acclamations et de

leurs vœux alors sincères pour l'union du trône
et de l'indépendance. Par toute la France, les
mêmes sentimens se manifestèrent avec autant
d'ardeur, quoique avec moins d'éclat; partout
on parlait avec indignation du passé, on jouissait du présent; on ne voyait l'avenir qu'au
travers du prisme de l'espérance; et si l'on songeait quelquefois aux malheurs de la famille
royale et à ceux des ordres privilégiés, on ne
les attribuait qu'à leur imprudente opposition
et à leur haine contre la liberté.

Les patriotes clairvoyans de l'assemblée constituante n'étaient pas assez entraînés par cet
enthousiasme pour s'aveugler sur leurs erreurs
politiques et sur les périls futurs qui les menaçaient; ils voyaient près d'eux s'élever peu
à peu une puissance dont ils n'avaient pas d'abord prévu la force, et qu'il était déjà presque
impossible d'arrêter.

Cette institution fatale était celle des jacobins. Ce fut d'abord une assemblée de quelques
députés qui se réunissaient afin de mieux concerter les plans de défense pour la liberté, et
d'attaque contre les partis qui s'opposaient à
son établissement. Les révolutionnaires, ayant
à combattre des préjugés antiques et des corporations puissantes, voulaient donner plus
d'énergie à l'esprit public, plus d'unité à ses

efforts, et une expansion plus rapide aux principes nouvellement proclamés ; ils encouragèrent partout l'établissement de ces clubs, qui correspondaient régulièrement avec celui de Paris.

Tel était le premier but de cet établissement. Ceux qui en conçurent l'idée étaient loin d'en prévoir les funestes conséquences. Brûlant d'ardeur pour leur cause, mais dénués d'expérience politique, ils ne sentaient pas qu'une pareille institution était une nouvelle autorité qui allait dominer, tyranniser, renverser toutes les autres, substituer l'esprit de secte à l'esprit public, les passions privées à l'intérêt général, l'anarchie à l'ordre social, et que ses fondateurs seraient ses premières victimes.

Le club de Paris fut d'abord composé d'hommes actifs, mais honnêtes, trompés par leur zèle, mais si éloignés d'intentions coupables, que leur faute principale fut de ne pas connaître les hommes, de les croire meilleurs qu'ils ne le sont, et de penser qu'ils avaient plus besoin d'aiguillon que de frein.

Ces hommes, égarés par une fausse politique, admirent bientôt dans leur société des membres qui n'étaient pas députés, mais dont le patriotisme zélé leur semblait propre à soutenir la cause de la liberté. Ces têtes ardentes, une fois admises, ne tardèrent pas à prendre une influence dangereuse, à faire des propositions inconvenantes et de nature à rallumer toutes les haines, à empêcher toute conciliation, à multiplier tous les désordres, en flattant et enflammant les passions de la multitude.

Les agens de toutes les factions se mirent à la tête de ces hommes ardens: les uns voulaient un changement de dynastie; les autres, en paraissant suivre le même étendard, n'avaient en effet d'autre but que de bouleverser l'ordre social, pour parvenir aux places et aux richesses; leur plan était de substituer la guerre des pauvres contre les riches, à celle qui était déclarée entre la liberté et le pouvoir absolu, entre les principes et les préjugés, entre les droits des citoyens et les priviléges des deux premiers ordres de l'État.

Cette faction rallia bientôt à elle tous les hommes qui n'avaient ni réputation, ni famille, ni fortune à conserver. Tous les écrivains subalternes, les joueurs, les aventuriers, les hommes sans aveu, les jeunes gens perdus de dettes et de débauche, suivirent avec ardeur ses drapeaux. Le club des jacobins se recrutait chaque jour des ennemis naturels de tout ordre légal; chaque jour on en voyait sortir les vrais amis de la liberté, qui savaient qu'elle ne peut marcher sans sagesse, ni exister sans vertus, et qui ne voulaient plus rester dans une association devenue la source de tous les désordres, l'appui de toutes les injustices et l'arsenal de tous les crimes.

Quelques patriotes honnêtes et éclairés y restèrent pourtant encore, ou même y rentrèrent depuis : les uns parce qu'ils croyaient leur présence et leur courage nécessaires pour contenir le club; les autres, parce qu'ayant à choisir entre les passions alarmantes des contre-révolutionnaires et celles des démagogues, ils préféraient ces dernières, qui ne leur paraissaient qu'un excès passager de l'enthousiasme de la liberté.

Quoi qu'il en soit, les effets funestes de cette redoutable institution se firent sentir rapidement dans toute la France. Partout ses racines s'étendirent et se multiplièrent; partout le même esprit de fanatisme politique et d'inquisition civile se répandit et égara la multitude. Cette foule aveuglée s'opposait à toute loi répressive, et applaudissait avec fureur à toute proposition désorganisatrice.

Les clubs indiquaient les personnes qu'il fallait persécuter et celles qu'on pouvait épargner; ils glaçaient de crainte les autorités militaires, judiciaires et civiles; ils voulaient enfin faire des lois à la place des législateurs, élire à la place du peuple, gouverner à la place de l'administration, juger à la place des magistrats. Le factieux pauvre était à leurs yeux le seul patriote, la haine contre l'ordre la seule vertu, et la richesse ou le rang le seul crime.

L'assemblée constituante dut toutes ses fautes à leur fatale influence; cependant elle eut le courage de leur résister souvent, d'accuser leur système, de défendre ses principes contre leurs déclamations; mais sa guerre contre eux ne fut que défensive et faible. Elle se sépara: les clubs restèrent; tout ce qui était demeuré d'hommes doués de quelque modération, disparut successivement : d'horribles scélérats y remplacèrent, peu de temps après, les intrigans et les factieux; ce torrent dévastateur, rompant enfin toutes les digues, couvrit toute la France de sang, de forfaits, et organisa cette tyrannie longue et sanglante qui remplit encore le cœur de deuil, l'esprit d'effroi et l'âme d'indignation et d'horreur.

Ce précis rapide et vrai de la naissance et des progrès de la société des jacobins, pendant cinq années, doit prouver combien il est injuste d'attacher les mêmes idées aux mêmes noms; il serait même à désirer que les arrêts de l'opinion, comme ceux des tribunaux, ne frappassent que les individus et jamais les classes. Les clubs jacobins ont changé successivement, à plusieurs reprises, d'esprit, d'intention, de langage, de conduite et de membres.

En les enveloppant tous également dans la même proscription morale, on imite impolitiquement les furieux apôtres de cette secte, qui, sous le règne de la terreur, condamnaient des ordres, des corporations, des classes, sous le vain prétexte des erreurs, des fautes ou des délits qu'avaient commis, dans divers lieux et dans divers temps, quelques membres de ces classes enviées.

Mais les passions, sourdes à la voix de la justice, ne savent pas mettre plus de bornes à la haine qu'à l'enthousiasme; tout ce qui les sert est innocent, et tout ce qui leur oppose un obstacle est criminel : aussi, dans les temps d'orage, la modération, coupable aux yeux de tous les hommes de parti, n'est absoute que par la postérité.

On doit à présent concevoir plus clairement pourquoi, depuis l'époque du 6 octobre, l'espoir de concilier les partis, de revenir sur les erreurs commises, de faire une bonne constitution, et de rendre à la France sa tranquillité, ne put jamais être réalisé. La cour, humiliée, dégradée, avait couru trop de dangers et avait montré trop de faiblesse ; l'assemblée, divisée en aristocrates menacés par le peuple, en monarchiens sages, mais sans faveur ni popularité, en patriotes qui voyaient leurs fautes, mais qui perdaient leur crédit dès qu'ils voulaient s'arrêter, en factieux qu'entraînait une présomptueuse ignorance, une conscience troublée, une frayeur sans bornes, et que poussait le club des jacobins, n'était plus en état d'écouter la sagesse et la politique. Déjà toutes les bases étaient mal posées : le gouvernement était monarchique, et les lois républicaines ; ce qui formait une république sans sûreté et une monarchie sans force.

Chaque jour détériorait l'esprit public, égaré par des écrivains déhontés : on n'osait pas attaquer ouvertement les principes de la saine philosophie et de la politique, mais on les dénaturait par une fausse application ; peu à peu les passions les plus honteuses changèrent le dictionnaire et donnèrent aux mots un sens diamétralement opposé à celui qu'ils devaient avoir. Dans cette langue nouvelle on prenait la licence pour la liberté, le fanatisme pour le zèle, la populace pour le peuple, l'intrigue pour la politique, la déclamation pour l'éloquence, la vertu pour un préjugé, l'amour de l'ordre pour le despotisme, et la modération pour la lâcheté.

Tout ce qui tendait à contenir le torrent anarchique, paraissait coupable et contre-révolutionnaire; toute violence semblait excusable dès qu'elle était, comme on le disait alors, dans le *sens de la révolution*. Les progrès de cette démoralisation étaient rapides; on s'accoutumait à l'indifférence sur les meurtres, sur les pillages, et l'indignation qu'avaient produite les événemens du 6 octobre s'était déjà tellement affaiblie en 1790, que le duc d'Orléans, peu de temps avant la fédération, revint tranquillement en France, ceux qui l'avaient exilé n'étant plus assez secondés par l'opinion populaire pour s'opposer à son retour.

A cette époque, les apparences trompaient tous les esprits : le peuple jouissait des formes de la liberté, et croyait le monarque puissant parce qu'il conservait le titre de roi; mais tout politique éclairé devait voir que les bases de la constitution n'existaient pas, et que la balance des pouvoirs était détruite.

Le gouvernement, qui devait proposer les lois à la sanction du peuple, par un renversement complet d'idées politiques, ne pouvait coopérer à la confection de ces mêmes lois; forcé d'exécuter celles qui lui paraissaient le plus inexécutables, il n'avait d'autre défense qu'un *veto* suspensif, dont l'usage était dangereux et l'effet illusoire.

Mécontent de la part qu'on lui faisait, il devait inspirer une méfiance continuelle, quand même il aurait été assez habile pour chercher à reconquérir l'opinion populaire. Si la constitution ôtait au gouvernement toute la force légale dont il avait besoin, elle ne donnait pas de garantie suffisante à la liberté; car un ministère adroit, avec vingt-cinq millions de liste civile, pouvait peut-être aisément corrompre par la suite la majorité d'une chambre unique, dans laquelle domineraient des hommes sans fortune, nommés députés pour un an. Il aurait même suffi, sans prodiguer l'or, d'effrayer ces députés et de leur arracher des décrets en fomentant autour d'eux des séditions toujours si faciles à exciter dans une grande ville.

Cette lutte établie entre le corps législatif et le roi devait nécessairement amener un combat, dont le résultat serait le despotisme ou l'anarchie. Tous les présages de cette explosion s'accumulaient chaque jour : chaque jour on voyait, d'une part, les agitateurs enflammer la populace contre le trône constitutionnel et ses défenseurs; de l'autre on apprenait que les nobles, les prêtres et les citoyens attachés à l'ancien régime, quittaient la France pour rejoindre les princes émigrés, et qu'ils attendaient impatiemment que des secours extérieurs ou des troubles intérieurs les missent à portée de recouvrer leurs priviléges, de venger leur injure, et de rendre au roi la plénitude de sa puissance.

Ce n'était pas au sein d'une pareille fermentation, et dans l'attente de tant d'orages, qu'une assemblée de douze cents personnes pouvait corriger ses fautes et asseoir l'édifice d'une bonne constitution. Il aurait fallu, pour y parvenir, une dictature provisoire confiée à un grand homme; mais s'il eût alors existé, la vanité l'aurait méconnu et les passions l'auraient écarté. D'ailleurs, aucune circonstance n'avait jusque-là élevé la gloire d'un homme assez haut pour qu'on se soumît à sa supériorité.

Tous les hommes de talent à cette époque, qui se reprochent encore aujourd'hui leurs divisions, et qui croient qu'en s'entendant plus franchement, ils auraient terminé la révolution, ignorent sans doute qu'ils n'avaient de puissance qu'en suivant le torrent de l'opinion, et qu'ils auraient été sans force s'ils avaient voulu en arrêter le cours. Les digues étaient rompues, les mots électriques étaient prononcés, les passions étaient enflammées, et les malheurs de l'anarchie devenaient presque nécessaires pour que le peuple distinguât la liberté de la licence, et sentît enfin le besoin d'un gouvernement.

Tous les faits se réunissent pour démontrer ces vérités : les membres les plus célèbres de l'assemblée constituante, malgré leur éloquence, éprouvèrent la faiblesse de leur influence lorsqu'ils voulurent contenir les jacobins, maintenir la tolérance réelle des cultes, prévenir les progrès de la puissance des piques, réprimer les séditions, faire exécuter les jugemens prévôtaux, ralentir la marche de l'assemblée dans ses décrets sur le clergé, et prévenir la guerre que pouvaient attirer d'imprudentes déclamations. Tout ce que purent faire alors les esprits les plus sages et les mieux intentionnés, fut de retarder la seconde révolution que les passions des aristocrates, les fureurs des factieux et la faiblesse du gouvernement rendaient inévitable.

L'assemblée, entraînée par sa première impulsion, acheva de détruire, pièce à pièce, toutes les anciennes institutions : parlemens, ordres, grades, communautés, maîtrises, tout fut enveloppé dans la même proscription.

Toutes ces démolitions remplissaient de trop de décombres le chemin que l'assemblée avait à parcourir, pour qu'elle pût arriver à son premier but, la restauration des finances. M. Necker, depuis son retour, avait éprouvé que la faveur populaire est encore plus inconstante que celle des rois. Il semblait, lorsqu'il partit, que le sort de la France était attaché au sien, et que son génie pouvait seul la sauver. Mais le terme de son triomphe fut celui de son voyage. A peine arrivé, il vit les sections de Paris révoquer une grâce qu'il avait obtenue de la commune. Le même peuple, qui avait porté son buste avec ivresse, écouta ses conseils avec indifférence. L'assemblée constituante, dont il ne partageait pas le système niveleur, reçut froidement ses plans, modifia son premier emprunt, de manière à en perdre le fruit, et n'adopta, de ses idées, que celle d'un impôt patriotique et volontaire, qui donna plus d'espérance que d'argent.

Peu de temps après, Mirabeau, malgré l'opposition de ce ministre, fit décréter par l'assemblée la création de ce papier-monnaie célèbre, de ces assignats qui prolongèrent tant d'illusions, créèrent tant de prodiges, et payèrent tant de crimes. Cette source nouvelle de richesse imaginaire étant ouverte, cette puissance factice et redoutable étant créée, l'habileté en administration ne fut plus nécessaire; toutes les prédictions de la sagesse furent pour le moment démenties. La folie, avec de nouveaux calculs, conçut et communiqua à tout le peuple des espérances sans limites. M. Necker quitta une seconde fois la France, qui s'était soulevée tout entière peu de temps avant pour obtenir son retour, et qui ne parut pas alors s'apercevoir de son départ.

La constitution civile du clergé et la saisie de ses biens, la suppression des droits féodaux, l'abolition de la noblesse, des ordres religieux, des parlemens, des universités; et l'insuffisance du pouvoir laissé au gouvernement, avaient produit deux effets inévitables : d'un côté, le ressentiment profond gravé dans l'âme des rois, des nobles, des prêtres et de tous ceux dont les jouissances étaient détruites ou menacées; de l'autre, une méfiance active et sans bornes qui agitait le peuple, et le portait à persécuter ses adversaires pour les mettre dans l'impossibilité de se venger. Des deux côtés les passions étaient allumées; on n'écoutait plus la justice; on ne se croyait plus obligé à la bonne-foi, et on était prêt à se servir des moyens les moins légitimes pour arriver à son but.

L'aristocratie se plaignait des violences du

parti qu'elle projetait d'écraser; le parti populaire s'étonnait des plaintes, des reproches et du ressentiment de ceux qu'il dépouillait, et qui voyaient à chaque instant leurs jours menacés par une populace en fureur, dont les chansons mêmes avaient la haine pour verve et l'assassinat pour refrain *.

Au milieu de l'agitation de tous ces partis, un homme d'un grand talent voulut essayer d'arrêter la démocratie dans sa route, et de soutenir le trône dans sa chute. Mirabeau, célèbre par sa profonde immoralité, son génie actif, sa vaste érudition et sa brillante éloquence, n'écoutant, au commencement de la révolution, que le désir violent de renverser M. Necker et d'arriver au ministère, avait contribué plus que tout autre à l'armement de la multitude, à l'exaspération des esprits et à la destruction de l'ordre. Il s'était vanté lui-même à la tribune d'avoir *démuselé le tigre*, *sans prévoir comment on pourrait lui remettre un frein;* mais dès que son œil pénétrant eut sondé la profondeur de l'abîme qu'il avait ouvert, il voulut le fermer; et, après avoir ébranlé le trône, il s'en rapprocha pour le raffermir. Son but n'était pas, comme ses ennemis l'en accusèrent, de rétablir le pouvoir arbitraire; un

* Ce refrain était : *Les aristocrates à la lanterne !*

tel plan était trop contraire à ses goûts et à
son intérêt pour qu'il en conçût l'idée : il voulait donner à la France une constitution à peu près semblable à celle d'Angleterre, parce qu'il savait qu'avec cette forme de gouvernement, le talent acquiert facilement une fortune solide, et que l'éloquence y devient toujours une puissance respectée.

Le caractère de Mirabeau permet qu'on le soupçonne d'avoir reçu de l'argent de la cour; mais ceux qui l'ont étudié doivent savoir qu'il ne s'en serait jamais servi pour la remettre en mesure de n'avoir plus peur ni besoin de lui. Ce qui est constant, c'est qu'il voulut arrêter le torrent dont il avait rompu les digues. La mort vint le frapper lorsqu'il méditait cette entreprise difficile, entreprise si tardive qu'on doit croire qu'il y aurait échoué. Il était pendant sa vie assez généralement méprisé ; il fut universellement pleuré lorsqu'il mourut : on eût dit que sa tombe renfermait ses vices, et ne laissait plus exister parmi nous que le souvenir de ses talens.

Privé de son appui et de ses conseils, le roi, effrayé des orages qui l'entouraient, voyait, malgré ses sacrifices nombreux et successifs, son pouvoir d'autant plus suspect qu'il était plus affaibli ; il s'était plus facilement résigné que la reine à la perte de son autorité; mais la constitution civile du clergé, et le schisme qui pouvait en être le résultat, effrayaient sa conscience. Il se repentait de la faiblesse qui lui avait fait donner sa sanction à ce décret, et brûlait du désir d'expier cette faute.

On profita de cette disposition de son esprit pour lui faire adopter un plan d'évasion mal calculé et encore plus mal exécuté; ce plan devait, dit-on, concilier tous les partis; il ne fut utile qu'aux jacobins, en enlevant au monarque la confiance du peuple, et en discréditant tous ceux qui voulurent soutenir son trône.

Louis XVI partit le 21 juin pour se rendre à Montmédy, où M. de Bouillé l'attendait avec quelques troupes. Plusieurs détachemens avaient été envoyés sur la route pour favoriser sa marche. Le roi, qui était sorti la nuit de Paris, suivi de toute sa famille, sans déguisement, avec deux gardes-du-corps, et dans une voiture dont la forme seule pouvait exciter la curiosité et fixer l'attention, fut reconnu par un maître de poste, et arrêté à Varennes par quelques paysans. En vain on conseilla à ce prince de forcer un si faible obstacle; les hussards qui l'escortaient y étaient disposés: il ne voulut pas verser une goutte de sang, et se laissa tranquillement arrêter et reconduire à Paris,

au milieu des insultes d'une foule immense de
peuple qui l'accusait de perfidie et lui reprochait sa faiblesse.

1791.

Ces événemens devaient exciter dans Paris plus de désordre et de fureur que ceux du mois de juillet 1789. Les sages le craignaient, les factieux l'espéraient, et tous se trompèrent. En vain les jacobins ameutèrent la populace autour de l'hôtel-de-ville pour demander la tête du général la-Fayette, qu'on accusait de complicité avec le roi : son sang-froid et sa fermeté continrent les flots de cette multitude; et, l'assemblée constituante ayant ce même jour montré beaucoup de calme et de sagesse, tout le peuple fut rassuré et n'écouta plus les cris des démagogues.

A cette époque parut le parti républicain, mais si faible dans sa naissance et si incertain dans ses vues, qu'il fut encore impossible d'en prévoir le triomphe et les destinées. Dès qu'on sut l'arrestation du roi, on délibéra sur son sort. Presque tous les patriotes les plus influens, jusque-là divisés, se réunirent pour s'opposer à une ardente minorité qui voulait le juger et prononcer sa déchéance. MM. de Lameth, Barnave et Duport, se joignirent, dans cette occasion, au général la Fayette pour sauver Louis XVI; et, comme on ne pouvait plus se faire illusion sur ses intentions, on prit le parti de suspendre l'exercice de son pouvoir, jusqu'à l'acceptation de la constitution qu'on devait réviser. Cette conduite était plus humaine et plus noble que politique; elle irrita les démagogues, excita la méfiance du peuple, et ne calma point le ressentiment des aristocrates, qui trouvaient l'assemblée tout aussi coupable en emprisonnant le roi qu'en le détrônant.

La révision de la constitution fut très incomplète; on n'en corrigea pas les bases; la méfiance présidait à ce travail, et l'assemblée, avant d'avoir terminé son ouvrage, fut témoin des premières tentatives du parti qui se préparait à le renverser. Au Champ-de-Mars, une troupe nombreuse d'hommes ardens, suivie d'une foule animée par leurs discours, se rassembla sous le prétexte de rédiger une pétition. Le but de cette pétition était d'obtenir le jugement du roi, et d'établir le gouvernement républicain. La municipalité voulut en vain dissiper, par la persuasion, ce rassemblement séditieux; elle fut insultée, et la garde nationale, obligée de repousser la violence par la force, ne parvint à dissiper les rebelles qu'après en avoir tué un assez grand nombre.

Le général la Fayette, à qui l'on fit depuis un crime de cette résistance, n'eût cependant à se reprocher alors que trop de modération. Il avait, le matin, fait rendre la liberté à un homme qui venait de lui tirer un coup de fusil. Le soir, il avait contenu long-temps la juste indignation de la garde nationale, qui se voyait assaillie à coups de pierres ; et, après un feu assez vif, mais qu'il fit cesser dans l'instant, il crut cette rebellion suffisamment réprimée. C'était cependant une grave et réelle conspiration contre la constitution ; et si ces premiers conjurés avaient été punis sévèrement, peut-être ils n'auraient pas eu d'imitateurs ; mais le général la Fayette, fort zélé patriote, n'était point proscripteur.

Les tribunaux poursuivirent lentement cette affaire, ainsi que le procès des hommes accusés comme complices de l'évasion du roi ; peu de temps après, une amnistie générale termina définitivement ces poursuites, et accorda une impunité tranquille à tous ceux qui venaient de menacer la constitution, et qui parvinrent depuis à la renverser. Elle avait été fondée avec violence, elle fut défendue avec faiblesse : ce qui ne doit pas surprendre ; car tous les esprits avaient été plus dressés à l'attaque qu'à la défense ; et les factions tuent presque toujours ceux qui les font naître.

Cependant l'effet de cette journée fut de

comprimer pour quelque temps les factieux, et de donner près d'une année de repos à la France. L'acte constitutionnel fut présenté au roi, qui l'accepta. On lui rendit une liberté et un pouvoir aussi illusoires que son acceptation. L'assemblée constituante, qui aurait dû employer beaucoup d'efforts et d'années à réparer ses erreurs, à ramener les esprits, à corriger, à soutenir, à consolider son ouvrage, se sépara en laissant le trône sans force, la liberté sans base et le peuple sans frein.

Si, au lieu de se dissoudre, elle s'était renouvelée partiellement, que de calamités elle eût épargnées à la France! Cette faute capitale que commit l'assemblée constituante, en décrétant que ses membres ne pouvaient être réélus, est la cause la plus évidente des malheurs et des crimes dont gémit encore la nation française.

Mais cette faute était presque inévitable. Le parti aristocratique qui existait dans cette assemblée, n'aurait point consenti à voir réélire des hommes qui lui avaient enlevé ses priviléges. Les têtes ardentes, qui trouvaient qu'on n'avait pas assez démoli, et qui regardaient même comme une contre-révolution l'imparfaite révision de l'acte constitutionnel, voulaient se débarrasser des digues qui les arrêtaient; elles espéraient qu'une assemblée nouvelle se laissera␣t plus facilement entraîner.

La majorité des députés, plus enthousiaste que politique, croyait prouver son désintéressement et la pureté de ses vues en se déclarant inéligible. Ainsi, vingt ou trente orateurs distingués auraient seuls voté pour la rééligibilité; ils en voyaient la nécessité; mais, certains de n'être pas soutenus, et de se perdre dans l'opinion en résistant à un décret qui semblait très populaire, ils cédèrent sans débats aux circonstances, et rentrèrent dans le rang des simples citoyens.

Par une fatalité inconcevable, dans tous les partis des motifs différens aveuglèrent tous les esprits, et chacun abandonna le poste qu'il devait défendre. Les députés se déclarèrent inéligibles; le vertueux Bailly quitta la place de maire de Paris; le général la Fayette ne voulut plus être commandant de la garde; il fit décréter que ce commandement serait alternatif et partagé; la plupart des officiers avaient quitté leurs corps pendant la suspension du roi; les émigrés, par leur fuite, augmentaient le danger du monarque et la méfiance du peuple; presque tous les hommes de talent refusaient ou quittaient le ministère; et l'infortuné Louis XVI, isolé, voyait tous ses appuis s'éloigner de son trône chancelant, tandis que la faction qui le menaçait augmentait chaque jour en nombre, en force et en audace.

Malgré toutes ces fautes de tous les partis, la fin des travaux de l'assemblée et l'acceptation de la charte constitutionnelle excitèrent en France une joie universelle; tout ce qui n'était pas aigri comme les ordres privilégiés, ou clairvoyant comme les politiques, c'est-à-dire l'immense majorité de la population française, crut la liberté assurée, l'égalité garantie, la tranquillité solide et la révolution terminée. Cet esprit public, qu'on éteignit ensuite dans des flots de sang, jeta, pendant quelques momens, un assez vif éclat pour arrêter les rois de l'Europe qui se liguaient contre la France, et pour suspendre leurs coups.

Il est temps d'examiner l'influence de tous ces orages sur la conduite de la Prusse et des autres puissances monarchiques, de rendre compte des événemens qui s'étaient passés en Europe depuis 1789 jusqu'en 1791, et de peindre le changement total que les progrès de la révolution opérèrent dans le système politique des rois.

CHAPITRE VIII.

Succès des Impériaux. — Efforts des rois de Prusse et d'Angleterre pour arrêter leurs progrès. — Défaite et victoire de Gustave. — Mort de Joseph II. — Son portrait. — Révolution de Brabant. — Révolution de Liége. — Traité de Frédéric-Guillaume avec la Porte et la Pologne. — Il marche à la tête de son armée en Silésie. — Danger de l'Autriche. — Influence de la révolution de France sur la politique de Frédéric-Guillaume. — Habile prudence de Léopold. — Congrès de Reichenbach. — Fautes des Polonais. — Efforts infructueux de M. Pitt pour décider les Anglais à combattre la Russie. — Paix de Varela, entre Catherine et Gustave. — Léopold, empereur. — Constitution de Pologne. — Léopold soumet le Brabant. — Conférences de Padoue ou de Mantoue. — Conférences de Pilnitz. — L'acceptation de la constitution suspend l'exécution des mesures prises dans ces conférences.

Tandis que la France était livrée à tous les orages qu'excitaient dans son sein tant de passions opposées, l'impératrice de Russie, sans être détournée de ses projets par la diversion des Suédois, continuait à battre les Turcs, et ses armées faisaient des progrès rapides sur le territoire ottoman. Potemkin, après avoir enlevé Akermann, Palanka, Katchybey, formait le siége de Bender, dont il s'empara peu de temps après. Suwarow et Cobourg réunis

1790.

battirent complètement l'armée du grand-visir, et la Porte effrayée consentit à ouvrir des conférences à Foczany, pour mettre un terme à cette guerre désastreuse.

Les rois de Prusse et d'Angleterre, dans le dessein d'empêcher cette paix, voulurent former une ligue puissante qui ranimât le courage des Turcs, et rendît inutiles les efforts de leurs ennemis. Jamais les négociations n'avaient été plus actives; jusqu'alors on n'avait fait qu'intriguer, on se disposa sérieusement à combattre.

L'Angleterre promit aux Suédois une armée navale et de l'argent; les Polonais s'allièrent avec la Porte; et Frédéric-Guillaume, qui voulait se mettre à la tête de cette ligue formidable, rassembla des troupes, fit acheter quatorze mille chevaux, et pressa vivement les Polonais d'achever leur nouvelle constitution, qu'il approuvait alors et qu'il renversa deux ans après. Il écrivit au roi de Pologne pour hâter la conclusion de son alliance avec lui.

L'année précédente, lorsque le ministre de France en Russie avait averti les cours de Versailles et de Madrid des projets du cabinet prussien sur Dantzick et Thorn, le roi de Prusse s'était plaint d'être ainsi calomnié; mais alors, en négociant avec Stanislas-Auguste, il demanda ouvertement la cession de ces deux villes; et cette demande, qui indigna les Polonais et qui commença à dessiller leurs yeux, suspendit quelque temps la conclusion de l'alliance.

Frédéric-Guillaume [*], ne voulant pas que cette discussion fît échouer le plan qu'il avait formé, se désista pour le moment de ses prétentions, et conclut un traité avec la Pologne : en même temps il fomentait des troubles en Hongrie, soutenait l'insurrection brabançonne, permettait même au général Schonfeld de commander l'armée insurgée; et protégeait le peuple liégeois, révolté contre l'évêque, quoiqu'il fût chargé, comme directeur du cercle, d'exécuter le décret de la chambre de Wetzlaër contre les rebelles.

A cette époque, c'est-à-dire au mois de janvier 1790, l'empereur Joseph II mourut. Les voyages et les fatigues militaires avaient altéré son tempérament; le travail avait épuisé ses forces; le chagrin enflamma son sang et hâta la fin de ses jours. Son caractère offrait un singulier mélange de qualités qui lui donnèrent

[*]. Voyez *Pièces justificatives*.
Lettre du roi de Pologne au roi de Prusse, 17 mars 1790; et Lettre de Frédéric-Guillaume au roi de Pologne, 11 août 1790.

quelque gloire, et de défauts qui la ternirent. Simple dans ses mœurs, dur pour lui-même, indulgent pour les autres, affable pour tous ses sujets, constamment occupé des devoirs de son rang, infatigable pour le travail, supportant la critique sans humeur, méprisant la mollesse, bravant les dangers, il s'intéressait à tous les arts et favorisait tous les talens.

Instruit dans l'art militaire par Laudon et Lascy, formé à la politique par Kaunitz, versé dans la littérature ancienne et moderne, le commerçant, le soldat, le savant trouvaient également sa conversation intéressante et instructive. Aucun préjugé n'enchaînait son esprit; et tout semblait, sous un tel prince, promettre à ses peuples un règne glorieux; mais de graves défauts anéantirent ces brillantes espérances.

Ambitieux sans génie, entreprenant sans constance, et guerrier sans succès, il ne laissa jamais l'Europe en repos, changea sans cesse de plan, et échoua dans presque tous ses projets. Sa guerre de Bavière ajouta quelques lauriers à la couronne du grand Frédéric, et ne lui en valut aucun; il menaça la Hollande, qui le désarma par quelques coups de canon et un léger tribut. Il voulut forcer le duc des Deux-Ponts à consentir à l'échange de la Bavière contre les

Pays-Bas, et fut arrêté dans ce dessein par les menaces du roi de Prusse, qui, depuis cette époque, fut regardé comme le protecteur de l'Empire contre l'ambition autrichienne. La crainte des armes de la Prusse le porta à faire des sacrifices impolitiques à la Russie pour acheter son alliance. Il se fit courtisan de Catherine, lui facilita la conquête de la Crimée, orna la pompe triomphale de son voyage en Tartarie, et se laissa entraîner par elle dans une guerre désastreuse qui lui coûta deux cent mille hommes, épuisa ses trésors, et exposa la maison d'Autriche aux dangers d'une ruine qui eût été certaine, si Frédéric-Guillaume avait su profiter de ses fautes.

Joseph II était avare, et ruina son pays; il était philosophe dans ses opinions, mais despote dans sa conduite; il aurait guéri ses sujets de leurs préjugés en les éclairant; il les révolta en voulant les conduire à la raison par la force; dans le même temps où la France s'insurgeait pour détruire la domination des nobles et des prêtres, il trouva le moyen de perdre momentanément les Pays-Bas, en y supprimant d'autorité les justices seigneuriales, en y établissant par contrainte la tolérance des cultes.

Oubliant qu'il commandait à plusieurs peuples qui n'avaient ni les mêmes lumières, ni les mêmes mœurs, ni le même esprit, il voulut, au mépris de leurs penchans, de leurs habitudes et de leurs priviléges, les assujettir uniformément et rapidement aux mêmes lois, à la même forme d'administration, leur inspirer les mêmes principes, leur faire adopter la même instruction. Le triste résultat de ces inconséquences fut qu'il vit en mourant ses armées battues, ses finances ruinées, son influence dans l'Empire perdue, ses frontières menacées, la Hongrie en fermentation, les provinces belgiques en révolte, et la Prusse, sa rivale éternelle, à la tête d'une ligue menaçante, prête à renverser son trône sur son tombeau.

La mort de ce prince paraissait ouvrir une carrière plus vaste aux desseins ambitieux du cabinet prussien ; la maison d'Autriche se voyait menacée de perdre à la fois et ses États et le trône impérial ; mais la fortune, qu'on divinise, dépend des hommes ; elle est légère pour la témérité et constante pour la prudence : la puissance autrichienne, prête à s'écrouler, fut sauvée rapidement par la sagesse de Léopold, successeur de Joseph, par la versatilité de Frédéric-Guillaume, et par l'ardeur irréfléchie des Français, qui voulaient répandre partout une liberté dont ils étaient encore loin de jouir eux-mêmes.

Il faut, pour faire connaître la marche et l'importance de cette révolution politique, retracer rapidement les événemens principaux de l'insurrection brabançonne, et rappeler la position dans laquelle se trouvaient les pays soumis à la cour de Vienne, lorsque Léopold monta sur le trône.

Depuis un an, la Flandre et le Brabant étaient en pleine révolte; Joseph II ne pouvait plus compter sur l'attachement des Brabançons et des Flamands, depuis qu'il avait montré son indifférence pour eux, en proposant l'échange des provinces belgiques contre la Bavière.

Il avait depuis excité un vif mécontentement dans ces provinces, en démolissant leurs forteresses, en supprimant leurs privilèges garantis par la *joyeuse entrée*, en abolissant les juridictions seigneuriales, en réformant l'université de Louvain, en voulant contraindre des catholiques dominans et superstitieux à la tolérance de tous les cultes, en établissant des écoles normales que rejetait le clergé, en violant la liberté des états, enfin en nommant des intendans qui rendaient la liberté de la nation illusoire et l'autorité du prince absolue.

Les premiers troubles excités par ces réformes, en 1788, avaient été plutôt assoupis qu'éteints. L'empereur, qui avait paru céder aux circonstances, poursuivit avec plus d'opiniâtreté l'exécution de ses projets, dès qu'il eut fait passer en Brabant assez de troupes pour espérer de forcer les mécontens à l'obéissance : l'événement trompa son attente. Van-der-Noot, avocat sans lumières, intrigant sans génie, mais orateur verbeux et hardi, instrument docile du prêtre Van-Eupen, hypocrite profond et politique adroit, enflamma les esprits au nom de la religion et de la liberté. Encouragé secrètement par la Hollande, l'Angleterre et la Prusse, il souleva le peuple qu'animaient les prêtres et un grand nombre de nobles : on courut aux armes.

Ce mouvement, regardé d'abord à Vienne comme une sédition, prit bientôt le caractère d'une véritable insurrection ; le duc de Saxe-Teschen et l'archiduchesse, sa femme, furent obligés de céder à l'orage ; les troupes autrichiennes, assez fortes pour apaiser des émeutes, mais trop peu nombreuses pour résister à un peuple armé, firent une résistance inutile ; les insurgens les battirent, s'emparèrent de Gand, de Bruxelles, de Namur et d'Anvers. Les états confédérés, fiers de leurs succès, se déclarèrent libres, et crurent leur indépendance d'autant plus solide que la ligue anglo-prussienne la désirait, et qu'ils comptaient être soutenus par la France.

Cette révolution aurait en effet été durable, si les insurgés n'avaient pas été enivrés par la victoire, et si la sagesse avait succédé à l'impétuosité. L'indépendance des provinces belgiques convenait à la politique des puissances ennemies de la cour de Vienne, car elle n'avait encore pris aucun caractère qui pût les alarmer directement. Cette révolution était aristocratique et sacerdotale; on voulut la rendre démocratique; et les rois ouvrirent les yeux.

A peine le congrès belgique fut-il formé, qu'il prit un ton menaçant; ignorant que la liberté, dans son berceau, doit être nourrie par la prudence, il prit le langage d'une puissance formidable et consolidée; et, délivré de toute crainte pour le présent, par la retraite des Autrichiens, il ne songea pas à écarter les dangers de l'avenir par des lois sages, propres à maintenir dans l'intérieur la paix, l'union et la force.

Électrisés par l'enthousiasme communicatif des patriotes français, les Belges proclamèrent la souveraineté du peuple. Dans leur position, rien n'était moins prudent: la connaissance de ce principe, ou plutôt de ce fait, refroidit les cours qui protégeaient les insurgens, et fit naître parmi les patriotes des factions qui les perdirent.

Il est difficile de faire comprendre à la fois au peuple qu'il est la source de tous les pouvoirs, et qu'il ne peut exercer par lui-même la souveraineté : c'est une vérité qu'il n'apprend qu'après de longs et funestes égaremens.

La Flandre jouissait, avant la révolution, d'une constitution plus libre et d'une représentation plus égale entre les divers ordres ; elle avait peu souffert des innovations de l'empereur : aussi, quoiqu'elle eût partagé l'enthousiasme des Brabançons pour conquérir l'indépendance, elle eut la sagesse de respecter ses lois antiques ; elle perfectionna seulement ses anciennes institutions et conserva sa tranquillité.

Dans le Brabant, au contraire, quelques têtes ardentes, voulant tout détruire pour tout gouverner, réveillèrent l'ambition et la cupidité des classes inférieures, substituèrent les rêves métaphysiques aux idées politiques, armèrent le faible contre le puissant, le plébéien contre le noble, l'incrédule contre le superstitieux, le pauvre contre le riche, et répandirent partout les feux de la discorde.

Les apôtres de la révolution française, de

bonne-foi, et les partisans de l'Autriche, par artifice, échauffaient cette faction et entretenaient la division qu'elle faisait naître. Bientôt cette division produisit des partis fortement prononcés qui se firent une guerre violente. L'un de ces partis, conduit par l'aristocratie et le clergé, voulait conserver aux états leur ancienne organisation, avec de légères modifications; l'autre était décidé à les refondre sur un nouveau plan entièrement démocratique. Les uns et les autres, n'invoquant que le bien public et n'écoutant que leurs passions privées, se servaient de la même arme pour se déchirer : c'était au nom du peuple souverain qu'ils parlaient, c'était pour la gloire du peuple qu'ils agissaient; le peuple était également leur idole apparente, leur jouet aveugle et leur instrument cruel.

Les intrigues de la politique alimentaient le feu de ces factions; la Prusse et l'Angleterre souhaitaient que ces provinces formassent une petite république soumise à leur influence; la cour de France désirait qu'elles rentrassent sous la domination autrichienne. Les patriotes français cherchaient, par leurs émissaires, à répandre leurs opinions dans ce pays, et le parti démocratique, qui les secondait, avait en effet pour but de faire adopter par les Belges tous les principes nouvellement proclamés en France : il voulait détruire en un an les préjugés de plusieurs siècles.

Les plus modérés de cette faction prétendaient au moins prendre une grande partie des biens du clergé et abaisser la noblesse; mais la résistance fut plus vigoureuse que les novateurs ne le croyaient; la philosophie moderne avait fait peu de progrès dans le Brabant, et il n'était pas facile de métamorphoser si promptement les opinions d'un peuple flegmatique, que la noblesse n'opprimait pas, et que la superstition attachait au clergé.

Dans cet état de division des esprits, chaque jour voyait éclore un nouveau projet de constitution; tous ces plans, rédigés avec trop de précipitation, appuyés sur des idées plus métaphysiques que politiques, heurtaient trop de passions pour concilier les partis et réunir les suffrages : on venait de s'armer contre l'empereur pour l'intérêt de quelques moines, et, par une inconséquence remarquable, on voulait détruire le clergé dont on avait pris la défense. Cet ordre, qui avait excité le peuple à la révolte, conservait trop de crédit sur lui pour qu'il pût être si promptement renversé. On ne calculait ni le lieu, ni le temps, ni les hommes; enfin on poussait le délire au point de croire qu'il est aussi facile de faire des républicains que des projets de république.

Il fallait au moins dans cette grande crise un dictateur, et chacun voulait être chef : aussi le résultat de toutes ces fautes fut une de ces chutes rapides que la vanité fait toujours et ne prévoit jamais.

Les démocrates, ayant échauffé un certain nombre de ces têtes avides d'innovations, que l'ignorante ambition et les fausses lumières multiplient partout dans ce siècle, s'opposèrent à tous les plans des états; ils proposèrent de dissoudre toutes les autorités, et d'appeler la nation en corps pour se constituer. Secondés dans leurs projets par une partie de l'armée, par les clubs qu'ils avaient formés, leurs opinions étaient rapidement propagées par tous ces écrivains, ces libellistes incendiaires, fanatiques et calomniateurs, qui se taisent lorsque l'ordre règne, qui ne se montrent que dans les orages, et qui ressemblent à ces insectes qu'attire la dissolution des corps.

Les états, alarmés de ces projets, et redoutant la révolution qu'aurait opérée le succès de la pétition des opposans, employèrent de leur côté les mêmes armes dont se servaient leurs ennemis. De ce moment la division des opinions devint une guerre déclarée : on s'accabla réciproquement de pamphlets, d'injures et de menaces; les deux partis, s'armant au nom du peuple, toujours instrument et victime de pareils débats, rejetèrent toute voie conciliatrice, sacrifièrent leur patrie à leurs passions, et perdirent, en se déchirant, la liberté que leurs efforts réunis pouvaient seuls défendre.

Les aristocrates du Brabant, non moins aigris, mais plus adroits que ceux de France, se gardèrent bien de déclamer contre la liberté, contre la souveraineté nationale; ils savaient que la force était dans le peuple, ils ne songèrent qu'à s'en emparer : ils flattèrent les passions de la multitude, firent signer par elle de nombreuses adresses pour donner une apparence populaire aux décrets qui devaient affermir leur autorité; enfin ils se firent démagogues pour écraser les démocrates.

Cette démarche n'était pas prévue, et son succès fut rapide. La populace, animée par des écrits analogues à ses idées, par des promesses qui la séduisent toujours, par des largesses auxquelles elle ne résiste jamais, traita en ennemis du peuple les hommes qui voulaient donner au peuple tous les pouvoirs. Le parti populaire, insulté, menacé, proscrit, vit en un instant ses propositions rejetées, ses intentions dénaturées, ses mesures rompues, ses volontaires licenciés, ses clubs dispersés et toutes ses espérances détruites. Les officiers de l'armée qui s'étaient déclarés pour lui furent destitués ; le général Van-der-Mersch, qu'on regardait comme le chef de cette faction, fut arrêté.

Le pillage, les délations, les emprisonnemens, les assassinats furent les suites de ce triomphe : toute faction victorieuse abuse toujours de la victoire ; l'esprit de parti rend tous les cœurs barbares et tous les caractères inflexibles. Le fanatisme politique est aussi sanguinaire que le fanatisme religieux ; et lorsqu'un parti, soit monarchique, soit aristocratique, soit démocratique, est assez aveugle pour déchaîner la populace, il n'est plus le maître de réprimer sa fureur, de prévenir ses excès et de punir ses crimes. Il est regardé par elle comme traître s'il lui résiste ; il devient un tyran s'il lui cède : c'est une arme empoisonnée ; celui qui s'en sert avec le plus de succès finit toujours par en être victime.

Depuis ce moment, le Brabant devint un théâtre sanglant de discorde, de haine et d'anarchie : la nation, le congrès et l'armée, minés par leurs passions, affaiblis par leurs divisions, n'inspiraient plus d'intérêt à leurs protecteurs, ni de crainte à leurs ennemis ; ils se virent hors d'état de résister à l'empereur. Il n'existait plus d'union dans les esprits, de sagesse dans les lois, d'énergie dans les volontés, de concert dans les opérations; et, la ligue anglo-prussienne ayant changé totalement de système, peu de temps après, par des motifs que nous allons développer, les insurgens furent tout à coup frappés de terreur.

Le congrès, aussi timide dans les revers qu'il avait été présomptueux dans les succès, entama partout des négociations inutiles, supplia vainement ceux qu'il avait menacés, se vit entièrement abandonné par le peuple qu'il avait trompé, et dont il chercha inutilement à prolonger l'illusion. Les Autrichiens parurent, les troupes brabançonnes se débandèrent, et une seule patrouille de hussards prit possession de la capitale.

Cette honteuse catastrophe n'éclaira point d'autres peuples sur les dangers de l'anarchie; mais elle trompa tous les rois et tous les grands de l'Europe : ils oublièrent la différence qui existe entre une petite province et un vaste empire, entre un peuple trop ignorant et un peuple trop éclairé; ils crurent que la révolution française n'avait pas des racines plus profondes que l'insurrection brabançonne; enfin le roi de Prusse rêva qu'on pouvait subjuguer la France aussi facilement que le Brabant; cette erreur inconcevable et funeste fut une des principales causes de cette guerre fatale qui a trompé tant de politiques, immolé tant de victimes, et qui désole encore aujourd'hui l'Europe.

Pour ne pas interrompre cet abrégé très rapide, mais peut-être suffisant, de la révolution des Pays-Bas, nous avons été forcés d'anticiper sur les autres événemens qui occupèrent pendant sa durée la politique européenne : il faut à présent y revenir.

Tandis que le roi de Prusse fomentait l'insurrection des Belges *, et souffrait que le général Schonfeld commandât leurs troupes, il prenait assez ouvertement le parti de la ville de Liége contre son évêque.

Les Liégeois avaient le droit de réclamer la restitution de leurs anciens priviléges, dont on les avait peu à peu dépouillés. Ils pouvaient même demander au corps municipal et aux états du pays une autre constitution mieux calculée pour leur prospérité. Les tribunaux de l'Empire n'auraient peut-être pas été inaccessibles à leurs demandes. Les intrigues des

* Ce désir du roi de Prusse de protéger la révolution du Brabant, est prouvé par une lettre du général Schlieffen à M. de la Fayette, du 23 février 1790. Voyez *Pièces justificatives*.

chanoines tréfonciers, l'ambition de l'évêque protégé par quelques cours, avaient pu provoquer contre eux d'injustes décisions; mais on avait suivi les formes consacrées par la constitution germanique; et, pour faire révoquer ces décisions, ces mêmes formes devaient être aussi respectées par le peuple de Liége.

Ce peuple, avant de tenter aucun moyen sage et légal, arracha par la violence ce qu'il devait obtenir par la justice; il s'insurgea; changea ses magistrats, chassa son évêque, et se mit en possession du plein exercice de la souveraineté.

Un décret de la chambre de Wetzlaër, condamnant une pareille infraction des lois de l'Empire, ordonna aux directeurs du cercle de faire rentrer les rebelles dans leur devoir. Frédéric-Guillaume, chargé de l'exécution d'un décret dont il ne pouvait contester la validité, prit des tempéramens, proposa des modifications; et les troupes qu'il fit entrer dans Liége parurent plutôt destinées à protéger les Liégeois qu'à les soumettre. La correspondance entre le monarque et l'évêque fut aigre, et la négociation infructueuse *.

Les politiques les moins clairvoyans ne dou-

---

* Voyez *Pièces justificatives*.
Lettre du roi de Prusse à l'évêque de Liége, le 22 avril 1790.

taient pas que la modération dont se parait le cabinet de Berlin ne couvrît des vues plus ambitieuses. Il protégeait la révolte de la Belgique, négociait pour les Liégeois, encourageait les Suédois, excitait des troubles en Hongrie, s'alliait avec la Porte et s'armait contre la Russie. La Hollande adhérait aveuglément à tous ses plans. L'Angleterre, qui les partageait, profitant des troubles de la France épuisée, armait de nombreuses escadres; et, sous le vain prétexte de réclamer des vaisseaux contrebandiers pris par les Espagnols sur la côte occidentale du nord de l'Amérique, elle menaçait l'Espagne et lui déclarait la guerre.

Il était évident que la ligue anglo-prussienne voulait écraser les deux cours impériales et l'Espagne, ruiner la France par l'anarchie, et dominer toute l'Europe sans rivaux. Les circonstances étaient favorables, le succès probable; mais ces vastes projets échouèrent au moment de l'exécution, et dans l'espace d'une année ce système politique s'écroula en totalité. Il n'en resta pas de trace : les illusions disparurent, l'ambition changea d'objet, les monarques rivaux se rapprochèrent, les ennemis devinrent alliés ; et, la haine contre la révolution française éteignant tout autre passion, on ne s'occupa plus qu'à former contre la France une ligue générale, qui eut le succès qu'ont presque toujours les grandes coalitions; assemblages d'intérêts contraires, pareils dans l'ordre politique à ces êtres bizarres, fruit de l'union d'espèces opposées, qui étonnent les regards par leurs formes brillantes, mais qui sont condamnés par la nature à ne jamais rien produire.

Tandis que la révolution française, celle du Brabant, l'insurrection de Liége, les préparatifs hostiles des Anglais contre les Espagnols, et le schisme de la France qui venait d'enlever Avignon à la cour de Rome, occupaient une partie de l'Europe, l'autre n'était pas moins agitée. Gustave et Catherine continuaient à se battre avec des succès balancés et infructueux.

Le roi de Suède, ayant rétabli l'ordre dans son armée par une sévérité mêlée de clémence, et par l'amnistie accordée aux confédérés d'Anjala, avait dû quelques avantages à la valeur habile du général Steding.

Sa flottille, battue d'abord par les Russes, et enfermée dans le golfe de Vibourg, avait exposé ce monarque à perdre ses vaisseaux et sa liberté. Mais, au moment où ses ennemis le croyaient sans ressources, il sortit en héros de cette position périlleuse; se faisant jour au travers des Russes qui l'entouraient, bravant le feu terrible qui le foudroyait, et remplissant à la fois les devoirs de général et de soldat, il força la ligne ennemie, rejoignit ses vaisseaux de guerre, détruisit les galères du prince de Nassau, prit ou coula à fond quarante-quatre bâtimens; et, après avoir effrayé, par cette victoire, l'impératrice, qui, de son palais, aurait pu entendre les coups de canon du vainqueur, il rentra dans ses ports, couvert de gloire, mais dégoûté d'une guerre qui l'avait exposé à tant de dangers, qui lui coûtait tant de sang, et dont le succès ne réalisait aucune des espérances qu'il avait conçues.

L'impératrice, aussi fatiguée que lui de cette guerre, ne jouissait pas sans inquiétude de ses succès contre les Turcs : rien n'arrêtait le cours de ses victoires; mais le roi de Prusse menaçait ses frontières et rassemblait des troupes. La révolution en Pologne montrait chaque jour une énergie plus imposante. Les Polonais semblaient avoir changé de caractère; leur légèreté paraissait fixée; aucune division ne troublait leurs délibérations; la vanité des grands se sacrifiait à l'intérêt public; un patriotisme éclairé présidait aux opérations de la diète; les impôts se payaient avec zèle; l'armée se formait avec promptitude; l'édifice d'une constitution sage s'avançait et promettait une grande force au gouvernement, une liberté tranquille aux nobles, de nombreux avantages au commerce, enfin beaucoup d'adoucissement au sort des paysans.

D'un autre côté, Léopold, effrayé par l'approche de deux armées commandées par le roi de Prusse, était forcé d'abandonner ses conquêtes sur les Ottomans, de rappeler en Bohême l'élite de ses troupes, d'y rassembler cent mille hommes; et Catherine allait inévitablement se voir privée du secours de cet allié, soit qu'il soutînt la guerre contre la Prusse, soit que, pour l'éviter, il se vît contraint de faire une paix séparée, dont Frédéric-Guillaume voulait dicter les conditions.

Dans une pareille position, tout annonçait un embrasement général. Les deux cours impériales se trouvaient dans une crise effrayante. Mais, au moment où la guerre paraissait prête à s'allumer, son flambeau s'éteignit dans les mains de Frédéric-Guillaume. Il changea de ministre et de système. L'Autriche respira; la Russie désarma son ennemi; la Porte ne fut que très faiblement punie de l'agression imprudente qu'on lui avait conseillée; la Pologne fut sacrifiée; et la paix, rétablie dans le Nord et dans l'Orient, laissa aux monarques de l'Europe la liberté de s'occuper uniquement du danger commun dont les menaçaient les orages de l'Occident.

La ligue anglo-prussienne, qui s'était occupée seulement d'étendre son influence et d'augmenter le nombre de ses alliés, de soutenir l'énergie des Polonais, de donner des espérances à la Porte, et d'aiguillonner l'ambition du roi de Suède, tant que les opérations des Russes avaient été lentes et les succès de la guerre balancés, s'était enfin décidée à agir efficacement dès qu'elle avait su que l'armée russe, après avoir envahi la Valachie, se disposait à passer le Danube. Tout lui faisait craindre la chute de l'empire ottoman : il fallait la prévenir, et la guerre semblait inévitable. On pouvait croire que la mort de l'empereur Joseph déciderait Frédéric-Guillaume à commencer les hostilités et à profiter des embarras d'un nouveau règne; mais cet événement, qui devait hâter sa détermination, la suspendit.

Joseph II, jugé sévèrement comme les princes que la fortune abandonne, et puni plus rigoureusement du bien qu'il avait fait que de ses fautes, laissait à son successeur un trône chancelant, environné d'écueils. On ne doutait pas que Léopold, effrayé de sa position et plus habitué au travail du cabinet qu'à l'exercice des armes, n'abandonnât tous les plans de son prédécesseur ; on croyait enfin qu'il se résignerait aux plus grands sacrifices pour conserver la paix.

Il la voulait en effet ; mais il la demanda avec dignité, et la négocia avec adresse. Il prêta l'oreille à toutes les propositions de la Prusse, de la Pologne et de la Porte ; mais, profitant habilement de la vanité de Frédéric-Guillaume pour écarter les dangers réels par une déférence illusoire, tirant parti de la crainte que la révolution de France commençait à inspirer, rassemblant avec promptitude une armée formidable, il trouva le moyen, par sa modération et sa fermeté, de conclure une paix honorable, qui lui garantit la possession tranquille de ses États, lui assura l'Empire, et fit rentrer dans le devoir ses provinces rebelles.

Hertzberg, fidèle au plan du grand Frédéric, voulait profiter des circonstances pour abaisser la maison d'Autriche. La fortune semblait avoir tout préparé pour réaliser ses espérances, lorsque tout à coup le système et le crédit de ce ministre, ardent lorsqu'il projetait, mais trembleur au moment d'exécuter, furent anéantis par les intrigues de ses rivaux, la faiblesse de son maître et l'habile prudence de Léopold.

Il n'est pas nécessaire de rappeler les motifs qui dirigeaient la politique de la cour de Vienne : elle avait tout à perdre en faisant la guerre, et tout à gagner en faisant la paix. Ses troupes étaient fatiguées, son trésor épuisé, ses sujets révoltés ; et la mort du célèbre Laudon, qui lui fut enlevé dans cet instant critique, décourageait plus l'armée que la perte de trois batailles.

Il est aussi facile d'exprimer la disposition de la Porte à terminer la guerre : elle devait profiter de l'embarras des Autrichiens pour recouvrer Belgrade, pour se délivrer d'un ennemi dangereux, et pour être en état de réunir toutes ses forces contre l'armée victorieuse de Catherine.

Ce qu'il faut développer, ce sont les raisons qui déterminèrent le roi de Prusse à changer de politique, à renoncer aux espérances d'agrandissement qu'il avait conçues, à perdre tout le fruit de ses intrigues, toutes les dépenses de ses préparatifs, à se contenter du rôle de pacificateur, après avoir voulu jouer celui de conquérant, enfin à ressusciter la puissance de l'Autriche, sa rivale constante et son ennemie naturelle.

Bischofswerder, les courtisans et les illuminés voyaient avec chagrin Frédéric-Guillaume à la tête de ses armées; ils sentaient qu'au milieu des orages militaires leur crédit tomberait et ferait place à celui des ministres et des généraux, dont l'expérience et les services seraient alors nécessaires et appréciés.

Le négociateur autrichien Spielman, agent confidentiel du prince de Kaunitz, et aussi délié en politique qu'Hertzberg était systématique et hardi, profita avec habileté de cette disposition des favoris du roi de Prusse, et fut parfaitement secondé par eux. On représenta à ce prince « qu'Hertzberg voulait lui
» faire sacrifier le bonheur à l'éclat; que le
» grand Frédéric s'était plus d'une fois repenti
» de son ambition, et que ses ennemis avaient
» porté leurs armes jusque dans la capitale.
» Les Turcs, vaincus et effrayés, pouvaient
» d'un moment à l'autre faire la paix avec
» l'impératrice. Il était d'ailleurs trop évidem-
» ment injuste et immoral que le roi de Prusse
» s'agrandît aux dépens de l'empire ottoman,
» dont il s'était déclaré le soutien, et qu'il
» avait lui-même excité à la guerre.

» Gustave avait trop peu de troupes pour
» faire une diversion puissante. Le gouver-
» nement britannique, habitué à ne remplir
» ses engagemens que lorsqu'il y trouvait son
» avantage, hésitait à commencer une guerre

» réellement contraire aux intérêts de son
» commerce. La Pologne, qui sortait à peine
» de l'anarchie, loin d'offrir des défenseurs
» utiles, avait elle-même besoin d'appui ; et
» il était probable que Frédéric-Guillaume, en
» suivant les conseils téméraires de son minis-
» tre, supporterait seul le poids de la guerre,
» dissiperait ses trésors, et verrait enfin son
» pays écrasé par les deux cours impériales.

» Au contraire, en pacifiant l'Europe, le
» roi de Prusse ne courait aucun danger,
» trouvait une gloire certaine, acquérait une
» influence prépondérante dans l'Empire, et
» assurait la prospérité de ses sujets. »

On joignait secrètement à ces raisons spé-
cieuses des motifs plus pressans et d'une importance plus générale.

« Le peuple français, disait-on, avait pro-
» clamé des principes qui tendaient à boule-
» verser l'ordre social, et qui devaient alar-
» mer toutes les puissances : le trône et l'autel
» étaient attaqués ; les distinctions de la nais-
» sance étaient détruites ; on déclarait la guerre
» des pauvres contre les riches, et des chau-
» mières contre les châteaux.

» Ces principes contagieux trouvaient par-
» tout des apôtres et des partisans ; l'étendard
» de l'égalité ralliait dans tous les pays les in-

» trigans, les ambitieux, les hommes las de
» leur obscurité ou avides de s'enrichir, tous
» ceux qui avaient perdu leur fortune et qui
» voulaient en acquérir.

» Le manteau de la philosophie, qui cou-
» vrait d'un voile respectable ces innovations
» dangereuses, les faisait adopter facilement
» par les hommes lettrés, dont aucune expé-
» rience n'éclairait la théorie, et par la multi-
» tude dont elle flattait les passions. Déjà les
» révolutionnaires français ne se contentaient
» plus de leurs triomphes intérieurs; ils avaient,
» au mépris des traités, dépouillé plusieurs
» princes de l'Empire de leurs droits; ils ré-
» pandaient leur système contagieux dans les
» provinces belgiques, et communiquaient
» leurs idées aux têtes ardentes de la diète po-
» lonaise; leurs clubs avaient établi des corres-
» pondances avec des clubs anglais; certains
» journaux de l'Allemagne servaient d'échos
» à leurs pamphlets : enfin ils venaient, à la
» fédération du Champ-de-Mars, de recevoir
» publiquement l'ambassade prétendue des pa-
» triotes de tous les pays du monde; ils dé-
» voilaient par-là complètement le désir et
» l'espérance de rendre leur révolution uni-
» verselle. Il était temps que les princes de
» l'Europe ouvrissent les yeux, qu'ils cessas-

» sent, par de misérables intrigues et de funes-
» tes divisions, d'offrir une proie aussi facile
» à ces nouveaux ennemis; il était temps enfin
» de se réunir, et, par une contenance ferme
» et sage, d'opposer une digue à ce fléau, dont
» on ne pouvait prévoir ni calculer l'étendue. »

Ces discours, où l'on confondait avec passion les intentions sages et les desseins coupables, les erreurs et les vérités, les opérations utiles et les folies, les principes et les abus, les patriotes et les factieux, la populace et le peuple, firent une vive impression sur l'esprit de Frédéric-Guillaume: on peut s'en convaincre par la note qu'il publia, et dans laquelle il dit « que son changement de système était
» déterminé par des motifs secrets d'une haute
» importance, et de nature à n'être dévoilés
» qu'aux yeux de la postérité. »

L'aversion du roi pour les fatigues militaires, son penchant pour les plaisirs, et l'amour qui l'occupait alors, contribuèrent à donner du poids aux conseils de ses favoris; et, lorsque les conférences de Reichenbach s'ouvrirent, il fut promptement décidé à la paix, quoique son langage menaçant et ses préparatifs hostiles annonçassent la guerre.

Ainsi, de toutes parts, plus on paraissait prêt à combattre, plus on désirait vivement la prompte conclusion de la paix. Léopold voulait obtenir la couronne impériale, réduire les Pays-Bas révoltés, et terminer honorablement la guerre ruineuse du Levant. Le but de Frédéric-Guillaume était de sauver les Ottomans sans être forcé d'employer ses armes pour les secourir, de se ménager la gloire de la médiation, et d'acquérir une prépondérance assez forte pour pouvoir maintenir l'équilibre dans le Nord, et arrêter les progrès de la Russie. Les Turcs voulaient profiter de la circonstance pour recouvrer, par la paix, les provinces qu'ils n'avaient pas su défendre.

Malgré ces dispositions réciproques, les négociations furent ralenties par l'opiniâtreté de Hertzberg et par la résistance de Spielman. Le ministre prussien, ne pouvant décider son maître à la guerre, prétendait au moins qu'il dictât impérieusement une paix avantageuse; il voulait que l'Autriche rendît la Gallicie à la Pologne, qu'elle conservât comme dédommagement Aleuta, Belgrade, Orsova, et la partie de la Croatie qu'elle avait prise aux Turcs. La Prusse devait se faire céder Dantzick et Thorn par les Polonais.

Mais la cour de Vienne craignait d'irriter l'impératrice de Russie, qui ne voulait pas que le roi de Prusse se rendît maître de l'embouchure de la Vistule, et Léopold ne pouvait consentir à accroître ainsi la puissance de Frédéric-Guillaume ; enfin, en restituant aux Turcs de nombreuses conquêtes, il ne voulait point accompagner cet abandon d'aucun sacrifice de ses propres domaines.

Ces motifs le déterminèrent à refuser les conditions proposées; cependant il avait un tel besoin de la paix, qu'il les aurait acceptées, si Frédéric-Guillaume y avait persisté. Hertzberg soutenait avec chaleur ses plans, et tout faisait craindre la rupture des négociations. Ce fut alors que la cour de Vienne, se ménageant des influences secrètes, et mettant en mouvement des courtisans adroits et des rivaux envieux, attaqua sourdement et parvint à détruire le crédit du vieux ministre prussien.

On persuada au roi qu'il agissait moins en politique prudent qu'en homme passionné, en ennemi invétéré de la maison d'Autriche. On le peignit comme le perturbateur de l'Europe, comme l'instigateur d'une guerre funeste, et même comme un homme attaché secrètement, par son amour pour les lettres, au parti des philosophes modernes et des démocrates français.

Le roi de Prusse, ébranlé par ces insinuations, adopta le plan concerté entre les agens autrichiens et les adversaires de M. de Hertzberg. Comme le ministre allait à son but de bonne-foi, il s'était établi, par ses soins, entre les deux souverains, une correspondance directe, dont les résultats lui furent cachés; jusqu'au dernier moment, il refusa d'adhérer à des articles préliminaires qui étaient déjà secrètement convenus. Enfin un ordre formel du roi le contraignit d'y apposer sa signature.

Par cette convention, qui fut conclue le 27 juillet 1790, l'Autriche promit de rendre à la Porte toutes ses conquêtes, hors Choczim, qu'elle devait garder jusqu'à la paix. On décida que si, dans la démarcation des limites, la cour de Vienne conservait quelques possessions du côté de l'Aléuta, la Prusse obtiendrait une compensation dans la Haute-Silésie. Frédéric-Guillaume ne parla plus de Dantzick et de Thorn ; il déclara qu'il n'avait aucun engagement avec les Belges, et promit d'agir de concert avec la Hollande et l'Angleterre, pour aider Léopold à les soumettre, pourvu qu'il leur restituât leurs anciens priviléges.

Dès que ce traité fut signé, l'armée prussienne se retira; quarante mille Autrichiens marchèrent aux Pays-Bas. Frédéric-Guillaume, traversant la Silésie au milieu des acclamations d'un peuple délivré de la crainte des malheurs de la guerre, fut célébré partout comme le pacificateur de l'Europe, et revint dans ses États, enivré de la gloire d'un triomphe dont il avait l'éclat illusoire, et Léopold l'avantage réel.

1790.

Le cabinet de Berlin, en effet, ne retirait aucun fruit de cette pacification; ses préparatifs militaires lui avaient occasioné des dépenses énormes dont il n'était point indemnisé; tous ses projets d'agrandissement et de gloire étaient évanouis. Léopold, au contraire, délivré du voisinage menaçant de l'armée prussienne, débarrassé de la guerre des Ottomans, certain de posséder la couronne impériale, rassuré sur les troubles de Hongrie, et libre d'employer toutes ses forces pour faire rentrer dans le devoir ses provinces révoltées, voyait en un instant, par son heureuse adresse, ses dangers dissipés, sa puissance rétablie et son ambition satisfaite.

Enfin, l'intimité qui s'était établie entre lui et Frédéric-Guillaume, et les partisans qu'il s'était ménagés parmi ses favoris, lui donnaient presque la certitude de pouvoir diriger, par la suite, à son gré, la politique d'une puissance dont l'Autriche avait si long-temps craint l'influence et la rivalité.

Hertzberg, accablé de contrariétés, abreuvé de dégoûts, et voyant s'éclipser la gloire d'un trône qu'il avait servi et soutenu cinquante-un ans avec honneur, donna sa démission, et laissa le champ libre à ses rivaux.

Tel fut le dénouement imprévu de ces grands mouvemens, de ces intrigues multipliées, de ces vastes projets qui avaient effrayé l'Europe. Dès ce moment, Frédéric-Guillaume, que la fortune avait mis dans une position si disproportionnée à ses moyens, retomba à sa véritable place, et ne dut plus laisser à ses guerriers l'espérance de voir leur monarque marcher sur les pas de son immortel prédécesseur.

La convention de Reichenbach devait avoir une grande influence sur la politique de toutes les puissances belligérantes, et son premier effet fut de décider promptement l'impératrice de Russie à négocier avec le roi de Suède. L'Angleterre et la Prusse espéraient que la guerre du Nord durerait autant que celle du Midi ; elles pensaient que les Turcs, débarrassés de la diversion des Autrichiens, rassembleraient toutes leurs forces contre les armées affaiblies de Catherine, et que cette princesse, pressée d'un autre côté par les Suédois, se verrait forcée de subir les lois que les cabinets de Londres et de Berlin lui voudraient dicter. Leur attente ne fut pas remplie.

Si l'impératrice ne pouvait se flatter de subjuguer la Suède avec le peu de troupes dont il lui était possible de disposer, le roi de Suède, dont la tête était plus vaste que la puissance, avait enfin suppléé à l'insuffisance de ses moyens par des emprunts ruineux et par des prodiges de valeur. L'intrépide résistance des Russes l'avait empêché de parvenir à former le siége de Frédériksham et de pénétrer en Finlande. Sur mer, les victoires avaient été alternatives, et ne produisaient aucun résultat décisif. Les secours de la Prusse s'étaient bornés à des intrigues, et ceux de l'Angleterre à des promesses.

Le rapprochement imprévu de Frédéric-Guillaume et de Léopold lui ouvrit enfin les yeux sur ses vrais intérêts, comme il avait dessillé ceux de Catherine. Ces deux souverains, qui, dans leur inimitié, avaient oublié les égards que l'on conserve ordinairement dans les querelles politiques, qui s'étaient mutuellement accablés de menaces, de mépris, de sarcasmes, de pamphlets injurieux, et qui semblaient acharnés à se détruire, écoutant tout à coup les conseils de la raison, abjurèrent soudainement leur haine, renoncèrent à leurs prétentions, éteignirent leurs foudres, et, par l'intervention de l'Espagne, conclurent rapidement la paix dix-huit jours après la signature de la convention de Reichenbach.

Par cette paix, que signèrent à Varela *, le 14 août 1790, les plénipotentiaires d'Armfeld et Ingelstron, chacun retint ce qu'il possédait : les prisonniers furent rendus sans rançon ; les traités d'Abo et de Nistadt furent rappelés et confirmés ; Catherine ne parla plus de la constitution suédoise ; Gustave renonça aux possessions conquises sur ses ancêtres ; il obtint la permission d'extraire des blés de la Livonie ; on régla le salut des vaisseaux ; on convint de nommer des commissaires pour la démarcation des limites, et les deux cours se promirent de resserrer leurs liens par une étroite alliance.

Ce grand événement surprit et déconcerta la ligue anglo-prussienne, dont il déjouait les vues : le projet d'une grande ligue dans le Nord échouait. Si la Russie perdait un allié, elle était en même temps délivrée d'un ennemi, et la position des Ottomans devenait de plus en plus inquiétante. L'hiver de 1791 se passa en négociations inutiles de la part des Anglais et des Prussiens, dans le but d'effrayer la Russie, de rassurer la Porte, d'armer la Pologne, et de rallumer la guerre entre Gustave et Catherine.

On ne pouvait concevoir aucun espoir de substituer le Danemarck à la Suède, et de faire

* *Voyez* le Traité, *Pièces justificatives.*

renoncer le prudent ministre Bernstorf à son système d'alliance défensive avec la Russie. Tandis que ces intrigues occupaient les cours de Londres et de Berlin, d'autres événemens partageaient leur soin et leur attention. La France, après une courte hésitation, se décida, malgré le désordre de ses finances, à soutenir l'Espagne contre les Anglais : la générosité nationale l'emporta sur les passions de quelques patriotes exaltés qui voulaient rompre l'alliance des nations, parce que le traité qui les unissait portait le titre de *pacte de famille*. Le cabinet de Londres, intimidé par cette résolution énergique et inattendue, ajourna ses projets ambitieux, se contenta de la restitution des navires qu'on lui avait pris, et convint avec la cour de Madrid d'un désarmement réciproque.

Le congrès belgique, abandonné par ses protecteurs et affaibli par l'anarchie qu'il n'avait pas su contenir, céda sans résistance aux menaces du maréchal Bender; il laissa rentrer le Brabant et la Flandre sous la domination de Léopold. Liége, qui avait changé de prince, se vit contrainte de renvoyer le prince de Rohan qu'elle avait élu, et de se soumettre aux décrets de la chambre de Wetzlaër ainsi qu'à l'autorité de son évêque.

Léopold, par quelques concessions prudentes, apaisa les troubles de Hongrie et fut, comme il le désirait, élu empereur sans opposition. Délivré de toute inquiétude sur ses intérêts personnels, il s'occupa de ceux de l'Empire. La diète de Ratisbonne reçut les plaintes des princes possessionnés en Alsace, que l'assemblée constituante avait dépouillés de leurs droits; et, quoique la France leur offrit des indemnités en argent, on poursuivit le redressement de ces griefs, qui furent le prétexte dont les rois couvrirent constamment leurs projets contre l'indépendance française.

Au milieu de ces mouvemens politiques, la diète polonaise, qui voyait avec effroi le désarmement des Autrichiens, celui des Suédois, et l'épuisement des Turcs, resserra ses liens avec Frédéric-Guillaume, qui l'assura de sa protection : elle hâta ses travaux constitutionnels; et, sacrifiant la vanité individuelle à l'intérêt public, elle résolut, pour mettre un terme à l'anarchie, de rendre le trône héréditaire, et choisit l'infante de Saxe pour commencer cette dynastie à la mort de Stanislas-Auguste.

L'électeur de Saxe, prince pacifique et prudent, adoré par ses sujets et respecté par ses voisins, ne fut point ébloui de cette offre brillante, qui devait armer la Russie contre lui et pouvait mécontenter l'Autriche. Il connaissait la faiblesse des Polonais, l'inconstance de Frédéric-Guillaume, leur protecteur : attendant les événemens pour s'éclairer et pour se déterminer, il répondit poliment et vaguement à la diète, et ne refusa ni n'accepta cette succession éventuelle, qui promettait plus de danger à ses États que d'éclat à sa famille. L'événement prouva sa sagesse et justifia sa prévoyance.

1791.

Les Polonais firent dans cette occasion une faute grave : ils voulaient éviter, par le choix de la princesse de Saxe, de se faire de grands ennemis, et ils s'enlevaient par-là tout appui. Si, par une politique plus habile, oubliant toute prévention, ils avaient donné le trône à un prince autrichien, russe ou prussien, ils se seraient, à la vérité, attiré l'inimitié de deux cours, mais ils auraient au moins divisé leurs adversaires; une grande puissance les aurait protégés, et peut-être leur valeur bouillante, encouragée par cet appui solide, aurait sauvé leur pays de la honte et du malheur de ce démembrement total, qui peu de temps après détruisit leur puissance, anéantit leur liberté, et effaça leur nom de la liste des nations.

Les succès rapides des Russes et le découragement des Turcs excitèrent de si vives alarmes en Angleterre et en Prusse, que Frédéric-Guillaume fut au moment, en 1791, de revenir au système d'Hertzberg, et de déclarer la guerre à la Russie.

Ses menaces avaient produit peu d'effet; et, tandis que des négociateurs, assemblés à Sistow, perdaient un temps précieux en projets aussitôt rejetés que proposés, en difficultés qu'on ne levait que pour leur en substituer d'autres, Potemkin, Repnin et Suwarow conquéraient les provinces turques en les traversant.

La prise d'Akerman et de Kilia les rendait maîtres de l'embouchure des fleuves; les escadres de la Porte étaient battues aussi souvent qu'elles paraissaient sur la mer Noire.

Le grand-seigneur, suivant cette absurde politique orientale qui croit réparer des revers en ôtant la vie aux généraux que la fortune abandonne, venait d'enlever à l'empire ottoman l'un de ses plus fermes appuis, Hassan pacha. Ce vieux guerrier, vaincu par Nassau, mais dont l'intrépidité fabuleuse luttait depuis quinze ans contre la décadence de son pays, avait souvent réparé, par des prodiges de valeur, les fautes d'un gouvernement imprévoyant et barbare. Nommé au commandement des troupes, il s'occupait, pour les disposer à combattre, à y rétablir l'ordre et à punir les séditieux. Il ne pouvait, à la tête d'une armée révoltée, composée de recrues indisciplinées et dépourvues de munitions et de vivres, s'opposer aux progrès de l'ennemi. Le sultan Sélim, successeur d'Abdul-Hamet, lui fit couper la tête; d'autres disent que le capitan-pacha mourut empoisonné. Cet événement redoubla l'effroi des Turcs et l'audace de leurs ennemis.

Yusuph pacha, qui avait été chassé du ministère au milieu de ses succès, après l'invasion du Bannat et la dispersion du cordon autrichien, occupa, pour la seconde fois, la place de grand-visir, et prit le commandement de l'armée. Il ne fut pas plus heureux que les généraux qui l'avaient précédé. Repnin le battit complètement: Suwarow, aussi rapide dans ses opérations que prodigue du sang des hommes, prit Ismaïl d'assaut; quinze mille hommes y furent égorgés. Cet affreux carnage prouva l'opiniâtreté de la résistance et la férocité des vainqueurs.

Varna était menacée; le grand-visir courait le danger de voir les Russes couper, comme ils l'avaient fait dans la guerre précédente, toute communication entre Constantinople et l'armée destinée à défendre cette capitale. Le roi de Prusse, effrayé de cette crise, avait rassemblé des troupes, et se préparait à s'avancer sur les frontières de la Russie. La Pologne venait de stipuler les secours qu'elle devait fournir à la Porte; il semblait que l'Orient allait devenir le théâtre d'une guerre nouvelle, et subir de grandes révolutions, lorsque tout à coup la scène changea et fit évanouir tous les rêves des politiques, qui voyaient déjà Suwarow à Constantinople, les Anglais à Cronstadt et les Prussiens en Livonie.

Les victoires des Russes, et l'assaut meurtrier d'Ismaïl, avaient autant épuisé les vainqueurs que les vaincus. Catherine II, au milieu de sa gloire, connaissait le peu d'étendue de ses ressources; elle était sans argent et sans crédit; le roi de Suède s'armait de nouveau; Frédéric-Guillaume paraissait décidé à la guerre, malgré son penchant au repos; les Polonais étaient parvenus, à force de sacrifices, à créer une artillerie et à se donner une armée. Le ministère britannique, quoique retenu par l'opposition et par les plaintes du commerce, partageait les dispositions hostiles de la Prusse, et pouvait se déterminer à les appuyer efficacement; toutes les têtes couronnées reprochaient à Catherine une opiniâtreté qui seule les empêchait de se réunir pour s'opposer au système menaçant des révolutionnaires de l'Occident.

D'après toutes ces considérations, cette habile princesse crut nécessaire d'ajourner les projets de son ambition, pour éloigner l'orage qui la menaçait. Elle espéra probablement que si les puissances germaniques rassurées s'engageaient dans une guerre contre la France, elle pourrait, avec plus de facilité et de liberté, conquérir la Pologne ou la Turquie; sacrifiant, pour le moment, ses anciens ressentimens à la politique, elle cessa de décliner l'intervention des cabinets de Londres et de Berlin, leur fit part des conditions modérées auxquelles elle voulait conclure la paix, répondit à leurs notes avec douceur et confiance, et donna de telles instructions à ses plénipotentiaires, que les négociations, jusque-là si lentes, n'éprouvèrent plus de difficultés, et que la paix fut conclue à l'instant où la Porte devait le moins s'y attendre.

Le 4 août, cette paix fut signée à Yassy, et les Turcs, qui devaient craindre d'être chassés d'Europe, ne se virent condamnés qu'à la perte définitive d'Oczakow et du territoire situé entre le Bog et le Dniester. Ce sacrifice de la Porte fut si disproportionné à son effroi, que, loin de conserver du ressentiment contre les puissances qui l'avaient entraînée dans cette guerre désastreuse, elle ne songea qu'au service qu'elles venaient de lui rendre en la sauvant d'une ruine totale. Le roi de Prusse, particulièrement, fut regardé comme un sauveur par cette puissance dont il avait si imprudemment compromis les destinées.

Ce monarque perdit encore une fois les frais que lui avaient coûté ses préparatifs hostiles contre la Russie; mais il regretta peu cette dépense : on lui avait fait craindre, s'il attaquait l'impératrice, que l'empereur n'annulât le traité de Reichenbach.

Le ministère anglais, au moment de déclarer la guerre à la Russie, s'était vu arrêté dans sa marche par une opposition plus forte qu'il ne l'avait prévue. Voyant la majorité du parlement contre lui, il avait cédé aux représentations du commerce ; au lieu de faire partir les escadres promises, il avait envoyé M. Fawkener à Pétersbourg pour négocier la paix. Frédéric-Guillaume, privé du secours de cet allié, n'osa pas seul tenter la fortune; et, l'encens de ses courtisans l'aveuglant sur le tort que son inconstance politique pouvait faire à sa considération, il se livra sans trouble aux plaisirs qu'il n'abandonnait qu'à regret, et dont l'empire devenait de jour en jour plus irrésistible pour lui. Il n'éprouvait que des velléités de gloire militaire ; dès qu'on lui présentait le repos sous le nom de sagesse et d'humanité, on le ramenait sans peine à l'oisiveté. Son amour pour la comtesse d'Enhof dominait alors toutes ses autres affections sans les éteindre ; il l'épousa sans répudier la reine, à laquelle il ne pouvait faire aucun reproche, et sans quitter madame Rietz, sa maîtresse, qui conserva toujours trop de pouvoir sur ses sens et trop de part à sa confiance.

Les favoris avaient obtenu la disgrâce du comte d'Hertzberg ; mais comme Frédéric-Guillaume, malgré ses défauts, était toujours guidé par d'assez droites intentions, il lui donna pour successeurs des ministres éclairés, le comte Schulenbourg et Alvensleben, qui méritaient leurs places par leurs talens. Il est à croire que le règne de Frédéric-Guillaume aurait été plus glorieux, s'il n'avait écouté que leurs conseils, et si ces ministres n'avaient pas été forcés de soumettre souvent leurs plans au crédit de Bischofswerder, aux rêves décevans des émigrés français, à la politique de la cour de Vienne, et à la faiblesse du roi pour ses courtisans.

La fermentation de la révolution française, qui avait si vivement alarmé les puissances monarchiques, et si efficacement contribué à éteindre leurs querelles, faisait cependant toujours de nouveaux progrès. Le pape, comptant sur le zèle d'une partie des Français, rejetait impolitiquement tout moyen de conciliation ; il avait refusé de recevoir M. de Ségur, que le roi Louis XVI lui envoyait comme ambassadeur; il avait déclaré schismatiques tous ceux qui reconnaissaient les décrets de l'assemblée nationale; et tel était l'aveuglement de ses conseillers, qu'ils espéraient allumer une guerre religieuse au sein d'une nation qui achetait sans scrupule tous les biens qu'on venait d'enlever au clergé.

La France, pour punir le pape, s'empara, malgré l'opposition éloquente et érudite de l'abbé Maury, du comtat Venaissin, sur lequel les rois de France s'étaient toujours politiquement réservé des droits. La résistance des habitans du pays, et la férocité de leurs ennemis, ensanglantèrent et désolèrent cette malheureuse contrée. Le pape perdit définitivement Avignon, et Maury gagna le chapeau de cardinal.

Peu de temps après la rupture entre le Saint-Siège et la France, on apprit en Allemagne l'évasion de Louis XVI et son arrestation. Toutes les cours alarmées ressentirent un effroi d'autant plus vif de cet événement, qu'elles voyaient le tiers-état de tous les pays disposé à recevoir les principes de liberté, d'égalité, et sourire à l'espérance de la chute universelle du système féodal. Leurs craintes n'étaient pas sans fondement : s'il avait été possible que les révolutionnaires français, en ouvrant à toutes les ambitions un champ sans limites, eussent réprimé les jacobins et l'horrible délire des anarchistes, s'ils avaient au moins empêché la guerre du pauvre contre le riche, il est probable que l'enthousiasme de la France se serait rapidement propagé, et que les résultats utiles ou dangereux de la révolution se seraient universellement étendus.

Mais les malheurs de la France furent une barrière bien plus forte contre les idées nouvelles, que les armées toujours renaissantes et toujours battues qu'on rassembla pour canonner des opinions, et pour éteindre une ardeur que cette lutte fit dégénérer en fanatisme.

Léopold, alarmé de la position de Louis XVI, craignait d'aggraver ses malheurs en voulant le secourir. Cependant, pressé par la circonstance, il convint avec lord Elgin et Bischofswerder, que les rois d'Angleterre et de Prusse lui envoyèrent à Mantoue, de concerter les moyens de rendre au roi de France sa liberté, et de s'opposer aux progrès de la démocratie. Il écrivit à cet effet une lettre circulaire à toutes les puissances de l'Europe, pour les engager à s'unir à cette ligue, et à se rendre médiateurs entre le peuple français et son monarque. Voilà ce qui est le plus généralement connu de cette convention éventuelle; le temps en couvre encoré d'un voile les importans détails, et n'offre à l'histoire que des conjectures *.

Léopold, après avoir installé l'archiduc François en Toscane, revint à Vienne. Enfin, le 4 août, il se rendit à Pilnitz, où il eut cette célèbre entrevue avec le roi de Prusse, qui donna tant d'espérances aux uns et tant de craintes aux autres, dont le résultat fût aussi nul que l'appareil en avait été imposant, et dont les mystères n'ont pas encore été éclaircis. L'électeur de Saxe y assista; le comte d'Artois s'y trouva sans y avoir été invité.

On n'y conclut point de traité formel, et le seul acte public que produisit cette conférence théâtrale, fut une note** assez vague dans ses expressions, par laquelle on faisait espérer aux princes français émigrés l'appui des puissances germaniques, si les malheurs du roi de France se prolongeaient. Cette note, qui, aux yeux des politiques, prouvait plus d'incerti-

* Voyez Pièces justificatives. Extrait du Publiciste, sur le traité de Mantoue, d'après les Mémoires de Bertrand de Molleville.

Cette pièce, qu'on a citée, prouve bien le concert qui régnait entre la cour de France et les puissances étrangères; mais on doit remarquer que le traité de Mantoue était éventuel, qu'il était antérieur à l'acceptation de la constitution, et que, depuis cette acceptation, Louis XVI écrivit à Léopold pour annuler l'effet de cette convention.

** Voyez Pièces justificatives.

tude que d'énergie, redoubla l'ardeur, le nombre des émigrés, ainsi que leur aveugle confiance, et aigrit les esprits des révolutionnaires français, qui n'étaient que trop disposés à la crainte et à la méfiance. L'enthousiasme de la nation française pour l'indépendance en devint plus vif, et la position de la cour de France plus critique.

Tandis que Léopold et Frédéric-Guillaume donnaient à l'aristocratie française de si frivoles consolations, Catherine II l'assurait hautement de sa protection, et semblait prévoir sa destinée en lui faisant promettre par le comte Romanzow, en cas de revers, un asile dans ses États.

Gustave, plus bouillant, moins politique, et dont le caractère était chevaleresque, ne pouvant offrir beaucoup de troupes, et n'ayant point d'argent, promettait de venir se joindre à la noblesse française, et de lui rendre une autorité dont il avait récemment dépouillé celle de son propre royaume.

Toutes les cours de l'Europe étaient bien effectivement animées de la même haine contre le système révolutionnaire des Français; mais la différence de leurs positions et de leurs intérêts empêchait qu'elles ne fussent d'accord sur les moyens et le temps à prendre pour l'attaquer. Leurs rivalités subsistaient; leurs querelles, assoupies plutôt qu'éteintes, pouvaient se réveiller, et la faiblesse du roi de France augmentait leur incertitude.

Louis XVI, après avoir été forcé de quitter Versailles, avait déclaré sa résolution d'exécuter les lois nouvelles; il s'était dit libre, quoique gardé à vue dans son palais : une troupe factieuse, résistant aux ordres du général la Fayette, s'était opposée avec violence au départ du monarque pour Saint-Cloud. Au mois d'avril, deux jours après, ce prince avait fait écrire par le ministre Montmorin* à tous ses ambassadeurs, que la révolution n'était que la réforme nécessaire des abus; qu'il en adoptait librement les principes, et qu'il ordonnait à ses représentans, dans toutes les cours, de manifester ses sentimens à cet égard.

Le 21 juin, le roi, s'échappant de son palais, pour se rendre à Montmédy, avait envoyé à l'assemblée nationale un mémoire fort détaillé, dans lequel il se plaignait de sa captivité, des outrages faits à sa famille, des atteintes portées à son pouvoir, et de l'illégalité des décrets qu'il avait été forcé de sanctionner. Il ne rejetait pas en totalité les lois

---

* *Voyez* la Lettre de M. de Montmorin, *Pièces justificatives*.

nouvelles; mais il annonçait le dessein de les modifier, et d'accepter librement celles qui lui paraissaient compatibles avec sa dignité et le bonheur de ses sujets.

Arrêté dans sa marche et ramené à Paris, il reçut les lettres de ses frères et de son cousin le prince de Condé *, qui l'exhortaient à ne pas accepter la constitution, à soutenir la majesté du trône, et qui cherchaient très inutilement à le rassurer sur ses dangers personnels qu'ils ne partageaient pas.

Le roi, plus intimidé par sa position qu'encouragé par les promesses d'une délivrance illusoire ou d'une vengeance tardive, avait depuis excité momentanément l'enthousiasme national, en acceptant l'acte constitutionnel, avec des formes qui ressemblaient à un consentement libre, puisqu'il insistait dans sa lettre sur les défauts de cette constitution, dont il espérait la réforme légale et jurait l'exacte observation.

Toutes ces variations dans sa conduite et dans son langage jetaient du vague dans les résolutions de ceux qui s'intéressaient à son sort; on craignait de nuire à ses plans et de compromettre sa sûreté en le servant avec trop de zèle. Gustave par impétuosité, Catherine

* *Voyez* les Lettres des princes, *Pièces justificatives.*

par politique, appuyaient l'avis des princes français qui voulaient la guerre, et regardaient la victoire comme facile et certaine. Léopold, plus pacifique et moins ennemi des principes d'une vraie liberté, dont il croyait encore l'établissement en France compatible, comme en Angleterre, avec la royauté, suspendit ses desseins hostiles, dès que Louis XVI eut, d'après ses conseils secrets, accepté la charte constitutionnelle.

L'Espagne partagea sa modération; l'Angleterre, pour qui les troubles de la France étaient plus avantageux que redoutables, n'avait point été d'avis de la guerre; le cabinet de Berlin, de jour en jour plus influencé par celui de Vienne, se résolut comme lui à suspendre le concert d'opposition projeté et à observer la marche qu'allait prendre la révolution française.

L'empereur et le roi de Prusse convinrent seulement de soutenir la constitution germanique, ainsi que les droits des princes de l'Empire possessionnés en Alsace, et de faire de leurs réclamations ou l'objet d'une négociation, si le sort de Louis XVI s'améliorait, ou le prétexte de la guerre, si l'on cherchait à détruire les débris de son pouvoir. La nouvelle constitution française faisait prévoir une lutte inévitable entre les pouvoirs législatif et exécutif, et les puissances germaniques voulaient attendre l'événement pour se décider.

On croit généralement aussi que les affaires de Pologne furent un des principaux objets qui fixèrent à Pilnitz l'attention de Frédéric-Guillaume et de l'empereur.

Les Polonais, effrayés du danger dont ils se voyaient menacés par la paix que Catherine venait de conclure avec tous ses ennemis, avaient redoublé d'efforts et d'activité pour créer leur armée, achever leur constitution, et se mettre à l'abri de la vengeance de l'impératrice. Jamais peut-être, dans aucune époque de son existence, cette nation infortunée ne développa plus de patriotisme, de sagesse et d'énergie qu'au moment qui précéda sa ruine.

La diète, abjurant les préjugés sans détruire trop subitement les institutions antiques, et réformant les abus sans attaquer les propriétés, profitant des lumières de la philosophie sans manquer aux calculs de la politique, relevant le peuple opprimé sans sacrifier les classes supérieures, préparant graduellement à la liberté des hommes qu'un affranchissement trop rapide aurait portés à l'anarchie, proclama, le 3 mai 1791, la constitution qu'elle venait de décréter, et qui fut reçue par tous les citoyens avec d'autant plus d'enthousiasme qu'elle semblait assurer et la gloire et le bonheur des générations futures, sans coûter de larmes ni de sang à la génération qui existait.

Par cette charte constitutionnelle les dynasties étaient électives, et le trône héréditaire; le roi, revêtu de la puissance nécessaire pour faire le bien, n'avait aucun pouvoir pour faire le mal; aucun acte émané de lui ne devenait valable sans la signature d'un de ses cinq ministres, qui étaient responsables. Les décrets proposés par le roi devaient, pour avoir force de loi, être approuvés par la chambre des nonces élus et par le sénat.

Il est vrai que, ne pouvant renverser tout à coup le préjugé enraciné qui ne rendait citoyen que le noble, les nobles seuls devaient composer les deux chambres législatives. Mais, pour obvier à cet inconvénient, d'après l'avis de Sulchowsky, on accordait à la bourgeoisie l'admission à tous les emplois militaires et aux places d'administration civile qui anoblissaient. Chaque diète était de plus obligée d'anoblir trente bourgeois; et il était évident que, d'après ce plan, en peu d'années tout propriétaire serait *citoyen*, et que ce mot et celui de *noble* deviendraient synonymes, ce qui effacerait sans secousse tout ce qu'il y avait d'injuste dans ces distinctions.

Par l'acte constitutionnel, la religion catholique était respectée, mais la tolérance de tous les cultes était établie. Le pouvoir judiciaire était indépendant des autres; et, quoique l'ignorance des paysans et leur existence sans propriété empêchassent de parler encore de leur affranchissement subit, on s'y préparait par des essais prudens et par de sages lois sur une éducation publique, rédigées par des hommes plus moralistes que métaphysiciens.

Aussi, quoique un très petit nombre de nobles, entêtés de la prérogative qui leur donnait à la fois, par des élections, l'espoir chimérique du trône et la certitude d'être opprimés par leurs voisins, protestassent contre cette nouvelle constitution, dont ils calomniaient les auteurs, et qu'ils les accusassent d'être démagogues et anarchistes; ils ne furent d'abord écoutés que par Catherine II, dont l'ambition ne voulait pas que la Pologne devînt une puissance, et par ces aristocrates français passionnés, qui, confondant tout dans leur ressentiment, frémissaient au mot de liberté prononcé dans un pays libre. Ces aristocrates ne s'apercevaient pas que les Polonais, qu'ils regardaient comme des jacobins, ne faisaient au contraire, par cette révolution, que substituer une royauté héréditaire à une royauté élective, l'ordre à la licence, et une constitution monarchique à une anarchie féodale.

Leur aveuglement enfin fut tel que, malgré le discours éloquent et public du maréchal Potocki * au sujet de la vente des starosties, qui condamnait si hardiment les atteintes portées en France aux droits de la propriété, on vit les partisans de la royauté absolue se livrer à des transports de joie, lorsque Catherine fit entrer ses troupes en Pologne pour y rétablir, disait-elle, l'ancienne constitution républicaine.

Léopold, le pape, et presque toutes les têtes couronnées, félicitèrent Stanislas-Auguste sur l'achèvement heureux d'une constitution si sage. Frédéric-Guillaume lui-même écrivit à ce prince; il loua pompeusement le choix que les Polonais avaient fait de l'infante de Saxe pour lui succéder. Cette démarche lui fut hautement rappelée, lorsque, peu de temps après, par une contradiction honteuse, refusant de secourir les Polonais contre la Russie, il écrivit au roi de Pologne une autre lettre, dans laquelle il prétendait n'avoir jamais approuvé la conduite de la diète.

On voit, par l'adhésion des grandes puissances à la nouvelle constitution de Pologne,

* *Voyez* ce Discours, *Pièces justificatives*.

quel avait été leur système au mois de mai 1791 : au mois de juin leurs dispositions étaient déjà changées. La fuite et l'emprisonnement du roi de France, les déclamations des jacobins, le fanatisme de leurs apôtres, l'ardeur non moins bouillante des émigrés, qui se rassemblaient et s'armaient à Worms et dans l'électorat de Trèves, la propension des universités et des habitans des villes en Allemagne à favoriser l'abolition du régime féodal, avaient rempli les cours de crainte, terminé leurs querelles, et les décidaient à former une ligue contre tous ceux, sans distinction, qui manifestaient des vœux pour la liberté.

Cette révolution politique non-seulement affaiblit, mais même éteignit tout intérêt pour les Polonais, dont on avait jusqu'alors excité le zèle. On allait, en attaquant la France, abandonner la Pologne au ressentiment de l'impératrice : l'acceptation de la charte constitutionnelle par Louis XVI éloigna pour quelque temps encore cet orage ; et, comme le monarque français, remis en liberté, consentait à rendre l'expérience juge d'une constitution qu'il acceptait, quoiqu'il n'y trouvât pas assez d'énergie dans les moyens d'administration pour assurer la prospérité d'un vaste empire, Léopold écrivit une nouvelle lettre circulaire aux puissances qu'il avait invitées à se liguer, et leur proposa de suspendre l'effet de cette ligue. Il convint aussi probablement avec le roi de Prusse et l'électeur de Saxe d'ajourner leurs déterminations sur les affaires de la Pologne. Nous verrons dans le chapitre suivant l'influence de ces mouvemens et de ces dispositions sur les troubles de la France, et comment, de part et d'autre, la crainte et l'esprit de parti, aveuglant tous les yeux, allumèrent la guerre générale, et contribuèrent à l'explosion d'une seconde révolution, plus formidable que celle dont on voulait arrêter le cours.

PIÈCES JUSTIFICATIVES.

EDIT DE RELIGION *.

Frédéric-Guillaume, par la grâce de Dieu (le roi a rétabli la formule que Frédéric avait abolie), le roi de Prusse, etc,

Long-temps avant notre avénement au trône, nous avons observé et remarqué combien il serait nécessaire un jour de travailler, à l'exemple de nos prédécesseurs, et particulièrement de feu notre grand-père, à maintenir et en partie à rétablir, dans les États prussiens, la foi chrétienne de l'Église protestante dans sa pureté ancienne et primitive, de réprimer autant qu'il serait en nous l'incrédulité et la superstition, et, par ce moyen aussi, la corruption des vérités fondamentales de la religion chrétienne, et la licence des mœurs, qui en est une suite ; et, par-là, de donner en même temps à nos fidèles sujets une preuve convaincante qu'ils ont droit d'attendre de nous, comme leur souverain, par rapport à leur affaire importante, c'est-à-dire à leur entière liberté de conscience, à leur tranquillité et à leur sûreté dans la confession qu'ils ont embrassée, et dans la foi de leurs pères, ainsi que par rapport à la protec-

* *Voyez* la page 62.

tion contre tous les perturbateurs de leur service divin et de leur constitution religieuse. En conséquence, après avoir réglé jusqu'à présent les affaires les plus pressantes de l'État, et fait quelques nouveaux arrangemens nécessaires et utiles, nous n'avons pas voulu différer un moment de penser sérieusement à cet autre devoir important que nous impose notre qualité de souverain, et de publier, par le présent édit, notre volonté immuable sur cet objet.

1° Nous ordonnons, enjoignons et commandons que toutes les trois confessions principales de la religion chrétienne, savoir : la réformée, la luthérienne et la catholique-romaine soient conservées, maintenues et protégées dans toutes les provinces de nos États, selon la constitution qu'elles ont eue jusqu'à présent, conformément aux divers édits et ordonnances de nos prédécesseurs, d'heureuse mémoire.

2° Mais nous voulons aussi, d'un autre côté, que l'ancienne tolérance, qui distingue depuis long-temps les États prussiens, au sujet des autres sectes et partis religieux, soit maintenue comme auparavant, et que, dans aucun temps, on ne puisse gêner, en aucune manière, la conscience des sujets; tant que chacun d'eux remplira paisiblement et en bon citoyen ses devoirs envers l'État, et qu'il gardera pour lui ses sentimens particuliers, et qu'il s'abstiendra soigneusement de les répandre, d'en persuader les autres et de leur inspirer des erreurs ou des incertitudes relativement à leur foi; car, comme à chaque homme appartient le soin de son salut, il faut qu'il agisse, dans cette affaire, avec une liberté entière; et, selon nous, les soins d'un prince chrétien, à cet égard, doivent se borner à faire instruire le peuple, par les docteurs et les prédicateurs, dans la pureté et l'incorruptibilité du vrai christianisme, et par-là procurer à chaque homme l'occasion de l'apprendre et de l'adopter. Mais si les sujets veulent profiter ou non de cette occasion, si libéralement offerte, et s'en servir pour leur propre conviction, c'est ce qu'il faut laisser entièrement à la conscience d'un chacun.

Les sectes tolérées publiquement dans nos États jusqu'à ce jour, sont, outre la nation juive, les hernoutes, les memnonites et la communauté des frères bohêmes, lesquels tiennent leurs assemblées religieuses sous la protection du souverain, et elles conserveront cette liberté, qui n'est aucunement nuisible à l'État. Mais dans la suite, notre département ecclésiastique doit avoir soin qu'il ne se tienne point, sous le nom d'assemblée religieuse, d'autres conventions nuisibles à la religion chrétienne et à l'État; moyens dont pourraient se servir toutes sortes de nouveaux docteurs et autres hommes dangereux, pour gagner des adhérens et faire des prosélytes; ce qui pourrait devenir un grand abus de la tolérance.

3º Nous défendons sérieusement dans toutes les confessions, sans distinction, toute espèce de prosélytisme; et nous ne voulons pas qu'aucun ecclésiastique, ou autres personnes de différens partis religieux, se mêlent de faire des prosélytes, qu'ils forcent, qu'ils engagent ou persuadent, de quelque manière que ce puisse être, ceux qui ne sont pas de leur confession, de prendre et de recevoir leurs principes et leurs opinions particulières sur la religion, et qu'ils portent par-là atteinte à la liberté de conscience des autres. Il en est cependant tout autrement, si quelqu'un, par sa propre et libre conviction intérieure, veut passer d'une confession à l'autre, cela doit être entièrement permis à chacun, et il ne faut y apporter aucun obstacle. Il faut seulement que ceux qui veulent faire cette démarche ne la fassent point secrètement, mais que, pour éviter tout inconvénient dans les rapports civils, ils annoncent leur changement de religion aux préposés.

4° Comme depuis long-temps on a imputé aux prêtres catholiques-romains cette ardeur de faire des prosélytes, et que maintenant le bruit court de nouveau que des prêtres catholiques déguisés, des moines et des jésuites travestis, se glissent secrètement dans les pays protestans, pour convertir les prétendus hérétiques, et que nous ne voulons pas souffrir ces choses dans nos États, nous défendons, dans tous nos États, ce prosélytisme, non-seulement en particulier aux prêtres catholiques; mais nous ordonnons aussi à nos consistoires, ainsi qu'à nos dicastères et à tous nos fidèles vassaux et sujets de tous états, de veiller attentivement pour découvrir ces sortes d'émissaires, et d'en donner avis au département ecclésiastique, pour qu'il soit donné les ordres nécessaires.

5° Autant nous avons d'aversion pour le prosélytisme dans toutes les confessions, parce qu'il peut avoir toutes sortes de suites fâcheuses parmi la multitude, autant il nous est agréable, au contraire, de voir que les ecclésiastiques et les laïques, réformés, luthériens ou catholiques-romains, ont vécu cependant jusqu'à présent dans une tolérance et une union fraternelle au sujet de leur religion. En conséquence, nous les exhortons à conserver soigneusement dans la suite cette bonne harmonie entre eux; et, loin de nous opposer jamais à ce que les diverses confessions se prêtent mutuellement des secours, à l'égard de leurs églises et de leurs maisons de prières, pour le service divin et public, ou de quelque autre manière, cette conduite nous sera au contraire très agréable.

6° Nous ordonnons en même temps que, dans l'Église réformée, ainsi que dans la luthérienne, les anciennes liturgies et ordonnances ecclésiastiques soient conservées; seulement nous voulons bien condescendre à ce que, dans lesdites confessions, on change le langage de ces ordonnances, faites dans un temps où la langue allemande n'était pas encore formée, et qu'on les accommode davantage aux usages de notre temps. Nous voulons bien aussi que l'on abolisse quelques anciennes cérémonies et usages peu essentiels ; ce que nous laissons à la disposition de notre département ecclésiastique des deux confessions protestantes. Mais ledit département aura grand soin de prendre garde qu'il ne soit fait aucun autre changement dans l'essentiel des anciens dogmes de chaque confession. Cette ordonnance nous paraît d'autant plus nécessaire que,

7° Quelques années avant notre avènement au trône, nous avons remarqué, avec douleur, que plusieurs ecclésiastiques de la communion protestante se permettent une liberté tout-à-fait effrénée à l'égard des dogmes de leur confession, qu'ils nient divers points et vérités fondamentales de la religion chrétienne en général, et prennent dans leurs instructions un ton à la mode, entièrement contraire à l'esprit du vrai christianisme : ce qui ébranlerait à la fin les piliers de la foi des chrétiens. On ne rougit point de réchauffer les misérables erreurs des sociniens, des déistes et des naturalistes, réfutées depuis long-temps; et de les répandre parmi le peuple avec autant de hardiesse que d'imprudence, sous le nom de *lumières*, en abusant étrangement de ce nom. On ne rougit pas de rabaisser toujours de plus en plus l'autorité de la Bible, comme parole de Dieu révélée, de falsifier cette source divine du salut du genre humain, d'en donner des explications forcées, ou même de la rejeter entièrement, de représenter aux hommes comme suspecte et superflue la foi aux mystères de la religion révélée, en général, et particulièrement aux mystères de la rédemption et de la satisfaction du Sauveur du monde, de les induire ainsi en erreur, et de cette manière de braver le christianisme sur toute la terre. Nous entendons maintenant que ces désordres soient absolument détruits dans nos États; car nous regardons comme un des premiers devoirs d'un prince chrétien de protéger dans ses États, contre toute falsification, la religion chrétienne, dont l'excellence et les avantages sont depuis long-temps prouvés et hors de doute, de l'y maintenir dans toute sa dignité, sa splendeur et sa pureté ancienne et primitive, telle qu'elle est consignée dans la Bible, selon la conviction de chaque confession de l'Église chrétienne, ainsi qu'elle est déterminée dans les livres symboliques de chacune de ces confessions, et afin que le pauvre peuple ne soit point le jouet des illusions des docteurs à la mode, et que des millions de nos bons sujets ne soient point privés de la tranquillité de leur vie, de leur consolation au lit de la mort, et qu'ils ne soient point ainsi livrés au malheur. — 8° Nous ordonnons donc et nous commandons, en qualité de souverain, et comme seul et unique législateur, dans nos États, à tous ecclésiastiques, prédicateurs ou maîtres d'école de la religion protestante, sous peine de cassation et même de punition plus sévère, selon le cas, qu'à l'avenir ils ne se rendent plus coupables des erreurs indiquées dans l'article VII, ou d'autres de la même espèce, en les répandant dans l'exercice de leurs fonctions, ou de quelque autre manière publique ou secrète : car, de même que, pour la prospérité de l'État et le bonheur de nos sujets, nous sommes obligé de maintenir dans toute leur autorité les lois civiles, et que nous ne pouvons permettre à aucun juge ou administrateur de ces lois d'en altérer la substance, ou de les changer à son gré, de même aussi, et bien moins encore, pouvons-nous souffrir que, dans les choses de religion, chaque ecclésiastique agisse selon sa tête et son bon plaisir, ou qu'il leur soit libre d'enseigner au peuple, de telle ou telle manière, les vérités fondamentales du christianisme, de les adopter ou de les rejeter à leur gré, de présenter les articles de foi selon leur volonté, dans leur véritable jour, ou d'y substituer leurs rêveries. Il faut, au contraire, qu'il y ait un modèle, une norme et une règle (*Richtschnur, norma und regel*), solidement établie, selon laquelle le peuple doit être instruit fidèlement et sincèrement par les docteurs dans les choses de la foi, et cette règle a été jusqu'à présent, dans nos États, la religion chrétienne, selon les trois principales confessions, savoir : la réformée, la luthérienne et la catholique-romaine, dont la monarchie prussienne s'est toujours bien trouvée; et cette norme générale, considérée même sous cette vue politique, nous ne sommes pas disposé à la laisser changer, en la moindre chose, par les prétendus apôtres de lumière (*Aufklarer*), selon leurs idées déplacées. Tout homme qui enseigne le christianisme dans nos États, et qui se dit membre d'une des trois confessions, doit donc, au contraire, enseigner ce que porte la doctrine fixe et déterminée du parti de sa religion; car à cela l'obligent sa place, son devoir et les conditions sous lesquelles il a été revêtu de son ministère. S'il enseigne quelque autre chose, il est déjà punissable selon les lois civiles, et il ne peut pas proprement garder plus long-temps sa place. En conséquence, nos intentions sérieuses tendent au maintien de cet ordre immuable, quoique nous accordions d'ailleurs volontiers aux ecclésiastiques de nos États une liberté de conscience égale à celle de nos autres sujets, et que nous soyons bien éloigné de les contraindre en la moindre chose, à l'égard de leur conviction intérieure. Ainsi le ministre de la religion chrétienne qui, par rapport à la foi, est convaincu des choses contraires à celles que lui prescrit la doctrine de sa confession, peut garder cette conviction à ses risques et périls, car nous ne voulons nous arroger aucune autorité sur sa conscience. Mais, selon cette même conscience, il devrait cesser d'enseigner dans son église; il devrait se démettre d'une charge que, par les raisons ci-dessus, il se sent lui-même incapable de remplir; car la doctrine de l'Église ne doit pas se régler selon la conviction de tel ou tel ecclésiastique, mais au contraire la conviction des ecclésiastiques sur la doctrine de l'Église; et de droit, un tel ecclésiastique ne peut être et rester ce pour quoi il se fait passer. Cependant, par notre grand amour pour la liberté de conscience en général, nous voulons bien souffrir que même les ecclésiastiques qui pourraient être connus pour être malheureusement plus ou moins infectés des erreurs énoncées dans l'article VII, restent tranquilles dans leurs places ; il faut seulement que, dans les instructions qu'ils font à leur troupeau, les règles de la doctrine leur soient toujours sacrées et inviolables. Mais, s'ils agissent d'une manière contraire à notre présente ordonnance souveraine, qu'ils ne prêchent pas fidèlement et foncièrement la doctrine de leur confession, et qu'ils prêchent même le contraire ; une désobéissance si marquée à notre présente ordonnance souveraine sera infailliblement suivie de la cassation, et même punie plus sévèrement encore.

9° En conséquence, nous ordonnons, par le présent édit, à notre département ecclésiastique de la religion réformée et luthérienne, d'avoir toujours un œil attentif sur tous les ecclésiastiques de nos États, afin que tous ceux qui enseignent dans les églises et les écoles fassent leur devoir, et que ce que nous avons prescrit dans l'article VIII soit observé avec la plus grande exactitude ; et nous voulons que, dans les deux communions protestantes, les ministres et chefs de ce département nous en répondent ; car nous les obligeons sur leur conscience, et nous reposons du reste entièrement sur eux, espérant qu'en fidèles serviteurs de l'État, ils veilleront sans cesse sur l'observation de notre présent édit, afin d'éviter notre disgrâce la plus complète.

10° En conséquence, nous ordonnons, aussi gracieusement que sérieusement, aux chefs des deux départemens ecclésiastiques, de donner leurs principaux soins à ce que les cures et les chaires de théologie dans nos universités, ainsi que les places des écoles, soient remplies par des sujets qui n'aient donné aucune raison de douter qu'ils ne soient pas intimement convaincus de ce qu'ils doivent enseigner publiquement : mais tous les autres aspirans et candidats qui manifestent d'autres principes doivent être exclus sans délai ; exclusion dont nous donnons la liberté et le pouvoir auxdits ministres.

11° Comme il paraît assez, par tout ceci, que c'est très sérieusement que nous voulons maintenir la religion chrétienne dans nos États, et augmenter, autant qu'il est en notre pouvoir, la vraie crainte de Dieu parmi le peuple, nous exhortons tous nos fidèles sujets à embrasser une vie pieuse ; et, dans toutes les occasions, nous saurons estimer l'homme qui aura de la religion et de la vertu, parce qu'un homme méchant et sans conscience ne peut jamais être un bon sujet ; et encore moins un serviteur fidèle de l'État, ni dans les grandes choses, ni dans les petites.

12° Comme la solennisation et sanctification des fêtes et des dimanches sont recommandées par divers édits et ordonnances de nos pieux prédécesseurs, tels que ceux du 17 décembre 1689, 24 juin 1693, 28 octobre 1711, 10 février 1715, 18 août 1718, ces édits et ordonnances, considérés par rapport à leur substance, ne doivent point être abolis. Mais nous nous réservons de publier, par une loi de police particulière, des ordonnances ultérieures plus précises et conformes au temps présent.

13° Personne ne doit mépriser, déprimer ni railler l'état ecclésiastique ; c'est ce que nous verrions toujours avec le plus grand déplaisir, et que nous ne pourrions manquer de punir, selon l'exigence des cas, parce que ces choses n'ont que trop souvent une influence inévitable sur le mépris de la religion même. Nous aurons, au contraire, particulièrement égard, dans toute occasion, au bien-être des ministres et des prédicateurs qui auront rempli leurs devoirs; et, pour leur en donner une preuve, nous renouvelons ici l'édit du roi, notre grand père, d'heureuse mémoire, du 14 octobre 1737, au sujet de l'exemption du service militaire pour leurs enfans, et nous voulons que tous les fils des ecclésiastiques en général, ainsi que les fils des instituteurs publics de la jeunesse, dans les villes incluses dans les cantons, soient compris dans cet affranchissement, s'ils se vouent aux sciences, aux arts du dessin ou au commerce; mais ceux qui préfèrent un métier, ou quelque autre profession, ou qui auront étudié sans succès, seront déchus de ce privilége; et, à cet égard, nous donnerons les ordres nécessaires à nos régimens pour leur servir de règle dans les cantons.

14° Enfin, nous ordonnons à tous nos dicastères, ainsi qu'à tous les autres magistrats, ecclésiastiques et laïques de nos États, d'y tenir la main avec toute l'attention et la sévérité possibles; et nous enjoignons aux autres ecclésiastiques et à tous nos fidèles vassaux et sujets de s'y conformer, ainsi que de raison; car telle est notre volonté aussi sérieuse que gracieuse.

Donné à Potsdam, le 19 juillet 1788.

FRÉDÉRIC-GUILLAUME, DE CARMER,
DE DOREMBERG, DE WOELLNER.

ÉDIT DE CENSURE*.

FRÉDÉRIC-GUILLAUME, etc.

Quoique nous soyons parfaitement convaincu des avantages grands et divers d'une liberté de presse modérée et bien réglée pour répandre les sciences et toutes les connaissances utiles, et que nous soyons par conséquent résolu de favoriser, autant que nous pourrons, cette liberté dans nos États, cependant l'expérience nous a montré les suites fâcheuses d'une liberté entière à cet égard, et combien des écrivains inconsidérés, ou même méchans, en abusent pour répandre des erreurs pratiques, généralement dangereuses, sur les choses les plus importantes à l'humanité, pour corrompre les mœurs par des peintures lubriques et des images attrayantes du vice; pour railler malicieusement et blâmer méchamment les établissemens et les arrangemens publics; ce qui produit et nourrit le chagrin et le mécontentement dans plusieurs esprits peu instruits; et pour satisfaire des passions viles et particulières, telles que la calomnie, l'envie et la vengeance qui troublent le repos de plusieurs citoyens bons et utiles, affaiblissent leur considération dans le public; effets que produisent surtout les écrits qui font la lecture du peuple (*Volksschriften*).

Or, comme tant que la composition des écrits ne se trouve pas entre les mains des hommes qui s'occupent

---

* *Voyez* la page 63.

véritablement de la recherche, de l'examen, de la publication et des progrès de la vérité, mais qu'elle est regardée, par une grande partie de ceux qui s'en occupent, comme un métier propre à satisfaire leur amour pour le gain et à remplir des vues particulières de la part du gouvernement : afin d'éviter les abus qui peuvent en résulter, et parce que, dans notre siècle surtout, ces abus se multiplient considérablement, et font de grands progrès, nous avons jugé nécessaire de faire examiner, de renouveler dans les points nécessaires, de fixer et de déterminer plus particulièrement et plus convenablement les lois et ordonnances de censure publiées jusqu'à présent dans nos États, et particulièrement l'édit du 11 mai 1749, la circulaire du 1ᵉʳ juin 1772, et de rédiger le tout dans le présent édit de censure.

1° Tous les livres et écrits seront soumis à la censure, et ne pourront être vendus ni publiquement, ni secrètement, sans la permission des censeurs.

2° Le but de la censure n'est pas d'empêcher une recherche convenable et décente de la vérité, mais seulement d'arrêter tout ce qui pourrait être dirigé contre les principes de la religion, contre l'État, l'ordre moral et civil, contre l'honneur et la réputation des autres.

3° Dans la marche électorale, la censure des écrits théologiques et philosophiques sera confiée au consistoire supérieur de Berlin ; et dans les autres provinces, aux consistoires provinciaux, conjointement avec la régence : celle des écrits touchant la jurisprudence et l'administration de la justice, qui paraîtront à Berlin dans les Marches, et Moyenne, et Ukraine, à la chambre de justice (*Kammergericht*) de cette ville ; dans les autres provinces, aux régences et aux colléges de justice provinciaux; ceux qui concernent la médecine et la chirurgie, aux colléges de médecine et de chirurgie, dans les provinces où il s'en trouvera, sinon au collége de médecine de Berlin. Tous les écrits concernant l'état public (*statum publicum*) de l'empire germanique et de la maison royale, les droits des puissances étrangères, des États de l'empire d'Allemagne, etc., etc., seront présentés pour être censurés au département des affaires étrangères et aux censeurs nommés par ce département; les journaux, feuilles hebdomadaires, gazettes littéraires, romans, pièces de théâtre, etc., seront censurés par les universités, dans les endroits où il s'en trouvera, sinon par les colléges provinciaux de justice; les pièces de vers fugitives, les programmes des colléges, etc., par les magistrats, dans les endroits où il n'y aura point d'universités. Les gazettes politiques seront censurées, à Berlin, par un censeur nommé par le département des affaires étrangères; dans les provinces, par les colléges provinciaux.

4° De la précédente ordonnance sont exempts les livres et les écrits de l'académie des sciences; et de chaque membre de cette société, ainsi que du collége de médecine et de chirurgie. Les livres et écrits imprimés dans les universités sont soumis à la censure de la faculté à laquelle ils appartiennent, excepté cependant ceux qui traitent du droit public et de l'histoire politique, qui doivent toujours être présentés au censeur nommé par le département des affaires étrangères.

5° Les écrits, selon la classification ci-dessus, seront présentés, par l'imprimeur ou l'éditeur, au chef du collége. Celui-ci peut, lorsqu'il a examiné et trouvé l'écrit sans conséquence, accorder, sans autre forme, la permission de l'imprimer; mais, s'il a le moindre doute, il faut qu'il communique, sans délai, le manuscrit aux membres du collége.

6° Il est permis aux éditeurs et aux auteurs qui ne seraient pas contens des décisions de la censure, de porter leurs plaintes où il appartient.

7° Les éditeurs et les imprimeurs qui ont présenté les ouvrages à la censure et reçu l'approbation, ne peuvent plus autrement être responsables du contenu; mais cette exemption ne saurait avoir lieu pour l'auteur qui serait parvenu à tromper ou à précipiter la censure. Quoique un ouvrage ait été approuvé, il est permis aux particuliers qui se croient offensés par des passages de cet ouvrage, de prendre à partie l'auteur et l'éditeur.

8° Les transgresseurs de cette ordonnance seront punis par une amende, depuis cinq jusqu'à soixante écus; amende que paiera celui qui aurait imprimé ou vendu sans approbation un livre où il n'y aurait rien de répréhensible. Mais, si l'ouvrage est répréhensible par lui-même, toute l'édition sera confisquée, et l'imprimeur condamné à payer le double de ce qu'il aura reçu pour l'impression; et l'éditeur du pays, le double de tout ce que rapporterait son édition entière, selon son prix de magasin. Si les libraires du pays se rendent coupables d'une telle faute pour des éditeurs étrangers, ils seront punis comme devrait l'être l'étranger. En cas de récidive de la part d'un imprimeur ou d'un éditeur du pays, on les punira par la privation de leurs priviléges, selon les cas. Un éditeur qui ne se nomme point sur le titre, y met un nom de ville supposé, ou le supprime entièrement, sera regardé comme ayant connu le contenu répréhensible de l'ouvrage; et, s'il ne peut se laver entièrement de ce soupçon, outre la peine qu'il aura encourue comme éditeur, il sera regardé comme participant à celle de l'auteur.

9° Le censeur recevra pour sa peine, outre un exemplaire de l'ouvrage, deux bons gros (6 à 7 sous) pour chaque feuille.

10° Les libraires ne doivent point se charger des livres imprimés dans l'étranger, qui ne pourraient pas l'être dans les États du roi; et ils ne pourront les vendre ni publiquement ni secrètement, sous peine de cinq à cinquante écus d'amende.

11° Les préposés à la censure sont autorisés, dès qu'ils auront connaissance d'un livre inadmissible, d'en défendre la vente, et les libraires seront obligés de cesser aussitôt de le débiter, sous les peines susdites, etc.

LETTRE

DU COMTE DE SAINT-PRIEST,

AMBASSADEUR DE FRANCE,

AU MARQUIS DE LA FAYETTE.*

A Anvers, 26 septembre 1787.

J'AI reçu, mon cher marquis, votre très aimable souvenir. Je mets à votre intérêt le plus grand prix, et m'honore de votre estime. Mon ambassade n'a pas été loin, comme vous aurez su : me voilà à Anvers; Dieu sait pour combien de temps. J'y suis arrivé pour apprendre l'entrée des Prussiens à Utrecht, la veille. Trois mois plus tôt, j'aurais engagé à vous appeler ; le corps de Givet se serait approché, et notre allié était à nous pour jamais. Il faudra en découdre à présent, et quarante mille hommes ne pourront pas ce que dix auraient fait sans se gêner. Ayez l'œil au guet, si nos troupes marchent. Vous êtes désiré en Hollande, et nos mouvemens peuvent y faire naître un parti. Ternant commande à Amsterdam, et servirait sous vous avec joie. Mais, si nous ne marchons pas, cette commission ne vaut rien pour vous. Je ne sais si la ville tiendra long-temps. Je voudrais, de tout mon cœur, obliger M. le comte de Potange; mais je suis surchargé. Si je

* *Voyez* la page 128.

trouve quelque jour un joint, je vous le manderai. Mon avis est qu'on me laisse ici jusqu'à ce que notre parti se relève en Hollande; nous y sommes la bête noire des deux partis en ce moment, de l'un pour opposition, de l'autre pour l'avoir abandonné.

NOTES DU CHARGÉ D'AFFAIRES
DE SUÈDE *.

Le roi a, pendant dix-sept ans de règne, donné trop de preuves de son amour pour la paix, et du soin avec lequel sa majesté a tâché de maintenir la bonne harmonie avec ses voisins, pour que le roi croie nécessaire de justifier des sentimens aussi connus, et que tant d'années de repos et de tranquillité ont rendus évidens aux yeux de l'univers entier. Le roi a surtout mis ses efforts à maintenir la paix avec la Russie, qu'il trouva conservée durant tout le règne du roi son père; et, quoique cette puissance donnât au roi, dès son avénement au trône, les plus justes sujets de mécontentement, par les intrigues réitérées qu'elle se plaisait à entretenir contre la personne même du roi, comme elle l'avait fait contre la personne du feu roi, pendant les dernières années de la vie de ce prince, sa majesté sacrifia son juste ressentiment à la tranquillité publique, et crut que l'impératrice, égarée par des rapports faux et exagérés, éclairée par la conduite uniforme du roi, et ouvrant les yeux sur ses vrais intérêts, rendrait enfin justice aux sentimens de sa majesté, et cesserait de vouloir porter la division et le trouble dans le sein d'une nation réunie par le courage du roi, et qui avait eu la noble fermeté de briser les liens que son voisin

* *Voyez* la page 152.

était occupé à lui donner pour le soutien de l'anarchie et du désordre.

L'époque où la Russie, accablée d'une guerre onéreuse, longue et sanglante, quoique remplie de succès, éprouvant les calamités de la disette et de la peste, déchirée dans son sein par la révolte qui menaçait jusqu'au trône même de l'impératrice; où Moscow, tremblant à l'approche du rebelle Pugatscheff, demandait un prompt secours, et où, pour le lui donner, l'impératrice fut forcée de dégarnir sa frontière, de la laisser ouverte et sans défense; suivit bientôt celle où elle paraissait occupée d'ébranler le trône du roi.

Si sa majesté n'eût consulté que les mêmes principes qui déterminaient les démarches du cabinet de Pétersbourg, le roi aurait pu porter des coups funestes à la Russie, et qui auraient pu même rejaillir sur la personne de l'impératrice. Loin de se livrer à des sentimens qui, par tout ce qui avait précédé, eussent été excusables; le roi, dans une parfaite tranquillité, espéra, par une conduite aussi pure, de convaincre l'impératrice de ses sentimens particuliers et des principes qu'il s'était prescrit de suivre pendant tout le cours de son règne. Non contente d'une conduite aussi pacifique, et voulant ne rien négliger pour arracher jusqu'aux moindres semences d'animosité, que les succès mêmes du roi pourraient avoir laissées dans l'esprit de l'impératrice; et en même temps éteindre toutes les haines nationales, que tant de guerres avaient allumées, sa majesté chercha, par une connaissance personnelle, à convaincre l'impératrice de son amitié et de son désir de maintenir la paix et la bonne harmonie entre la Suède et la Russie. Le roi aimerait à s'arrêter à cette époque, dont le souvenir, encore cher à son cœur, lui rappelle la douce et trompeuse illusion dont il fut pendant long-temps ébloui, pendant laquelle il croyait pouvoir regarder l'impératrice comme son amie personnelle. Si les circonstances qui se sont développées depuis lui permettaient de se retracer ces momens de son règne, le roi en appelle à l'impératrice elle-même; si sa majesté a rien négligé pour lui témoigner, à elle personnellement et à l'empire de Russie, sa confiance et les sentimens pacifiques et amicals que le roi regardait comme si utiles aux deux empires.

C'est cependant au milieu de ces soins, et tandis que le roi ne cessait de compter sur la constante union qu'il avait crue si bien établie, que le ministre de l'impératrice, au contraire, ne cessait, par ses menées sourdes, ses propos et ses actions, de vouloir réveiller cet esprit de désunion et d'anarchie que le roi avait eu le bonheur d'étouffer au commencement de son règne, et qu'alors l'impératrice avait fomenté et soudoyé avec tant de soins; et, tandis que le comte de Razoumowsky tâchait ainsi de troubler l'intérieur de l'État, et changeait le sacré caractère d'un ministre de paix, en celui d'un perturbateur du repos public, il osait prêter au roi, dans ses rapports, les desseins les plus hostiles contre la Russie.

Le roi serait cependant en droit de prétendre que les offres répétées de bons offices et de médiation que sa majesté avait fait faire par son ministre, pour établir la paix entre la Russie et l'empire ottoman, auraient dû convaincre l'impératrice du désir du roi de pacifier les différends élevés; désir, à la vérité, bien différent de celui de vouloir troubler son repos. Mais lorsque le roi ne peut pas connaître les vues et les secrets du cabinet de l'impératrice, sa majesté ne peut aussi juger que par les effets des principes qui le guident; et lorsque le roi a vu d'un côté les menées du ministre de Russie dans son intérieur, et de l'autre les préparatifs de l'impératrice, et surtout les démarches de cette princesse pour semer la discorde entre lui et un de ses voisins, démarches que sa majesté se réserve, dans une autre occasion, de relever, le roi n'a pu que prendre les précautions que le devoir de sa place, la gloire, l'intérêt de l'État et la sûreté de son peuple exigeaient, et déployer, avec la célérité et l'énergie d'une grande puissance, toutes les ressources que dix-sept ans de sa propre administration lui ont procurées.

C'est dans ces circonstances, et lorsque le roi comptait s'expliquer définitivement avec l'impératrice, que le comte de Razoumowski, mettant le comble à ses démarches offensantes, dans une note ministérielle conçue dans les termes les plus insidieux, sous les apparences de l'amitié, a osé vouloir séparer le roi de la nation, en a appelé à elle, et a, sous le prétexte spécieux de l'amitié de l'impératrice pour la nation, voulu rompre les liens sacrés qui unissent le roi à ses sujets. Sa majesté n'a consulté que ce qu'elle se doit à elle-même, à ses peuples et à la tranquillité publique, en écartant de sa personne un particulier qui, en abusant du droit des gens, cessait d'avoir droit d'en jouir; et, lorsque sa majesté, en respectant encore en lui le caractère dont il mésusait, a mis dans la démarche que le roi devait à sa gloire tous les ménagemens possibles, sa majesté croit encore avoir donné une nouvelle preuve de ses égards pour l'impératrice et du respect que le roi porte au droit des gens.

C'est dans ces circonstances que le roi s'est rendu en Finlande, à la tête de son armée ; et qu'il demande une réponse catégorique et définitive qui décidera de la paix ou de la guerre ; et voici à quelles conditions le roi offre la paix à l'impératrice :

1° Que le comte de Razoumowski soit puni d'une manière exemplaire pour toutes les intrigues qu'il a fomentées infructueusement en Suède, et qui ont troublé l'amitié, la confiance et la bonne harmonie qui subsistaient entre les deux empires, pour que ses pareils soient à jamais dégoûtés de se mêler des affaires intérieures d'un empire indépendant ;

2° Que, pour dédommager le roi des frais que les armemens que sa majesté a été forcée de faire lui coûtent, et qu'il n'est pas juste que ses peuples supportent, l'impératrice cède au roi et à la couronne de Suède, à perpétuité, toute la partie de la Finlande et de la Carélie, avec le gouvernement et la ville de Kexholm, tels qu'ils furent cédés à la Russie par les paix de Nistadt et d'Abo, en rétablissant la frontière à Systerbeck ;

3° Que l'impératrice accepte la médiation du roi pour lui procurer la paix avec la Porte ottomane, et qu'elle autorise sa majesté à offrir à la Porte la cession entière de la Crimée, et de rétablir les frontières d'après le traité de 1774 ; ou, si sa majesté peut engager la Porte à la paix, à ces conditions, d'offrir à cette puissance le rétablissement de ses frontières telles qu'elles étaient avant la guerre de 1768 ; et pour sûreté de ses offres, que l'impératrice désarme au préalable sa flotte et rappelle les vaisseaux déjà sortis dans la Baltique, retire ses troupes des nouvelles frontières, et permette au roi de rester armé jusqu'à la conclusion de la paix entre la Russie et la Porte.

Le roi attend un *oui* ou un *non*, et ne peut accepter la moindre modification sans compromettre sa gloire et l'intérêt de ses peuples.

C'est ce que le soussigné a l'honneur de déclarer par ordre du roi à son excellence M. le vice-chancelier, et qu'il supplie ce ministre de vouloir bien mettre au plus tôt sous les yeux de l'impératrice, pour qu'il puisse faire promptement parvenir la réponse au roi son maître.

G. DE SCHLAFF,
Secrétaire de légation, comme seul
appartenant à la mission du roi
à la cour impériale de Russie.

Saint-Pétersbourg, 1ᵉʳ juillet 1788.

LETTRE

DE S. M. LE ROI DE POLOGNE

A S. M. PRUSSIENNE [*].

Monsieur mon frère,

Il est certainement déjà connu à votre majesté que la diète de Pologne s'est décidée unanimement à allier notre république à votre majesté, sans délai et sans prétendre régler au préalable les points de commerce qui sont en discussion entre votre majesté et nous. Plus ces points de commerce sont essentiellement importans pour nous, et plus votre majesté voudra bien apprécier l'empressement d'une nation libre et généreuse à s'unir avec vous, en se reposant uniquement sur l'équité personnelle du caractère connu de votre majesté. Avec un roi tel que vous, la voie la plus sûre est de s'adresser directement à lui, en le priant de peser dans la balance de son âme juste les réclamations d'une nation qui lui donne toute son amitié, lorsqu'elle les fonde sur la lettre claire des traités, et sur dix-sept ans de souffrances. L'idée que cette nation s'est formée de Frédéric-Guillaume régnant, est que, fait pour égaler ses ancêtres dans tous les autres genres de gloire, il y en a un qu'il voudra se rendre plus particulièrement propre, en mettant sa grandeur au-dessus de cette maxime funeste, *qui croit ne voir le bien de ses États que dans les maux de*

---

[*] *Voyez* la page 267.

ses voisins. Vous ne pouvez ignorer, sire, tout ce qui faisait prévoir les plus grandes difficultés qui devaient s'opposer à la résolution que la diète de Pologne a prise le 15 du courant, ou du moins la retarder : néanmoins tout a cédé à la seule pensée que c'est à vous, sire, que nous avons affaire. J'ai dit à ma nation « que je m'a-
» dresserai en personne à votre majesté; que je vous
» exposerai les droits, les plaintes et les demandes de
» ma nation. » Et aussitôt la diète entière, sans partage de voix, a dit : *Procédons au plus tôt à devenir les alliés de ce roi, trop loyal sans doute, trop véritablement grand pour vouloir prendre avantage contre nous de la confiance que nous mettons en lui : il ordonnera sans doute à ses ministres de remédier au plus tôt aux justes plaintes des Polonais. Il dira :* « Je veux que les
» Polonais soient désormais à l'abri de la gêne injuste
» et de la vexation; je veux qu'ils soient contens,
» parce qu'ils se sont déclarés mes amis. » Si, en parlant à ma nation, j'ai présumé le succès de ma lettre, j'ai cru par-là même rendre hommage à vos vertus.

C'est dans ces sentimens que je me ferai toujours gloire de me dire, sire, de votre majesté, le bon frère et allié,

STANISLAS-AUGUSTE.

Warsovie, le 17 mars 1790.

RÉPONSE
DE S. M. PRUSSIENNE
A S. M. LE ROI DE POLOGNE *.

Monsieur mon frère,

Le prince Jablonowski m'a remis la lettre que votre majesté m'a bien voulu écrire, en date du 17 mars, et par laquelle elle réclame ma *droiture personnelle* pour faire cesser les griefs du commerce que la nation polonaise croit avoir contre la Prusse. Je suis flatté de la confiance dont votre majesté m'honore, et je n'omettrai sûrement rien de mon côté pour la justifier; mais je prie votre majesté et sa nation d'observer aussi la même justice et impartialité qu'elle me demande, envers moi et mon État, et qu'on pèse dans une balance exacte les véritables circonstances de l'objet important dont il s'agit.

Si votre majesté veut se rappeler tout ce qui s'est passé depuis la cession de la Prusse occidentale, elle ne pourra pas méconnaître que les charges et les inconvéniens auxquels le commerce de la nation polonaise sur la Vistule et sur la mer Baltique se trouve peut-être exposé, prennent uniquement leur origine et leur source de ce que, lors de la cession de la Prusse occidentale, les villes de Dantzick et de Thorn en furent exceptées, quoi-

* *Voyez* la page 267.

que situées au milieu de la Prusse, et que les circonstances exigèrent de conclure, en 1775, la convention du commerce entre la Prusse et la Pologne, par laquelle toutes les marchandises que la nation polonaise transporte vers Dantzick ou en exporte, ont été chargées des mêmes droits de douze pour cent qui ont *déjà existé du temps de la domination polonaise*. S'il s'est glissé des abus dans la perception de ces droits par la conduite des douaniers, ce que les sujets prussiens n'éprouvent pas moins en Pologne, moi, aussi-bien que le roi mon prédécesseur, nous avons tâché de les redresser au possible dans le cas des plaintes portées. J'ai fait surtout réduire l'estimation des productions polonaises à leur véritable valeur dans la douane de Fordon, et j'ai fait diminuer jusqu'à trois pour cent les droits de transit pour toutes les marchandises que la nation polonaise fait venir de l'étranger par terre et à travers mes États. J'ai fait, de plus, ce qu'aucun souverain n'a encore fait, et que la nation polonaise n'a pas même pu exiger; c'est que j'ai aboli les droits de douane et le péage sur la plus grande partie des productions et marchandises que les Lithuaniens portent dans la Prusse orientale et à mes ports de Konisberg et de Memel, en ôtant les bureaux de douane qui ont subsisté depuis des siècles aux frontières de la Prusse et de la Lithuanie. Je crois donc avoir fait tout, et plus qu'on ne saurait exiger de moi, pour faciliter le commerce de la nation polonaise par mes États. Il peut se faire sans aucuns droits vers les villes de Konisberg et de Memel, et à raison de deux pour cent par mes villes maritimes d'Elbing et de Stettin. Si le commerce que les Polonais veulent faire à Dantzick est chargé d'un impôt de douze pour cent, c'est la

suite naturelle et nécessaire de l'existence des anciennes douanes polonaises, de la convention de 1775, et de la situation de la ville de Dantzick. On ne saurait exiger de moi, avec équité, que j'accorde le même tarif et les mêmes avantages dont jouissent mes propres villes, à une ville qui est tout environnée de mes États sans y appartenir, et qui leur fait tant de mal par les contrebandes de ses habitans et par les chicanes de ses magistrats. Je sais bien que la nation polonaise en souffre d'une manière indirecte ; mais c'est sa *propre faute*, et non celle des souverains de la Prusse ; et elle doit se souvenir qu'elle n'a pas été moins maltraitée par le monopole du commerce de la Vistule, que la ville de Dantzick avait usurpé, du temps de la domination polonaise, au préjudice des autres villes prussiennes. Ce vice ne peut pas manquer de rester inhérent au commerce que les Polonais veulent faire par la Vistule et à Dantzick, aussi long-temps que les villes de Dantzick et de Thorn, restent séparées de mon territoire, duquel elles sont absolument environnées, surtout la première. C'est pour lever ce grand inconvénient, d'ailleurs incorrigible, que j'ai fait proposer à votre majesté et à l'illustre diète
« de faire avec moi une nouvelle transaction, par la-
» quelle je diminuerais les droits de péage établis sur
» la Vistule, à raison de douze pour cent, à un taux si
» médiocre que la nation polonaise pourrait en être en-
» tièrement contente ; et j'ai demandé qu'en compen-
» sation de la grande perte que j'en souffrirais dans mes
» douanes, on me cédât la souveraineté des villes de
» Dantzick et de Thorn, qui, par leur situation natu-
» relle, appartiennent au territoire de la Prusse occi-
» dentale, et qui, lors de la cession de ce pays, n'en ont

» été exceptées que par des *raisons particulières et peu*
» *valables.* » J'ai cru pouvoir faire ces propositions sans
craindre d'être taxé de *vues injustes d'agrandissement* et
d'ambition, parce que les deux villes de Dantzick et
de Thorn sont situées au milieu de mes États, *que leur
souveraineté ne convient qu'au possesseur de la Prusse
occidentale* et à l'allié de la Pologne; parce qu'elles ne
rapportent absolument rien à la république de Pologne,
et rendent plutôt le commerce de la nation polonaise
difficile et onéreux par les droits conventionnels; et
parce qu'en diminuant ces droits j'aurais perdu un revenu annuel, mais certain, de 200,000 écus que la
nation polonaise aurait gagnés sans faute dans son commerce, par la diminution de la douane de Fordon, sans
que je puisse m'en promettre aucun équivalent proportionné par la possession des villes de Dantzick et de
Thorn. Si votre majesté y avait perdu quelques revenus casuels, je n'aurais pas manqué de les lui bonifier.

Je ne devais donc pas m'attendre que ma susdite
proposition serait reçue par la diète d'une manière si
contraire à mes vues innocentes et honnêtes, et au véritable intérêt des deux États. Je devais encore moins
prévoir qu'un monarque aussi patriote et aussi éclairé
que votre majesté pût s'en alarmer d'une manière aussi
forte comme elle l'a fait. J'avoue que je me suis attendu
à tout autre accueil de la part de la diète; mais, dès que
j'ai appris que cette proposition, qui ne roule en effet
que sur un troc très avantageux pour la Pologne, n'était pas agréable à votre majesté et à la diète, j'ai ordonné à mon ministre, le marquis de Luchesini, d'en
faire abstraction, et de se borner à la conclusion d'un
simple traité d'alliance. Je suis redevable à votre majesté

d'avoir recommandé à sa nation la conclusion de cette alliance; j'y mets un très grand prix, et je tiens à honneur d'être le principal allié d'une nation aussi noble et aussi brave : je ne doute pas qu'elle saura également apprécier mon alliance, et qu'elle reconnaîtra ce que j'ai fait, et ce que j'aurai encore à faire pour la rendre utile et convenable aux deux parties. Comme votre majesté me demande encore des discussions et des arrangemens ultérieurs sur le commerce, je ne manquerai pas de m'y prêter avec toute la bonne volonté et toute la facilité et équité qu'on peut exiger de moi; mais j'espère qu'on y apportera aussi, de la part de la Pologne, les mêmes dispositions, et qu'on n'exigera pas de ma part des concessions qui ne sont pas praticables selon la nature des choses, ni même utiles à la nation polonaise. Je ne me refuserai pas à une discussion du traité du commerce subsistant, ou à la conclusion d'un nouveau, pouvant prévoir avec certitude qu'on reconnaîtra bientôt que la proposition que j'ai faite pour la compensation d'une diminution considérable de mes douanes, est et sera toujours *le seul moyen juste et praticable* pour rendre le commerce de la nation polonaise aussi florissant que possible et un des premiers de l'Europe, et dont le principal avantage est du côté de la Pologne, qui ne ferait que diminuer mes revenus actuels, et qui ne me serait convenable que pour fermer l'entrée de mon État, pour le fortifier intérieurement, et pour me faire devenir un allié d'autant plus utile pour la Pologne. J'ai cru devoir entrer dans ce détail, et exposer à votre majesté des considérations auxquelles on paraît n'avoir pas donné à Warsovie toute l'attention qu'elles méritent. Je me promets encore de l'amitié et des hautes lumières de votre majesté, qu'elle examinera et pèsera ces considérations avec cet esprit d'équité et de pénétration qui la caractérise, et qu'elle en fera usage pour continuer à éclairer sa nation, et pour faire disparaître des préjugés qui s'opposent jusqu'ici aux véritables intérêts mutuels des deux États.

Je suis avec les sentimens, amitié et estime parfaites, de votre majesté, le bon frère et allié,

FRÉDÉRIC-GUILLAUME.

Berlin, le 11 août 1799.

LETTRE

DU

GÉNÉRAL PRUSSIEN SCHLIEFFEN

AU GÉNÉRAL LA FAYETTE*.

Monsieur,

Ayant eu l'honneur de faire votre connaissance en Hesse, où je servais, lorsque, précédé du nom que vous vous étiez déjà acquis, vous y passâtes pour aller à Berlin, et me trouvant actuellement officier prussien dans votre voisinage, au moment où l'état des choses de la Belgique semble toucher de si près nos deux nations, où, par rapport à lui, leurs intérêts pourraient bien être les mêmes; mais où, faute de s'entendre, elles courent risque de se traverser, je prends la liberté, monsieur le marquis, de tenter de m'en éclaircir rondement avec vous de soldat à soldat.

Ma nation désirerait la redoutable Autriche moins puissante de cette province; la vôtre (pacte de famille à part) devrait la désirer telle.

La mienne, en s'occupant du sort de la Belgique, n'a d'autre objet : elle est indifférente à la forme de gouvernement que celle-ci voudra se donner; et si la vôtre est guidée du même esprit, pourquoi nos mesures s'entr'opposeraient-elles?

M. de la Marck agit-il ou non de l'aveu de votre na-

---

* Voyez la page 281.

tion? Veut-il sérieusement l'indépendance de la Belgique, ou voudrait-il en amener la réconciliation avec ses anciens maîtres, du sein de la fermentation qu'il y excite?

Voilà, monsieur le marquis, ce dont quelques renseignemens, dans la position où je me trouve, pourraient prévenir des méprises réciproquement préjudiciables.

Je ne vous parle pas de mon séjour à Liége : notre politique n'entre pour rien dans les affaires de ce pays-ci. Nous aurions bonnement voulu y rétablir le calme à des conditions équitables, que l'évêque-prince est assez aveuglé pour ne les pas agréer.

Rien n'égale, au reste, la haute considération avec laquelle j'ai l'honneur de me nommer, monsieur, votre, etc.

Signé, SCHLIEFFEN.

Liége, le 22 février 1790.

LETTRE

DU ROI DE PRUSSE

AU PRINCE-ÉVÊQUE DE LIÉGE *.

Du 9 mars 1790.

Monsieur,

J'ai exposé à votre altesse, dans une lettre du 31 décembre de l'année passée, mes sentimens francs et sincères sur les malheureux troubles qui se sont élevés dans le pays de Liége, et j'ai fait dans cette lettre des propositions d'accommodement que j'ai crues et que je crois encore justes, modérées et seules propres à donner une issue raisonnable à cette fâcheuse affaire. J'ai ajouté à la fin de ma susdite lettre : « Que si votre altesse ne
» voulait pas accepter mes propositions, et si elle in-
» sistait sur l'exécution plénière du décret de la cham-
» bre impériale, j'étais prêt à rappeler mes troupes de
» la principauté de Liége et d'abandonner cette com-
» mission que *je croyais ne pouvoir pas exécuter avec*
» *justice et honneur.* » Je devais m'attendre que votre altesse répondrait à ma proposition claire et précise, et, à ce que je crois, juste de la même manière; mais elle a trouvé à propos de répondre à ma lettre du 31 décembre six semaines après, par une lettre du 8 février, dans laquelle, au lieu d'une déclaration déterminée sur ma susdite proposition dilemmatique, je ne trouve que des

* *Voyez* la page 282.

déclamations sur des points de droit aisés à réfuter si j'en avais l'envie et le loisir, et un amas de faits non prouvés, faciles à détruire, et en partie déjà réfutés par ma susdite lettre; ce que trouvera tout lecteur impartial qui voudra comparer mes deux lettres. La fin et l'essentiel de cette déclaration se réduisent à ce que votre altesse ne veut pas se prêter à aucune médiation ni composition, avant que l'état des affaires de Liége ne soit entièrement rétabli sur le pied où il était avant la déclaration de mon directoire du 26 novembre, ou plutôt en effet avant la révolution du 15 août, et selon le sens littéral des deux décrets de la chambre impériale. Je ne révoque pas en doute l'obligation des sentences respectables de ce tribunal suprême : je les exécuterai, *quand cela sera possible*, avec cette exactitude et impartialité constitutionnelle dont je me suis fait une loi, et ai donné plus d'un exemple pendant le cours de mon règne. Mais j'ai été convaincu, dès le commencement de cette affaire, par les rapports de mes délégués, à l'intelligence et à la droiture desquels je dois me confier, et j'ai déclaré tant de fois, en conséquence, que je ne pouvais pas faire cette exécution plénière avec un corps de six mille soldats contre une nation dix fois plus nombreuse, belliqueuse et prête à se joindre à ses voisins, les insurgens brabançons, sans exposer l'honneur de mes armes et même la dignité de la chambre impériale; et celle du triple directoire, au risque d'un affront presque certain, n'ayant aucune obligation ni vocation d'employer une plus grande partie de mes forces pour une affaire de cette nature, qui me paraît très équivoque dans le fond, mais dans laquelle je suis très impartial, comme je puis protester avec vérité.

Je crois bien que mes troupes pourraient faire à présent une exécution plénière des décrets de Wetzlaër, depuis qu'elles sont en possession de la ville et de la citadelle de Liége, et qu'elles ont, en quelque manière, désarmé les Liégeois; mais comme cela s'est fait par une soumission volontaire et par une sorte de capitulation, les droits de l'honneur et de la droiture ne me permettent pas que j'abuse de la confiance de la nation liégeoise, et que j'exécute contre elle, par la force, les volontés arbitraires de votre altesse et de ses conseillers. Mais je me verrais obligé, en conscience, de leur remettre la principauté de Liége dans l'état dans lequel je l'ai trouvée, lorsque mes troupes l'ont occupée. Je pourrais le faire sans aucun reproche : je pourrais aussi abandonner votre altesse et la nation liégeoise à leur sort, à leurs résolutions réciproques et à leurs propres forces. Si votre altesse continue à douter de mes suppositions, et si elle se croit sûre des sept huitièmes de la nation liégeoise, et qu'on pourrait faire l'exécution plénière avec quelques bataillons de troupes du cercle, elle pourrait en faire l'essai à son bon plaisir. Mais comme j'ai quelque lieu de prévoir que cela ne pourra pas réussir, et qu'il en résultera une guerre civile qui peut mener à ruiner totalement la principauté de Liége et à la séparer même du corps de l'empire germanique, je veux encore, pour une fois, mais pour la dernière, offrir à votre altesse des moyens de conciliation, que je crois justes, raisonnables, modérés, et tels qu'ils pourront, à mon avis, servir à concilier les intérêts de votre altesse et ceux des états de Liége; ainsi que les droits, les prérogatives et l'autorité de la chambre impériale et du directoire du cercle de Westphalie, que je suis toujours prêt à respecter et à maintenir, et particulièrement le recez de Dorsten, dans tous les cas où l'exécution des sentences peut se faire selon les règles de la justice ordinaire, avec des forces médiocres et sans des efforts guerriers, et où il s'agit plutôt d'une médiation et composition, que les circonstances de l'affaire rendent nécessaires, comme c'est le cas présent de Liége. Je propose donc à votre altesse le plan d'un arrangement général.

« Le haut-directoire du cercle du Bas-Rhin et de
» Westphalie, informé de ces recez, a publié au con-
» traire (mais sans le concours de Clèves, comme il
» est naturel) le décret suivant :

» Le haut-directoire du cercle du Bas-Rhin et de
» Westphalie, ayant été informé, par des plaintes à lui
» portées de différens endroits, que les chefs de la ré-
» volte de Liége, enhardis par l'impunité dont ils ont
» joui jusqu'à présent, ne mettent plus de bornes à leurs
» entreprises criminelles ; que, non contens d'avoir ren-
» versé toute autorité légitime, ils abusent du pouvoir
» arbitraire dont ils se sont emparés, pour violer la sû-
» reté personnelle et les propriétés des personnes res-
» tées fidèles à leur souverain légitime, dans le criminel
» espoir d'attirer, par la crainte des violences, les ha-
» bitans loyaux dans la révolte, et de retarder la juste
» punition de leurs crimes par le nombre des coupa-
» bles. » — A ces causes, le haut-directoire, etc., pour préserver le peuple d'une séduction ultérieure, qui ne peut qu'amener sa ruine totale, fait savoir par les présentes que les décrets de la haute et sacrée chambre impériale, émanés le 27 du mois d'août et 2 décembre dernier, seront infailliblement exécutés. Ordonne à

tous les habitans du pays de Liége en général, et aux magistrats des villes et bourgs existans de fait en particulier, de s'abstenir de tous attroupemens, violation de la sûreté personnelle, invasion des propriétés particulières ; déclarant éventuellement nulle toute vente et aliénation quelconque, faite sans le concours des propriétaires ou possesseurs actuels ; et de s'opposer de tout leur pouvoir à ces excès et dévastations, à peine d'être responsables tous, et un chacun en particulier, dans leurs personnes et biens, des dommages causés, soit à leur instigation ou par leur connivence.

Donné au haut-directoire du cercle du Bas-Rhin et de Westphalie, à Aix-la-Chapelle, le 22 avril 1790.

Au nom et de la part de S. A. S. électeur de Cologne, comme prince-évêque de Munster :

Signé, M. DE KEMPIS.

Au nom et de la part de S. A. S. électorale palatine, comme duc de Juliers ;

Signé, J. H. DE GREIN ;
Et plus bas, DE LEMMEN.

TRAITÉ DE PAIX

ENTRE

LA RUSSIE ET LA SUÈDE *.

Au nom de la très sainte et indivisible Trinité,

Leurs majestés le roi de Suède et l'impératrice de toutes les Russies, animées du même désir de mettre fin à la malheureuse guerre qui subsiste entre elles, et de rétablir l'ancienne amitié, la bonne harmonie et le bon voisinage entre les États respectifs, s'étant mutuellement communiqué leurs vues salutaires à ce sujet, sont convenues pour les réaliser et les faire mettre à exécution, etc.

Art. Ier. Il régnera désormais entre sa majesté le roi de Suède, ses États, pays et sujets d'une part, et entre sa majesté l'impératrice de toutes les Russies, ses États, pays et sujets de l'autre, une paix perpétuelle, un bon voisinage et une parfaite tranquillité, tant du côté de terre que de celui de mer. En conséquence, on donne les ordres les plus prompts pour que toutes les hostilités cessent aussitôt de part et d'autre : on oubliera le passé, et l'on ne s'occupera, des deux parts, que du rétablissement de l'harmonie et de la bonne intelligence qui avaient été interrompues par la guerre présente.

Art. II. Les limites des États respectifs resteront sur

* *Voyez* la page 300.

le même pied où elles étaient avant la rupture, ou avant le commencement de la présente guerre.

Art. III. Conséquemment, tous les pays, provinces et lieux qui, durant cette guerre, ont été conquis sur les troupes de l'une ou de l'autre des parties contractantes, seront évacués dans l'espace de temps le plus court possible, ou dans les vingt-cinq jours, à compter de l'échange des ratifications du présent traité.

Art. IV. Tous les prisonniers et tous autres qui, sans avoir porté les armes, auront été emmenés comme tels, durant la guerre, par les troupes des parties belligérantes, seront échangés de part et d'autre sans rançon; et il leur sera permis de s'en retourner chez eux sans qu'ils soient tenus de payer aucun dédommagement pour les frais de leur entretien durant leur captivité; mais ils seront obligés de payer les dettes qu'ils auront pu contracter avec les particuliers des pays respectifs.

Art. V. Pour obvier à tout sujet de dispute et de malentendu qui pourrait survenir par mer entre les parties contractantes, il a été arrêté que lorsque des vaisseaux de guerre suédois, soit un ou plusieurs, grands ou petits, viendront dorénavant à passer devant un port appartenant à sa majesté l'impératrice de Russie, lesdits vaisseaux seront obligés de faire le salut suédois, auquel il sera aussitôt riposté par le salut russe. Il en sera de même des vaisseaux de guerre russes qui, soit que leur nombre passe l'unité ou non, seront tenus, en passant devant les ports de mer appartenant à sa majesté suédoise, de faire le salut russe, auquel il sera répondu aussitôt par le salut suédois. En attendant, les hautes parties contractantes vont fixer et déterminer, dans une convention particulière, à conclure le plus tôt possible la manière dont les vaisseaux de guerre suédois et russes se rendront le salut en se rencontrant, soit en mer, soit dans les ports de mer ou ailleurs : jusque-là les vaisseaux respectifs ne se salueront point du tout en se rencontrant.

Art. VI. Il a été accordé par sa majesté l'impératrice de toutes les Russies, qu'il sera permis à sa majesté suédoise de faire exporter annuellement des ports de la Finlande et de la Baltique des blés pour la valeur de 50,000 roubles, à condition qu'il sera constaté que les achats se feront pour le compte du roi de Suède ou pour celui de ses sujets qu'il aura particulièrement autorisé à faire lesdits achats ; et en ce cas, les exportations seront franches de tous péages, douanes ou autres droits de sortie, avec la seule restriction que les années de stérilité ne seront point comprises dans cette concession, durant lesquelles l'impératrice, par de sages motifs, interdira l'exportation de cette denrée à toutes les nations en général.

Art. VII. Comme le désir ardent qu'ont eu les deux parties contractantes de mettre fin, le plus promptement possible, aux maux de la guerre, sous lesquels gémissaient leurs sujets respectifs, ne leur permettait pas de régler plusieurs articles et points importans, et capables de rétablir et de fortifier le bon voisinage et la parfaite tranquillité des frontières, elles se promettent mutuellement de s'occuper incessamment de ces objets, et de les faire examiner et régler amicalement par des ambassadeurs ou ministres plénipotentiaires, qu'elles s'enverront réciproquement aussitôt après la conclusion du présent traité.

Art. VIII. Les ratifications du présent traité seront échangées dans l'espace de six jours, ou plus tôt s'il est possible. En foi de quoi, etc.

Donné dans la plaine de Varela, sur les bords du Kymène, entre les deux postes avancés des deux armées, le 3 (14) août 1790.

Signé, GUSTAVE-MAURICE, baron d'Armfeld ;
OTTO, baron d'Ingelstrom.

# POLITIQUE
SUR LE TRAITÉ DE PAVIE,

EXTRAITE DU PUBLICISTE [*].

Les observations suivantes sont traduites d'un journal allemand, intitulé *la Minerve*, publié à Hambourg par M. d'Archenholz, colonel au service de Prusse, connu en Europe par divers ouvrages estimés, et par son attachement aux principes de la révolution française.

Il existe toujours parmi les hommes d'État et les écrivains politiques, ainsi que dans les sociétés particulières, une dispute pour savoir à qui doit être attribué le mérite de n'avoir pas commencé la guerre actuelle, dispute qui se prolongera vraisemblablement encore fort avant dans le dix-neuvième siècle, jusqu'à ce que les générations, dominées par l'esprit de parti, soient éteintes, et que la muse de l'histoire ait enfin répandu sa lumière sur cet objet.

L'éditeur de *la Minerve* s'est plusieurs fois expliqué sur ce point important, et comme compilateur, et comme observateur. Il ne s'occupera plus à réfuter la prétendue évidence de l'innocence du ministère britannique à cet égard; mais, comme compilateur, il ne doit pas passer sous silence une circonstance nouvelle très remarquable.

Le ministre français Talleyrand, dans la note célèbre qu'il a envoyée dernièrement au ministre anglais

[*] *Voyez* la page 312.

pour la paix, a rappelé le traité conclu à Pavie, en 1791, contre la France. Lord Greenville, dans la séance de la chambre des pairs, du 28 janvier dernier, a affirmé que ce traité n'avait jamais eu lieu et n'était qu'une fable insipide. Ce ministre savait bien ce qu'il faisait : il ne voulait que produire un effet momentané au parlement, c'est-à-dire jeter du discrédit sur une note où l'on se permettait d'alléguer un fait historique absolument faux ; et, s'il prévoyait qu'un jour on relèverait sa dénégation, il était bien sûr de trouver une réponse dans la ressource anglaise d'une explication littérale.

La transaction diplomatique dont il est question n'était pas en effet un traité, mais une déclaration ; et ce n'était pas à Pavie, mais à Mantoue, qu'elle avait eu lieu. La dénomination et la désignation du lieu n'étaient donc pas exactes ; mais l'existence de la convention, sa nature et son but n'en étaient pas moins constatés. Mais comment réfuter d'une manière convaincante l'assertion du ministre anglais ? Les écrits de France ne peuvent en ceci faire autorité ; les écrits et les discours parlementaires de l'opposition anglaise n'inspirent pas plus de confiance, et il n'y a pas moyen de chercher des renseignemens dans les archives des cours. Le hasard vient de faire sortir une preuve convaincante d'une source d'où on devait le moins l'attendre. L'ex-ministre français, Bertrand de Molleville, vient de publier, dans ses *Annales de la révolution*, les détails de la *Déclaration de Mantoue*, sans se douter vraisemblablement qu'il rendait par-là un mauvais service à ses protecteurs : il s'appuie sur le témoignage de l'ambassadeur espagnol Las-Casas, et de trois Français alors initiés dans les secrets de Coblentz.

L'un d'eux jouissait de la confiance de la cour des Tuileries, et fut envoyé, en mai 1791, au comte d'Artois, pour lui donner plein pouvoir de traiter avec l'empereur Léopold, en faveur de Louis XVI. Léopold voyageait alors en Italie avec sa sœur la reine de Naples. L'envoyé de la cour eut une entrevue avec lui à Mantoue le 20 mai, et c'est dans cette conférence que fut rédigée la déclaration qu'on a mal à propos nommée le *traité de Pavie.* L'original de cette pièce, corrigé de la propre main de l'empereur, fut porté à Paris, et remis sept jours après à Louis XVI par le comte de Durfort.

L'ex-ministre Bertrand de Molleville rapporte textuellement cette déclaration, dont on ne donne ici que la substance.

L'empereur devait faire marcher trente-cinq mille hommes sur les frontières de Flandre, pendant qu'un corps de quinze mille hommes de troupes d'Empire chercherait à pénétrer en Alsace, qu'un nombre égal de Suisses se porterait vers Lyon et sur les frontières de la Franche-Comté, et qu'autant de Piémontais s'approcheraient du Dauphiné. L'Espagne devait rassembler vingt mille hommes pour menacer les provinces méridionales de France. A ces troupes, on aurait réuni tant les régimens français restés fidèles que les volontaires armés, auxquels on aurait pu se confier, et enfin tous les mécontens des provinces.

L'empereur répondait des bonnes intentions du roi de Prusse, avec lequel il a une correspondance directe sur cet objet. Le roi d'Angleterre, comme électeur d'Hanovre, désire d'entrer dans le traité qui doit être tenu secret jusqu'au moment de l'exécution, et jusque-là on devait prévenir tout soulèvement isolé dans l'intérieur.

L'exécution de ce plan était différée jusqu'à la fin de juillet, et alors la déclaration, signée par tous les souverains de la maison de Bourbon, devait être communiquée aux princes du sang qui étaient encore en liberté.

Quoique l'empereur fût le chef de l'entreprise, il ne devait pas paraître en cette qualité, de peur d'exposer par-là la sûreté de la reine; car on ne manquerait pas d'attribuer ce plan à la maison d'Autriche, et l'assemblée nationale d'alors employait tous les moyens de rendre odieuses au peuple toutes les personnes de cette maison.

On répondait aussi de la neutralité de l'Angleterre. On devait engager le roi et la reine de France à ne pas confier ce secret à un très grand nombre de personnes : ayant déjà éprouvé par eux-mêmes les inconvéniens et les dangers de ces communications, il était essentiel d'entretenir une correspondance avec différens membres du parlement de France, afin de pouvoir les rassembler plus facilement quand il en serait temps.

Une telle déclaration, si l'on peut en établir l'authenticité sur le témoignage du ministre Bertrand, doit terminer toute dispute sur la question de l'origine de la guerre.

DÉCLARATION

SIGNÉE EN COMMUN PAR L'EMPEREUR ET LE ROI DE PRUSSE, LE 23 AOUT 1791.*

Sa majesté l'empereur et sa majesté le roi de Prusse, ayant entendu les désirs et les représentations de Monsieur et de monsieur le comte d'Artois, se déclarent conjointement qu'elles regardent la situation où se trouve actuellement le roi de France comme un objet d'un intérêt commun avec toutes les puissances de l'Europe. Elles espèrent que cet intérêt *ne peut manquer* d'être reconnu par les puissances dont le secours est réclamé, et qu'en conséquence elles ne refuseront point d'employer, conjointement avec leursdites majestés, les moyens les plus efficaces relativement à leurs forces, pour mettre le roi de France en état d'affermir dans la plus parfaite liberté les bases d'un gouvernement monarchique, également convenable aux droits des souverains et au bien-être de la nation française. Alors et dans ces cas, leursdites majestés, l'empereur et le roi de Prusse, sont résolus d'agir promptement d'un mutuel accord avec les forces nécessaires pour obtenir le but proposé et commun.

En attendant, elles donneront à leurs troupes les ordres convenables pour qu'elles soient à portée de se mettre en activité.

Signé, Léopold;
Frédéric-Guillaume.

A Pilnitz, le 27 août 1791.

* *Voyez* la page 312.

LETTRE

DE M. DE MONTMORIN

AUX AMBASSADEURS.[*]

« Le roi me charge, monsieur, de vous mander que son intention la plus formelle est que vous manifestiez ses sentimens sur la révolution et la constitution françaises à la cour où vous résidez. Les ambassadeurs et ministres de France près toutes les cours de l'Europe reçoivent les mêmes ordres, afin qu'il ne puisse rester aucun doute, ni sur les intentions de sa majesté, ni sur l'acceptation libre qu'elle a donnée à la nouvelle forme de gouvernement, ni sur son serment inviolable de la maintenir.

Sa majesté avait convoqué les états-généraux du royaume, et déterminé dans son conseil que les communes y auraient un nombre de députés égal à celui des deux autres ordres qui existaient alors. Cet acte de législation provisoire, que les obstacles du moment ne permettaient pas de rendre plus favorable, annonçait assez le désir de sa majesté de rétablir la nation dans tous ses droits.

Les états-généraux furent assemblés et prirent le titre d'*assemblée nationale*: bientôt une constitution, propre à faire le bonheur de la France et du monarque, remplaça l'ancien ordre de choses, où la force appa-

---

[*] *Voyez* la page 314.

rente de la royauté ne cachait que la force réelle de quelques corps aristocratiques. L'assemblée nationale adopta la forme du gouvernement représentatif, joint à la royauté héréditaire. Le corps législatif fut déclaré permanent ; l'élection des ministres du culte, des administrateurs et des juges, fut rendue au peuple. On conféra le pouvoir exécutif au roi, la formation de la loi au corps législatif, et la sanction au monarque. La force publique, soit intérieure, soit extérieure, fut organisée sur les mêmes principes et d'après la base fondamentale de la distinction des pouvoirs. Telle est la nouvelle constitution du royaume.

Ce que l'on appelle la révolution n'est que l'anéantissement d'une foule d'abus accumulés depuis des siècles par l'erreur du peuple ou le pouvoir des ministres, qui n'a jamais été le pouvoir des rois. Ces abus n'étaient pas moins funestes à la nation qu'au monarque ; ces abus, l'autorité, sous des règnes heureux, n'avait cessé de les attaquer sans pouvoir les détruire ; ils n'existent plus. La nation souveraine n'a plus que des citoyens égaux en droits, plus de despote que la loi, plus d'organe que les fonctionnaires publics ; et le roi est *le premier de ces fonctionnaires*. Telle est la révolution française.

Elle devait avoir pour ennemis tous ceux qui, dans un premier moment d'erreur, ont regretté, pour des avantages personnels, les abus de l'ancien gouvernement. De là l'apparente division qui s'est manifestée dans le royaume, et qui s'affaiblit chaque jour ; de là peut-être aussi quelques lois sévères de circonstance, que le temps corrigera : mais le roi, dont la véritable force est indivisible de celle de la nation, qui n'a d'autre ambition que le bonheur du peuple, ni d'autre pouvoir réel que celui qui lui est délégué; le roi a dû adopter sans hésiter une heureuse constitution qui régénérait tout à la fois son autorité, la nation et la monarchie. On lui a conservé toute sa puissance, hors le pouvoir redoutable de faire des lois : il est resté chargé des négociations avec les puissances étrangères, du soin de défendre le royaume et d'en repousser les ennemis; mais la nation française n'en aura plus désormais au dehors que ses agresseurs. Elle n'a plus d'ennemis intérieurs que ceux qui, se nourrissant de folles espérances, croiraient que la volonté de vingt-quatre millions d'hommes rentrés dans leurs droits naturels, après avoir organisé le royaume de manière qu'il n'existe plus que des souvenirs des anciennes formes et des anciens abus, n'est pas une immuable, une irrévocable constitution. Les plus dangereux de ses ennemis sont ceux qui ont affecté de répandre des doutes sur les intentions du monarque : ces hommes sont bien coupables ou bien aveugles. Ils se croient les amis du roi, ce sont les seuls ennemis de la royauté; ils auraient privé le monarque de l'amour et de la confiance d'une grande nation, si ses principes et sa probité eussent été moins connus. Eh! que n'a pas fait le roi pour montrer qu'il comptait aussi la révolution et la constitution françaises parmi ses titres à la gloire! Après avoir accepté et sanctionné toutes les lois, il n'a négligé aucun moyen de les faire exécuter. Dès le mois de février de l'année dernière, il avait, dans le sein de l'assemblée nationale, promis de les maintenir : il en a fait le serment au milieu de la fédération universelle du royaume, honoré du titre de *restaurateur de la liberté française*. Il transmettra plus qu'une couronne à son fils ; il lui transmettra une *royauté constitutionnelle*.

Les ennemis de la constitution ne cessent de répéter que *le roi n'est pas heureux;* comme s'il pouvait exister pour un roi d'autre bonheur que celui du peuple! Ils disent que son autorité est avilie; comme si l'autorité fondée sur la force n'était pas moins puissante et plus incertaine que l'autorité de la loi! Enfin, que *le roi n'est pas libre :* calomnie atroce, si l'on suppose que sa volonté a pu être forcée; absurde, si l'on prend pour *défaut de liberté* le consentement que sa majesté a exprimé plusieurs fois de rester au milieu des citoyens de Paris; consentement qu'il devait accorder à leur patriotisme, même à leur crainte et surtout à leur amour.

Ces calomnies cependant ont pénétré jusque dans les cours étrangères; elles y ont été répétées par des Français qui se sont volontairement exilés de leur patrie, au lieu d'en partager la gloire, et qui, s'ils n'en sont pas les ennemis, ont au moins abandonné leur poste de citoyen. Le roi vous charge, monsieur, de déjouer leurs intrigues et leurs projets. Ces mêmes calomnies, en répandant les idées les plus fausses sur la révolution française, ont fait suspecter chez plusieurs nations voisines les intentions des voyageurs français, et le roi vous recommande expressément de les protéger et de les défendre. Donnez, monsieur, de la constitution française, l'idée que le roi s'en forme lui-même; ne laissez aucun doute sur l'intention de sa majesté de la maintenir de tout son pouvoir, en assurant la liberté et l'égalité des citoyens. Cette constitution fonde la prospérité nationale sur les bases les plus inébranlables ; elle affermit l'autorité royale par les lois ; elle prévient, par une révolution glorieuse, la révolution que les abus de l'ancien gouvernement auraient bien fait éclater, en causant peut-être la ruine de l'empire ; enfin, elle fera le bonheur du roi. Le soin de la justifier, de la défendre et de la prendre pour règle de votre conduite, doit être votre premier devoir. Je vous ai déjà manifesté plusieurs fois les sentimens de sa majesté à cet égard ; mais, d'après ce qui lui est revenu de l'opinion qu'on cherchait à établir dans les pays étrangers sur ce qui se passe en France, elle m'a ordonné de vous charger de notifier le contenu de cette lettre à la cour où vous êtes ; et, pour lui donner plus de publicité, sa majesté vient d'en ordonner l'impression.

Signé, Montmorin,
Ministre des affaires étrangères.

Paris, le 23 avril 1791.

LETTRE

DES PRINCES FRÈRES DU ROI *.

Au château de Schonhornslust, près de Coblentz,
le 10 septembre 1791.

Sire, notre frère et seigneur,

Lorsque l'assemblée qui vous doit l'existence, et qui ne l'a fait servir qu'à la destruction de votre pouvoir, se croit au moment de consommer sa coupable entreprise; lorsqu'à l'indignité de vous tenir captif au milieu de votre capitale, elle ajoute de vouloir que vous dégradiez votre trône de votre propre main; lorsqu'elle ose enfin vous présenter l'option, ou de souscrire des décrets qui feraient le malheur de vos peuples, ou de cesser d'être roi, nous nous empressons d'apprendre à votre majesté « que les puissances dont nous avons ré- » clamé pour elle les secours sont déterminées à y » employer leurs forces, et que l'empereur et le roi de » Prusse viennent d'en contracter l'engagement mu- » tuel. » Le sage Léopold, aussitôt après avoir assuré la tranquillité de ses États et amené celle de l'Europe, a signé cet engagement à Pilnitz, le 27 du mois dernier (août), conjointement avec le digne successeur du grand Frédéric. Ils ont remis l'original entre nos mains, et, pour le faire parvenir à votre connaissance, nous le ferons imprimer à la suite de cette lettre, la publicité étant aujourd'hui la seule voie de communica-

* *Voyez* la page 315.

tion dont vos cruels oppresseurs n'aient pu nous priver. Les autres cours sont dans les mêmes dispositions que celles de Vienne et de Berlin. Les princes et états de l'empire ont déjà protesté, dans des actes authentiques, contre les lésions faites à des droits qu'ils ont résolu de soutenir avec vigueur. Vous ne sauriez douter, sire, du vif intérêt que les rois Bourbons prennent à votre situation : leurs majestés catholique et sicilienne en ont donné des témoignages non-équivoques. Les généreux sentimens du roi de Sardaigne, notre beau-père, ne peuvent pas être incertains; vous avez droit de compter sur ceux des Suisses, les bons et anciens amis de la France. Jusque dans le fond du Nord, un roi magnanime veut aussi contribuer à rétablir votre autorité, et l'immortelle Catherine, à qui aucun genre de gloire n'est étranger, ne laissera pas échapper celle de défendre la cause de tous les souverains. Il n'est point à craindre que la nation britannique, trop généreuse pour contrarier ce qu'elle trouve juste, et trop éclairée pour ne pas désirer ce qui intéresse sa propre tranquillité, veuille s'opposer aux vues de cette noble et irrésistible confédération. Ainsi, dans vos malheurs, sire, vous avez la consolation de voir toutes les puissances conspirer à les faire cesser, et votre fermeté, dans le moment critique où vous êtes, aura pour appui l'Europe entière. Ceux qui savent qu'on n'ébranle vos résolutions qu'en attaquant votre sensibilité, voudront sans doute vous faire envisager l'aide des puissances étrangères comme pouvant devenir funeste à vos sujets : ce qui n'est qu'une vue auxiliaire, ils le travestirent en vue hostile; et vous peindront le royaume inondé de sang, déchiré dans toutes ses parties, menacé de démembrement. C'est ainsi qu'après avoir voulu toujours employer les plus fausses alarmes pour causer les maux les plus cruels, ils veulent se servir encore des mêmes moyens pour les perpétuer ; c'est ainsi qu'ils espèrent faire supporter les fléaux de leur odieuse tyrannie, en faisant croire que tout ce qui la combat conduit au plus dur esclavage. Mais, sire, les intentions des souverains qui vous donneront des secours sont aussi droites, aussi pures que le zèle qui nous les a fait solliciter ; elles n'ont rien d'effrayant ni pour l'État, ni pour vos peuples : ce n'est point les attaquer, c'est leur rendre le plus signalé de tous les services, que de les arracher au despotisme de tous les démagogues et aux cruautés de l'anarchie. Vous vouliez assurer plus que jamais la liberté de vos sujets, quand ces séditieux vous ont ravi la vôtre. Ce que nous faisons pour parvenir à vous la rendre avec la mesure d'autorité qui vous appartient légitimement, ne peut être suspect de volonté oppressive ; c'est, au contraire, venger la liberté que de réprimer la licence ; c'est affranchir la nation que de rétablir la force publique, sans laquelle elle ne peut être libre. Ces principes, sire, sont les vôtres : le même esprit de modération et de bienfaisance qui caractérise toutes vos actions, sera toujours la règle de votre conduite ; il est l'âme de toutes nos démarches auprès des cours étrangères ; et, dépositaires de témoignages positifs des vues aussi généreuses qu'équitables qui les animent, nous pouvons garantir qu'elles n'ont d'autre désir que de vous remettre en possession du gouvernement de vos États, pour que vos peuples puissent jouir en paix des bienfaits que vous leur avez destinés. Si les rebelles opposent à ce désir une résistance opiniâtre et aveugle qui force les armées étrangères de pénétrer dans le royaume, eux seuls les y auront attirées; sur eux seuls rejaillirait le sang coupable qu'il serait nécessaire de répandre; la guerre serait leur ouvrage. Le but des puissances confédérées n'est que de soutenir la partie saine de la nation contre la partie délirante; et d'éteindre au sein du royaume le *volcan du fanatisme dont les éruptions propagées menacent tous les empires*.

D'ailleurs, sire, il n'y a pas lieu de croire que les Français, quelque soin que l'on prenne d'enflammer leur bravoure naturelle; en exaltant, en électrisant toutes les têtes par des prestiges de patriotisme et de liberté, veuillent long-temps sacrifier leur repos, leurs biens et leur sang pour soutenir une innovation extravagante qui n'a fait que des malheureux! L'ivresse n'a qu'un temps, les succès des crimes ont des bornes, et on se lasse bientôt des excès quand on en est soi-même la victime. Bientôt on se demandera pourquoi l'on se bat, et l'on verra que c'est pour servir l'ambition d'une troupe de factieux qu'on méprise, contre un roi qui s'est toujours montré juste et humain; pourquoi l'on se ruine, et l'on verra que c'est pour assouvir la cupidité de ceux qui se sont emparés de toutes les richesses de l'État, qui en font le plus détestable usage, et qui, chargés de restaurer les finances publiques, les ont précipitées dans un abîme épouvantable; pourquoi l'on viole les devoirs les plus sacrés, et l'on verra que c'est pour devenir plus pauvre, plus souffrant, plus vexé, plus imposé qu'on ne l'avait jamais été; pourquoi on bouleverse l'ancien gouvernement, et l'on verra que c'est dans le vain espoir d'en introduire un qui, s'il était praticable, serait mille fois plus abusif, mais dont l'exécution est absolument impossible; pourquoi l'on persécute les ministres de Dieu, et l'on verra que c'est pour favoriser les desseins d'une secte orgueilleuse qui a résolu de détruire toute religion, par conséquent de déchaîner tous les crimes. Déjà même toutes ces vérités sont devenues sensibles; déjà le voile de l'imposture se lève de toutes parts, et les murmures contre l'assemblée qui a usurpé tous les pouvoirs et anéanti tous les droits, s'étendent d'une extrémité du royaume à l'autre.

Ne jugez pas, sire, de la disposition du plus grand nombre par les mouvemens des plus turbulens; ne jugez pas le sentiment national d'après l'inaction de la fidélité et son apparente indifférence. Lorsque vous fûtes arrêté à Varennes, et qu'une troupe de satellites vous reconduisit à Paris, l'effroi glaçait alors tous les esprits et faisait régner un morne silence. Ce qu'on vous cache et ce qui dénote bien mieux le changement qui s'est fait et se fait de jour en jour dans l'opinion, ce sont les marques de mécontentement qui percent dans toutes les provinces, et qui n'attendent qu'un appui pour éclater davantage; c'est la demande que plusieurs départemens viennent de former, pour que l'assemblée ait à rendre compte des sommes immenses qu'elle a dilapidées depuis sa gestion; c'est la frayeur que ses chefs laissent apercevoir, et leurs tentatives réitérées pour entrer en accommodement; ce sont les plaintes du commerce et l'explosion récente du désespoir de nos colonies; c'est enfin la pénurie absolue du numéraire, le refus des contribuables de payer des impôts; l'attente d'une banqueroute prochaine, la défection des troupes qui, victimes de tous les genres de séduction, commencent à s'en indigner, et le progrès toujours croissant des émigrations. Il est impossible de se méprendre à de pareils signes, et leur notoriété est telle, que l'audace même des séducteurs du peuple ne saurait en contester la vérité. Ne croyez donc pas, sire, aux exagérations du danger par lesquelles on s'efforce de vous effrayer. On sait que, peu sensible à ceux qui ne menaceraient que votre personne, vous l'êtes infiniment à ceux qui tomberaient sur vos peuples, ou qui pourraient frapper des objets chers à votre cœur; et c'est sur eux qu'on a la barbarie de vous faire frémir continuellement, en même temps qu'on a l'impudence de vanter votre liberté : mais depuis trop long-temps on abuse de cet artifice ; et le moment est venu de rejeter sur les factieux qui vous outragent l'arme de la terreur, qui jusqu'ici a fait toute leur force. Les grands forfaits ne sont point à craindre lorsqu'il n'y a aucun intérêt à les commettre, ni aucun moyen d'éviter, en les commettant, une punition terrible. Tout Paris sait, tout Paris doit savoir que si une scélératesse fanatique où soudoyée osait attenter à vos jours ou à ceux de la reine, des armées puissantes, chassant devant elles une milice faible par indiscipline et découragée par les remords, viendraient aussitôt fondre sur la ville impie qui aurait attiré sur elle la vengeance du ciel et l'indignation de l'univers. Aucun des coupables ne pourrait alors échapper aux plus rigoureux des supplices ; donc aucun d'eux ne voudra s'y exposer. Mais si la plus aveugle fureur armait un bras parricide, vous verriez, sire, n'en doutez pas, des milliers de citoyens fidèles se précipiter autour de la famille royale, vous couvrir, s'il le fallait, de leurs corps, et verser tout leur sang pour défendre le vôtre.

Eh! pourquoi cesseriez-vous de compter sur l'affection d'un peuple dont vous n'avez pas cessé un seul moment de vouloir le bonheur? Le Français se laisse facilement égarer, mais facilement aussi il rentre dans la route du devoir. Ses mœurs sont naturellement trop douces pour que ses actions soient long-temps féroces, et son amour pour ses rois est trop enraciné dans son cœur pour qu'une illusion funeste ait pu le lui arracher entièrement.

Qui pourrait être plus porté que nous à concevoir des alarmes sur la situation d'un frère tendrement chéri? Mais, au dire même de vos plus téméraires oppresseurs, le refus du résumé constitutionnel, que nous apprenons vous avoir été présenté par l'assemblée, le 3 de ce mois, ne vous exposerait qu'au *danger d'être destitué par elle de la royauté*. Or, ce danger n'en est pas un. Qu'importe que vous cessiez d'être roi aux yeux des factieux, lorsque vous le seriez plus solidement, plus glorieusement que jamais aux yeux de toute l'Europe et dans le cœur de vos sujets fidèles! Qu'importe que, par une entreprise insensée, on osât vous déclarer déchu du trône de vos ancêtres, lorsque les forces combinées de toutes les puissances sont préparées pour vous y maintenir et punir les vils usurpateurs qui en auraient souillé l'éclat!

Le danger serait bien plus grand si, en paraissant consentir à la dissolution de la monarchie, vous paraissiez affaiblir vos droits personnels *aux secours de tous les monarques*, et vous sembliez vous séparer *de la cause des souverains*, en consacrant une doctrine qu'ils sont *obligés de proscrire*. Le péril augmenterait en proportion de ce que vous montreriez moins de constance dans les moyens préservateurs ; il augmenterait à mesure que l'impression du caractère auguste qui fait trembler le crime aux pieds de la majesté royale, dignement soutenue, perdrait de la force ; il augmenterait lorsque l'apparence de l'abandon des intérêts de la religion pourrait exciter la fermentation la plus redoutable ; il augmenterait enfin si, vous résignant à n'avoir plus que le vain titre d'un *roi sans pouvoir*, vous paraissiez, au jugement de l'univers, abdiquer la couronne, dont chacun sait que la conservation exige celle des droits inaltérables qui y sont essentiellement inhérens.

Le plus sacré des devoirs, sire, ainsi que le plus vif attachement, nous porte à mettre sous vos yeux toutes ces conséquences dangereuses de la moindre apparence de faiblesse, en même temps que nous vous présentons la masse des forces imposantes qui doit être la sauvegarde de votre fermeté. Nous devons encore vous annoncer, et même nous jurons à vos pieds que si des motifs qu'il nous est impossible d'apercevoir, mais qui ne pourraient avoir pour principes que l'excès de la violence et une contrainte qui, pour être déguisée, n'en serait que plus cruelle, forçaient votre main de souscrire une acceptation que votre cœur rejette, que votre intérêt et celui de vos peuples repoussent ; et que votre devoir de roi vous interdit, « nous protesterions à la
» face de toute la terre, et de la manière la plus solen-
» nelle, contre cet acte illusoire, et tout ce qui pourrait
» en dépendre ; nous démontrerions qu'il est nul par
» lui-même, nul par le défaut de liberté, nul par le vice
» radical de toutes les opérations de l'assemblée usurpa-
» trice qui, n'étant pas assemblée des états-généraux,

» n'est rien. » Nous sommes fondés, sur les droits de la nation entière, à rejeter des décrets diamétralement contraires à son vœu, exprimé par l'unanimité de ses cahiers, et nous désavouerions pour elle des mandataires infidèles qui, en violant ses ordres et transgressant la mission qu'elle leur avait donnée, ont cessé d'être ses représentans. Nous soutiendrons, ce qui est évident, qu'ayant agi contre leur titre, ils ont agi sans pouvoir, et que ce qu'ils n'ont pu faire légalement ne peut être accepté validement.

Notre protestation, signée avec nous par tous les princes de votre sang qui vous sont réunis, serait commune à toute la maison de Bourbon, à qui ses droits éventuels à la couronne imposent le devoir d'en défendre l'auguste dépôt. Nous protesterions pour vous-même, sire, en protestant pour vos peuples, pour la religion, pour les maximes fondamentales de la monarchie, et pour tous les ordres de l'État. Nous protesterions pour vous, et en votre nom, contre ce qui n'en aurait qu'une fausse empreinte : votre voix étant étouffée par l'oppression, nous en serions les organes nécessaires, et nous exprimerions vos vrais sentimens, tels qu'ils sont désignés au serment de votre avénement au trône ; tels qu'ils sont constatés par les actions de votre vie entière ; tels qu'ils se sont montrés dans la déclaration que vous avez faite au premier moment que vous vous êtes cru libre. Vous ne pouvez pas, vous ne devez pas en avoir d'autre, et votre volonté n'existe que dans les actes où elle respire librement. Nous protesterions pour vos peuples, qui, dans leur délire, ne peuvent apercevoir combien le fantôme de constitution nouvelle qu'on fait briller à leurs yeux, et aux pieds duquel on les fait jurer vainement, leur deviendrait funeste. Lorsque ces peuples, ne connaissant plus ni leur chef légitime, ni leurs intérêts les plus chers, se laissent entraîner à leur perte; lorsque, aveuglés par de trompeuses promesses, ils ne voient pas qu'on les anime à détruire eux-mêmes les gages de leur sûreté, les soutiens de leur repos, les principes de leurs subsistances et tous les liens de leur association civile, il faut, en réclamant pour eux le rétablissement, il faut les sauver de leur véritable frénésie. Nous protesterions pour la religion de nos pères, qui est attaquée dans ses dogmes et dans son culte, comme dans ses ministres; et, suppléant à l'impuissance où vous seriez de remplir vous-même en ce moment vos devoirs de *fils aîné de l'Église*, nous prendrions en votre nom la défense de ses droits; nous nous opposerions à des spoliations qui tendent à l'avilir; nous nous éleverions avec force contre des actes qui menacent le royaume des horreurs du schisme, et nous professerions hautement notre attachement inaltérable aux règles ecclésiastiques admises dans l'État, desquelles vous avez juré de maintenir l'observation. Nous protesterions pour les maximes fondamentales de la monarchie, dont il ne vous est pas permis, sire, de vous départir, que la nation elle-même a déclarées inviolables; et qui seraient totalement renversées par les décrets qu'on vous présente, spécialement par ceux qui, en excluant le roi de tout exercice du pouvoir législatif, abolissent la royauté même; par ceux qui en détruisent les soutiens en supprimant tous les rangs intermédiaires; par ceux qui, en nivelant tous les états, anéantissent jusqu'au principe de l'obéissance; par ceux qui enlèvent au monarque les fonctions les plus essentielles du gouvernement monarchique, ou qui le rendent subordonné dans celles qu'ils lui laissent; par ceux enfin qui ont armé le peuple, qui ont annulé la force publique, et qui, en confondant tous les pouvoirs, ont introduit *en France la tyrannie populaire*.

Nous protesterions pour tous les ordres de l'État, parce qu'indépendamment de la suppression intolérable et impossible prononcée contre les deux premiers ordres, tous ont été lésés, vexés, dépouillés, et nous aurions à réclamer tout à la fois les droits du *clergé*, qui n'a voulu montrer une ferme et généreuse résistance que pour les intérêts du ciel et les fonctions du saint ministère; les droits de la *noblesse*, qui, plus sensible aux outrages faits au trône, dont elle est l'appui, qu'à la persécution qu'elle éprouve, sacrifié tout pour manifester; par un zèle éclatant, qu'aucun obstacle ne peut empêcher un chevalier français de demeurer fidèle à son roi, à sa patrie, à son honneur; les droits de la *magistrature*, qui regrette beaucoup plus que la privation de son état, de se voir réduite à gémir en silence de l'abandon de la justice, de l'impunité des crimes et de la violation des lois, dont elle est essentiellement dépositaire; enfin les droits des possesseurs quelconques, puisqu'il n'est point en France de propriété qui ait été respectée, point de citoyens honnêtes qui n'aient souffert.

Comment pourrez-vous, sire, donner une approbation sincère et valide à la prétendue constitution qui a produit tant de maux? *Dépositaire usufruitier* du trône dont vous avez hérité de vos aïeux, vous ne pouvez ni en aliéner les droits primordiaux, ni en détruire la base constitutive sur laquelle il est assis. Défenseur né de la religion de vos États, vous ne pouvez pas consentir à ce qui tend à sa ruine, ni abandonner ses ministres à l'opprobre. Débiteur de la justice à vos sujets, vous ne pouvez pas renoncer à la fonction essentiellement royale de la leur faire rendre par des tribunaux légalement constitués, et d'en surveiller vous-même l'administration. Protecteur des droits de tous les ordres et des possessions de tous les particuliers, vous ne pouvez pas les laisser violer et anéantir par la plus arbitraire de toutes les oppressions; enfin, père de vos peuples, vous ne pouvez pas les livrer au désordre et à l'anarchie. Si le crime qui vous obsède et la violence qui vous lie les mains ne vous permettent pas de remplir ces devoirs sacrés, ils n'en sont pas moins gravés dans votre cœur en traits ineffaçables; et nous accomplirons votre volonté réelle, en suppléant, autant qu'il est en nous, à l'impossibilité où vous seriez de l'exercer.

Dussiez-vous vous-même nous le défendre, et fussiez-vous forcé de vous *dire libre*, en nous le défendant, ces défenses évidemment contraires à vos sentimens, puisqu'elles le seraient au premier de vos devoirs; ces défenses sorties du sein de votre captivité, qui ne cessera réellement que quand vos peuples seront rentrés dans le devoir, et vos troupes dans l'obéissance; ces défenses qui ne pourraient avoir plus de valeur que tout ce que vous aviez fait avant votre sortie, et que vous avez désavoué ensuite; ces défenses enfin, qui seraient imprégnées de la même nullité que l'acte approbatif contre lequel nous serions obligés de protester, ne pourraient certainement pas nous faire trahir nos devoirs, sacrifier vos intérêts, et manquer à ce que la France aurait droit d'exiger de nous en pareilles circonstances : nous obéirions, sire, à vos *véritables commandemens*, en résistant à des *défenses extorquées*, et nous serions sûrs de votre approbation en suivant les lois de l'honneur. Notre parfaite soumission vous est trop connue pour que jamais elle vous paraisse douteuse : puissions-nous être bientôt au moment heureux où, rétabli en liberté, vous nous verrez voler dans vos bras, y renouveler l'hommage de notre obéissance, et en donner l'exemple à tous vos sujets ! Nous sommes, sire, notre frère et seigneur, de votre majesté, etc.

Signé, L. Stanislas-Xavier;
Charles-Philippe.

LETTRE AU ROI,

PAR M. LE PRINCE DE CONDÉ, M. LE DUC DE BOURBON ET M. LE DUC D'ENGHIEN [*].

Sire,

Vos augustes frères, ayant bien voulu nous communiquer la lettre qu'ils adressent à votre majesté, nous permettent de vous attester nous-mêmes que nous adhérons de cœur et d'esprit à tout ce qu'elle renferme; que nous sommes pénétrés des mêmes sentimens, animés des mêmes vues, inébranlables dans les mêmes résolutions. Le zèle dont ils nous donnent l'exemple est inséparable du sang qui coule dans nos veines, de ce sang toujours prêt à se répandre pour le service de l'État. Français et Bourbons jusqu'au fond de l'âme, quelle doit être notre indignation, lorsque nous voyons de vils factieux ne répondre à vos bienfaits que par des attentats, insulter à la majesté royale, fronder toutes les souverainetés, fouler aux pieds les lois divines et humaines, et prétendre asseoir leur monstrueux système sur la ruine de notre ancienne constitution! Toutes nos démarches, sire, sont guidées par des princes dont la sagesse égale la valeur et la sensibilité. En suivant leurs pas, nous sommes sûrs de marcher avec fermeté dans le chemin de l'honneur; et c'est sous leurs nobles

[*] *Voyez* la page 315.

auspices que nous renouvelons entre vos mains, comme princes de votre sang et comme gentilshommes français, le serment de mourir fidèles à votre service. Nous périrons tous plutôt que de souffrir le triomphe du crime, l'asservissement du trône et le renversement de la monarchie. Nous sommes, etc......

A Worms, le 11 septembre 1791.

DISCOURS

DU COMTE POTOCKI,

MARÉCHAL DE LITHUANIE,

AU SUJET DU PROJET DE VENTE DES STAROSTIES [*].

GARDEZ-VOUS, dit-il, illustres états de la diète, d'imiter en ceci une nation si digne de nos respects à tous autres égards. Les fautes qu'elle a commises ont pour principe une seule erreur; elle a toujours considéré les hommes pris en masse; elle a perdu de vue les individus; elle a voulu être juste envers tous; elle a été injuste envers les parties; elle a pris les membres de la société civile pour des êtres idéals ou pour des figures géométriques, sur lesquels elle pouvait faire ses raisonnemens systématiques par abstraction, sans prendre les hommes tels qu'ils sont en effet. Lorsque, s'enfonçant dans la théorie, l'on prononce sur la totalité du genre humain, et qu'on s'élève, avec une froide indifférence, au-dessus du sort des citoyens individuels, l'on peut, il est vrai, établir quelques vérités abstraites; mais ces vérités produiront infailliblement dans l'application des injustices multipliées, et ces injustices feront rejaillir une flétrissure ineffaçable sur les maximes les plus saines

[*] *Voyez* la page 320.

et les plus irréfragables. L'esprit saisira toujours ces grandes vérités générales, il les approuvera; mais un cœur vraiment généreux et ami de la vertu ne se permettra point, dans la plupart des cas, l'application et l'exécution de ces mêmes principes dont l'esprit est convaincu.

FIN DU TOME PREMIER.

TABLE DES CHAPITRES

CONTENUS DANS CE PREMIER VOLUME.

DÉCADE HISTORIQUE.

TOME PREMIER.

                                  Pages

AVIS AU LECTEUR.................. 1

Avant-propos................... 7

Précis de l'histoire des princes qui ont gouverné la Prusse et le Brandebourg........... 11

Aperçu de la vie du grand Frédéric......... 35

CHAPITRE PREMIER. Situation politique de l'Europe à la mort de Frédéric-le-Grand............ 47

CHAP. II. Espérance que donne l'avénement de Frédéric-Guillaume II. — Son éducation. — Son caractère. — Sa conduite militaire. — Ses premières opérations. — Ses premières fautes. — Tableau de sa cour, de son administration. — Portrait de ses conseillers et de ses ministres. — Changement total dans l'administration de la Prusse. — Restitution faite au duc de Mecklenbourg. — Consolidation de la ligue germanique. 55

CHAP. III. Formation d'un camp de quatre-vingt mille Autrichiens en Bohême, en 1787. — Projets de Catherine sur la Courlande. — Sa déclaration sur les affaires de Dantzick. — Conclusion du traité de commerce de la France et de la Russie. — Rupture de celui de l'Angleterre avec cette puissance. — Voyage de Catherine II en Crimée. — Entrevue avec le roi de Pologne. — Voyage de Joseph II en Crimée. — Armement des Turcs et des Russes. — Griefs des deux empires. — Inquiétude que ce voyage inspire en Europe. — L'Angleterre et la Prusse conseillent la guerre aux Turcs. — La France veut les porter à la paix. — Déclaration de guerre des Turcs. — Troubles en Brabant. — Assemblée des notables en France. — Fermentation en Pologne. — Affaires de Hollande. 77

Chap. iv. Révolution de Hollande. 97

Chap. v. Négociation pour former une quadruple alliance entre la France, la Russie, l'Autriche et l'Espagne. — Découverte de ce projet. — Alliance entre la Prusse, la Hollande et l'Angleterre. — Armement et désarmement des Anglais et des Français. — Intrigues des Anglo-Prussiens contre la France. — Affaire de Kilburn. — Préparatifs de guerre de la Russie et de la Suède. — Rupture, guerre, négociations entre ces deux puissances. — Les armées russes et autrichiennes battent les Turcs. — La Pologne secoue le joug de la Russie et se livre à la Prusse. — L'Angleterre et la Prusse veulent être arbitres de la paix. — Leur prépondérance en Europe. — Troubles en France. — Fautes du cardinal de Loménie. — Le mécontentement y est général. — Ses suites. 131

Chap. vi. État ancien et nouveau de la France. — Constitution des Francs. — Établissement du système féodal sous la seconde race. — Affaiblissement des rois. — Asservissement du peuple. — Troisième race. — Progrès du pouvoir des rois. — Affranchissement du tiers-état. — Lutte du peuple et des rois contre les grands. — Puissance et corruption du clergé. — Chute du système féodal. — Pouvoir absolu des rois depuis le cardinal de Richelieu. — Progrès des lumières depuis la découverte de l'imprimerie. — Décadence des préjugés nobiliaires et religieux. — Expansion des principes de liberté et de philosophie. — Situation de la noblesse, de la cour, du clergé, du tiers-état et de la classe pauvre du peuple, au moment de la révolution. — Mœurs du temps. — Disposition des esprits, et aperçu des différens intérêts de chaque classe, au moment de la révolution. — Exposé parallèle des opinions et des mœurs des autres nations de l'Europe à la même époque. 181

Chap. VII. Assemblée des états-généraux. — Doublement du tiers. — Dispute des ordres. — Fautes de la cour. — Renvoi de M. Necker. — Rassemblement des troupes. — Résistance des états; qui prennent le titre d'*assemblée nationale*. — Serment du jeu de paume. — Événement des 12, 13 et 14 juillet. — Prise de la Bastille. — Le roi rappelle M. Necker, renvoie ses troupes, et se rend à Paris. — Méfiance réciproque. — Enthousiasme général pour la liberté. — Sacrifice fait par la noblesse, le 4 août. — Bases de la constitution. — Fautes du gouvernement. — Banquet des gardes-du-corps. — Événemens des 5 et 6 octobre. — Départ du duc d'Orléans. — Précis de la naissance et des progrès des jacobins. — De la faction orléaniste. — Division dans l'assemblée. — Abolition des ordres nobiliaire et religieux, des parlemens, des communautés. — Portrait de Mirabeau. — Sa mort. — Le roi part pour Montmédy. — Il est arrêté à Varennes. — On suspend l'exercice de ses fonctions. — Journée du Champ-de-Mars. — Premier effort du parti républicain. — Louis XVI est remis en liberté. — Il accepte la constitution. — L'assemblée constituante termine ses travaux et se sépare. 210

Chap. VIII. Succès des Impériaux. — Efforts des rois de Prusse et d'Angleterre pour arrêter leurs progrès.

—Défaite et victoire de Gustave.—Mort de Joseph II.
—Son portrait.—Révolution de Brabant.—Révolution de Liége. —Traité de Frédéric-Guillaume avec la Porte et la Pologne. — Il marche à la tête de son armée en Silésie.—Danger de l'Autriche. —Influence de la révolution de France sur la politique de Frédéric-Guillaume. — Habile prudence de Léopold. — Congrès de Reichenbach. — Fautes des Polonais.— Efforts infructueux de M. Pitt pour décider les Anglais à combattre la Russie. —Paix de Varela, entre Catherine et Gustave.—Léopold empereur. — Constitution de Pologne. — Léopold soumet le Brabant. —Conférences de Padoue ou de Mantoue. — Conférences de Pilnitz. —L'acceptation de la constitution suspend l'exécution des mesures prises dans ces conférences. 265

FIN DE LA TABLE DES CHAPITRES.

TABLE

DES

PIÈCES JUSTIFICATIVES.

	Pages
Édit de religion.	323
Édit de censure.	334
Lettre du comte de Saint-Priest, ambassadeur de France, au marquis de la Fayette.	339
Notes du chargé d'affaires de Suède.	341
Lettre de sa majesté le roi de Pologne à sa majesté prussienne.	347
Réponse de sa majesté prussienne à sa majesté le roi de Pologne.	349
Lettre du général prussien Schlieffen au général la Fayette.	355
Lettre du roi de Prusse au prince-évêque de Liége.	357
Traité de paix entre la Russie et la Suède.	362
Politique sur le traité de Pavie, extraite du *Publiciste*.	366
Déclaration signée en commun par l'empereur et le roi de Prusse, le 23 août 1791.	370
Lettre de M. de Montmorin aux ambassadeurs.	371
Lettre des princes frères du roi.	376
Lettre au roi, par M. le prince de Condé, M. le duc de Bourbon et M. le duc d'Enghien.	389
Discours du comte Potocki, maréchal de Lithuanie, au sujet du projet de vente des starosties.	391

FIN DE LA TABLE DES PIÈCES JUSTIFICATIVES.

www.ingramcontent.com/pod-product-compliance
Lightning Source LLC
Chambersburg PA
CBHW050419170426
43201CB00008B/462